COLLECTION MICHEL LÉVY
— 1 franc le volume —
1 franc 25 centimes à l'Étranger

ALEXANDRE DUMAS
— ŒUVRES COMPLÈTES —

INGÉNUE

II

PARIS
MICHEL LÉVY, FRÈRES, LIBRAIRES-ÉDITEURS,
RUE VIVIENNE, 2 BIS

1860

COLLECTION MICHEL LÉVY

OEUVRES COMPLÈTES
D'ALEXANDRE DUMAS

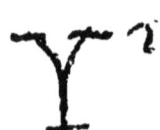

COULOMMIERS. — IMPRIMERIE DE A. MOUSSIN.

INGÉNUE

PAR

ALEXANDRE DUMAS

II

PARIS

MICHEL LÉVY FRÈRES, LIBRAIRES-ÉDITEURS
RUE VIVIENNE, 2 BIS

1860

Tous droits réservés

INGÉNUE

I

LA CONFESSION

L'homme fronça le sourcil, fit quelques grimaces de douleur, s'agita par quelques soubresauts convulsifs.

Le curé, qui n'était pas complétement rassuré, se recula un peu.

— Comment vous appelez-vous d'abord, mon fils? demanda-t-il.

— Auger, monsieur le curé.

— Auger, répéta machinalement celui-ci; que faites-vous?

— Monsieur le curé, je suis, ou plutôt j'étais au service de monseigneur le comte d'Artois.

— En quelle qualité? demanda le curé Bonhomme avec surprise.

— En qualité...

Auger parut hésiter.

— D'homme de confiance, continua-t-il.

La surprise du curé augmentait, comme il est facile de le croire.

— Eh bien, mais, dit-il, c'est là une fameuse protection, mon ami, et vous pourriez, ce me semble, trouver dans la puissance du prince un remède souverain à vos infortunes, quelles qu'elles soient.

— Je croyais, monsieur le curé, vous avoir dit que je n'appartenais plus au prince.

— Il vous a donc renvoyé ?

— Non, monsieur le curé, j'ai pris mon congé.

— Pourquoi ?

— Oh ! parce que le genre de service que j'étais obligé de faire ne m'a point convenu... On est pauvre, mais on a des sentiments humains.

— Vous m'étonnez ! fit le curé avec intérêt et en se rapprochant de son pénitent. Et quel genre de service pouvait donc vous demander M. le comte d'Artois, que vous hésitassiez à le lui rendre ?

— Monsieur le curé, vous connaissez le comte d'Artois ?

— Comme un prince charmant, plein d'esprit et de loyauté, répondit le curé.

— Oui, mais de mœurs dissolues.

— Mais..., fit le curé en rougissant.

— Enfin, vous savez ce que je veux vous dire, n'est-ce pas ?

— Je suis là pour vous écouter, mon fils.

Et le brave homme se drapa dans l'austérité du confesseur, s'apprêtant à écouter des choses pour lesquelles il commençait à croire que l'obscurité de l'église et l'ombre du confessionnal n'eussent point été trop épaisses.

— J'étais donc, continua M. Auger, au service de M. le comte d'Artois, pour ses plaisirs...

— Ah ! mon fils !

— Mon père, je vous ai prévenu : j'ai à la fois des choses honteuses et terribles à vous dire.

— Comment vous êtes-vous décidé à adopter une pareille profession, mon fils?

— Que voulez-vous ! il faut vivre.

— En cherchant bien, hasarda le prêtre, vous eussiez peut-être trouvé de meilleurs moyens d'existence?

— C'est ce que je me suis dit, mais trop tard.

— Combien de temps êtes-vous donc resté près de Son Altesse royale?

— Trois ans.

— C'était beaucoup.

— Enfin, je l'ai quittée.

— Bien tard, comme vous dites.

— Mieux vaut tard que jamais, mon père.

— Vous avez raison... Continuez.

— Je fus chargé par le prince... Ah! mon père, c'est ici que la honte me prend à la gorge et m'étouffe.

— Du courage, mon fils.

— Je fus chargé par le prince... Hélas! je ne sais comment raconter une pareille turpitude à un digne homme comme vous.

Le prêtre se signa.

— Je fus chargé, reprit Auger, par Son Altesse royale, de corrompre une jeune fille de ce quartier.

— Oh! mon Dieu! murmura le curé avec un visible sentiment d'horreur.

— Oui, monsieur le curé, une belle et charmante fille, l'orgueil et l'espérance de son vieux père.

— Malheureux! malheureux! murmura le prêtre.

— Vous voyez bien que je suis indigne de pardon! fit Auger.

— Non, parce qu'à tout péché il y a miséricorde; mais c'est bien affreux d'avoir accepté une pareille mission!

— Hélas! j'en frémis encore, mon père; mais l'habitude du crime endurcit.

— Et vous avez eu le malheur de réussir?
— Non, monsieur le curé.

Le prêtre respira.

— Si j'eusse réussi, — Son Altesse me payait assez cher pour que j'y parvinsse, — si j'eusse réussi, je ne vous dirais pas : « Je vais me tuer; » non, je serais déjà mort!

— Enfin, dit le prêtre, continuez.

— Vous consentez à m'entendre, mon père?

— Oui, vous m'intéressez, dit naïvement le brave homme. Passez, mon fils, passez... Jusqu'à présent, je ne vois pas encore de crime.

— Vous êtes bien bon, monsieur le curé, répondit le pécheur avec cette nuance d'ironie qui paraissait lui être habituelle; mais nous ne sommes point au bout.

Le curé frissonna.

— Grand Dieu! murmura-t-il, que me reste-t-il donc à entendre?

— Donc, continua Auger, j'avais accepté la mission infâme de corrompre, pour les plaisirs de monseigneur, la jeune fille innocente, et je m'y étais appliqué avec une sorte de rage; car il est remarquable de voir combien les plus mauvaises actions, quand on les a acceptées comme profession, inspirent d'énergie et de zèle à ceux qui les exécutent.

— C'est vrai, dit le prêtre, on serait trop honnête homme, et l'on gagnerait deux fois le ciel si l'on déployait, à faire le bien, le quart de la résolution que l'on met à faire le mal.

— Une première fois, j'échouai.

— La jeune fille résista?

— Non, cette fois-là, il s'agissait de débaucher le père lui-même.

— Comment, de débaucher le père?

— Oui, en lui faisant accepter le marché de la vente de sa fille.

— Oh ! vous essayâtes ?...

— Oui, monsieur le curé... J'espère que voilà déjà un crime, n'est-ce pas ?

— Si ce n'est pas tout à fait un crime, c'est, du moins, une bien méchante action, répondit le digne homme en secouant tristement la tête.

Auger parut atterré de cette manifestation, et se prit à soupirer.

— Heureusement, dit-il, le père refusa. Oh ! il eut du courage, car je le serrais bien !

— Brave homme de père ! murmura le prêtre.

— Alors, je résolus de m'adresser à la fille.

— Persistance fâcheuse !

— Heureusement, lettres, menaces, cadeaux, elle refusa tout ! j'échouai sans cesse et toujours !

— Voilà, sur ma parole, d'honnêtes gens ! dit le prêtre. Et savaient-ils que vous parliez au nom du prince ?

— Ils le savaient, monsieur le curé.

— Je m'étonne que vous ne les ayez pas épargnés, les voyant si persévérants dans leur honnêteté.

— Endurci, monsieur le curé, j'étais endurci, vous dis-je !

Et Auger sanglota.

Le prêtre eut pitié de cette grande douleur, et, pour la calmer :

— Ce ne sont point là des crimes irrémissibles, cependant, dit-il, et votre bon naturel exagère les fautes.

— Mais, monsieur le curé, vous ignorez donc que je ne suis pas encore au bout de mon récit ?... Hélas ! les crimes se sont fait attendre, mais ils vont venir.

Le curé prêta l'oreille ; maintenant, il était préparé à tout.

— Enfin, continua Auger, le moment vint où, ayant échoué par la persuasion et la ruse, je voulus triompher par la force.

Le prêtre le regarda avec une nouvelle inquiétude.

— Je fis enlever la jeune fille.

— Mon Dieu !

— Je gagnai un homme, un de mes amis, robuste et résolu, qui consentit à se saisir du père, tandis que j'enlèverais la fille... Ah ! monsieur le curé ! monsieur le curé ! l'attaque se fit...

— Un guet-apens ?

— En pleine rue ! le sang coula !...

— Du sang ?...

— L'attaque coûta la vie à un homme...

— Un meurtre ?...

— Voilà le crime, monsieur le curé ; voilà l'horrible attentat dont je me suis rendu coupable ; et, comme la justice des hommes, qui m'a oublié jusqu'à présent, peut se souvenir ; comme je ne veux pas périr sur un échafaud, je suis résolu d'offrir à Dieu mon âme, délivrée, je l'espère, par l'absolution que vous me donnerez en faveur de mon repentir.

L'accent d'Auger était si pathétique, ses gestes suppliants avaient tant d'éloquence, ses larmes indiquaient tant de remords, que le digne curé n'y put tenir ; il avait, d'ailleurs, l'épouvante naturelle aux hommes purs qui se trouvent en présence d'un grand criminel : il tremblait à la fois de peur et de compassion.

— Vous avez assassiné le père ? Oh ! oh !... murmura-t-il.

— Oh ! non, Dieu merci ! dit Auger, plus calme ; je n'ai point assassiné, moi !

— Alors, c'est votre ami qui a assassiné ?

— Ni lui non plus ; au contraire !

— Et cependant, dit le curé, le pauvre père a été victime de ce guet-apens ?

— Non, pas le père.

— Mais qui donc, alors ? Expliquez-vous.

— Mon ami, monsieur le curé ! mon ami, que j'avais engagé à me seconder dans cette malheureuse tentative !

— Ah ! fit le prêtre, comme soulagé d'un lourd fardeau, ah ! ce n'est point le pauvre père qui a été tué... Ah ! mais, c'est bien différent, alors : la vie de cet homme innocent eût été d'un bien grand poids parmi les charges qui s'élèveront contre vous au tribunal de Dieu. Mais expliquez-moi, car en vérité je ne comprends pas...

— C'est affreux, monsieur le curé ! Cette jeune fille et son père avaient prévu mes attaques ; ils s'étaient fait escorter et défendre. Mon ami a été si grièvement blessé dans la lutte, qu'il en est mort, et je suis coupable de cette mort, puisque c'est à mon instigation qu'il était entré dans l'affaire... Oui, je suis l'assassin, monsieur le curé, le seul, le véritable assassin, moi qui ai forcé le malheureux à engager la lutte, moi qui ai provoqué le crime !

Et, en disant ces mots, Auger se livra, sur le banc du curé, à la plus violente et à la plus significative pantomime.

C'était une douleur effrayante à voir.

Le curé était atterré ; il sentait tout ce que cachait d'infâme ce récit tronqué par les soupirs et par les larmes ; il déplorait le mal fait, et, avec un sens droit et une fermeté de cœur louables, il remerciait Dieu d'avoir empêché plus de malheurs qu'il n'en avait permis.

Auger, qui lisait dans la pensée du prêtre mieux que le prêtre lui-même, lui laissa faire ce calcul et continua de se désespérer.

Le curé l'arrêta.

— Votre douleur est compréhensible, dit-il, et cependant je vous avouerai que je vous trouve moins coupable que je ne le craignais.

— Oh ! fit Auger avec expression, me dites-vous bien la vérité, mon père ?

— Je vous parle au nom du Seigneur, mon fils, et comme ferait le Seigneur lui-même.

— Est-il possible, s'écria Auger, et aurais-je le bonheur qu'il y eût encore pour moi miséricorde en ce monde ?

— Dieu vous offre, sinon le pardon entier, du moins la consolation... Mais il me reste encore à vous interroger.

— Hélas ! vous savez tout, mon père !

— Excepté la fin de cette aventure.

— Eh bien, après la mort de mon camarade, j'ai sur-le-champ ouvert les yeux : j'ai couru chez M. le comte d'Artois, qui m'attendait, et, au lieu d'accepter les nouveaux moyens qu'il mettait à ma disposition, j'ai rompu avec lui et pris mon congé.

— C'est bien ! c'est bien ! s'écria le prêtre dans sa naïveté, quoique ce soit dangereux.

— Oh ! pour un homme résigné à mourir, s'écria Auger, rien n'est dangereux, mon père ! En effet, que peut-il m'arriver de pis que la mort ? La honte ! eh bien, le suicide, auquel je suis résolu, me l'épargne, et votre absolution me la fera courageusement supporter.

— Vous savez, reprit le prêtre, que je ne vous donnerai l'absolution, au cas où je croirai devoir vous la donner, que contre une promesse formelle, un serment sacré de ne point attenter à vos jours.

Auger se récria, gémit, se tordit et continua de persuader au curé que jamais plus repentant chrétien, ne s'était présenté au tribunal de la pénitence.

Il poussa si loin les injures qu'il s'adressait, et les coups qu'il s'appliquait dans la poitrine, que le bon prêtre, devenu sérieux, en se posant en martyr de la vérité, n'hésita point à lui dire :

— Mon fils, le véritable criminel en cette affaire, ce n'est pas vous.

— Qui est-ce donc? demanda Auger avec une surprise on ne peut plus habilement simulée.

— C'est le prince qui vous poussait! Le prince, oubliant son rôle, — car les princes ont charge d'âmes, — vous a jeté dans le crime pour se donner une distraction de plus! Chaque caprice des grands nous coûte, à nous autres petits, soit une parcelle de notre honneur, soit une miette de notre félicité : il s'engraissent de notre sang, et ils se désaltèrent de nos larmes... O mon Dieu! — continua-t-il apostrophant le Seigneur dans le style généralement adopté à cette époque, et dont Rousseau avait donné le goût, — ô mon Dieu! n'as-tu donc fait les hommes puissants que pour dévorer les faibles? ô mon Dieu! quand viendra donc le jour si longtemps attendu, malgré les promesses de ton divin Fils, où les faibles seront protégés par les forts?

Puis il se tut, bien qu'entraîné par son émotion, attendu que, tout patriote qu'il était, le brave curé ne se souciait pas de se trop compromettre; — car, enfin, M. le comte d'Artois, s'il eût connu cette grande rigidité, pouvait lui nuire considérablement auprès du tribunal des bénéfices.

Avouons, cependant, qu'il avait fait son devoir de prêtre, et beaucoup mieux que tant d'autres.

— Allons, allons, mon fils, dit-il à Auger, ne pleurez plus! Votre faute est immense, mais votre remords est si grand, que vous m'avez attendri... Continuez à vous repentir, et, pour cela, continuez de vivre. Le repentir de plusieurs années efface, aux yeux de Dieu, la faute d'un jour.

— L'espérez-vous, mon père? fit Auger.

— Oui, oui, mon fils! et ce n'est point à vous que l'on demandera le plus grand compte de ce qui s'est passé, c'est à l'instigateur, c'est au prince... Ainsi donc, croyez-moi, votre conscience ne doit être grevée que d'un tiers du crime au plus.

Grâce à cette admirable proposition, qui déchargeait sa conscience du poids le plus lourd, le curé Bonhomme parvint à sécher les yeux d'Auger.

Mais il se trompait, croyant être au bout, et Auger n'avait pas encore joué toute sa comédie.

Aussi s'écria-t-il, revenant à son point de départ, et comme si rien ne se fût passé :

— Non, bien décidément, monsieur le curé, plus j'y réfléchis, plus je vois qu'il est impossible que je vive.

— Et pourquoi, mon Dieu? s'écria celui-ci, qui ne se sentait pas de force à recommencer la lutte.

— Oh! c'est qu'une idée me vient, idée terrible, affreuse, qui ne me laissera de repos désormais ni le jour ni la nuit!

— Quelle est donc encore cette idée? Voyons.

— Quitte envers Dieu, ou à peu près, par l'expiation de mon crime, je pouvais me réjouir si je quittais la terre; mais, si j'y reste...

— Eh bien?

— Eh bien, j'ai à obtenir le pardon de ceux que j'ai offensés... Croyez-vous donc que je puisse dormir tranquille tant que l'image de cette jeune fille outragée et de ce père offensé, menacé, restera criant vengeance dans mon souvenir?

— Calmez-vous, mon fils!

— Que je me calme, s'écria Auger avec une agitation croissante, quand il me semble les entendre me reprocher mon crime? que je me calme, quand je suis exposé tous les jours à les rencontrer dans la rue, à les coudoyer, à entendre leur voix?... Oh! me calmer, non, non, jamais!

— Allons, pour l'amour de Dieu, s'écria à son tour le curé Bonhomme, soyez raisonnable, ou, par ma foi, je reprends mon absolution.

— Mais, enfin, dit Auger, vous me comprenez, n'est-ce pas, mon père? Ces victimes de ma noire méchanceté habitent le quartier; ils demeurent à deux pas d'ici; en sortant de chez vous, je suis exposé à les rencontrer.

— Voyons, est-ce que je les connais?
— De nom? Oh! bien certainement, monsieur le curé.
— Qui est-ce?
— La jeune fille se nomme Ingénue; le père s'appelle Rétif de la Bretonne.
— Quoi! Rétif de la Bretonne, le romancier, le folliculaire?
— Mon Dieu, oui, mon père, répondit Auger.
— L'auteur du *Pornographe*, de *la Paysanne pervertie*, de ces livres dangereux...?
— Précisément.
— Ah! ah! fit le prêtre.

Auger, en écoutant et en appréciant ce *ah! ah!* à sa juste valeur, remarqua combien le nom des victimes avait ôté d'intérêt à leur cause dans l'esprit du bon curé.

— Et, cependant, murmura le prêtre, comme forcé de rendre justice à qui de droit, il a bravement résisté! je ne l'eusse, ma foi! pas cru, à voir la morale qu'il professe dans ses romans.

— Eh bien, oui, dit Auger, voilà ce qui est incroyable, et ce que, pourtant, je suis forcé de croire; la fille est un modèle de pureté, le père est un type d'honneur; l'estime de ces braves gens, monsieur le curé, m'est plus indispensable encore que la vie... Oui, décidément, sans leur estime, je ne puis consentir à vivre.

Et Auger, s'attendrissant de plus en plus, se mit à pleurer à chaudes larmes.

Le curé le regarda d'un air embarrassé qui voulait dire : « Que diable puis-je y faire, moi? »

— Mon Dieu! s'écria Auger, n'y a-t-il donc aucun moyen de négocier ma paix avec ces braves gens, et resterai-je chargé de leur animadversion? lourd fardeau, mon père, très-lourd fardeau pour moi, et qui m'écrasera!

— Voyons, demanda le prêtre, quelle est, en somme votre intention ? Dites, mon fils, avez-vous quelque réparation à leur offrir ?

— Oh! toutes celles qu'ils voudront! mais je suis un être tellement misérable, que je dois leur faire horreur!... Si j'avais, du moins, l'espérance...

Et Auger s'arrêta, hésitant.

— Quelle espérance ?

— Qu'ils sauront mon repentir, et connaîtront l'étendue de mes remords.

— Eh bien, voyons, fit le curé Bonhomme comme par une dernière concession, faut-il le leur dire ?

— Oh! mon père, c'est pour le coup que vous me sauveriez réellement la vie!

— Mais, reprit le brave curé, un peu embarrassé, c'est que je ne les connais pas, moi; je vous avoue que je ne me sens pas attiré par une vive sympathie vers M. Rétif de la Bretonne, vous comprenez?

— Parfaitement, mon père ; mais, enfin, si vous ne m'aidez pas, qui m'aidera? si, vous qui connaissez mon horrible secret, vous ne me soulagez point, faudra-t-il que je passe à travers cette nouvelle épreuve de me confier à un autre?

— Oh! s'écria le prêtre, gardez-vous-en bien !

— Alors, continua Auger, quelle ressource? Mourir sans pardon !

— Eh bien, soit, j'irai voir M. Rétif, dit l'excellent curé ; j'obtiendrai qu'il vous pardonne, et, alors... ?

— Alors, ô mon père! vous serez un bienfaiteur que je remercierai Dieu d'avoir envoyé sur ma route! vous serez l'ange du bien qui aura en moi vaincu le démon du mal !

— Allez en paix, mon fils! dit le prêtre avec une sublime abnégation, je ferai ce que vous désirez.

Auger se jeta aux genoux du digne homme, s'empara de sa main, qu'il baisa malgré lui, et s'éloigna en levant les bras au ciel.

II

RÉTIF ET INGÉNUE PARDONNENT.

Tandis qu'Auger se confessait au curé de la paroisse Saint-Nicolas-du-Chardonneret, Rétif et sa fille s'applaudissaient d'avoir triomphé ou *trionfé*, comme l'écrivait économiquement Rétif dans ses livres, imprimés par lui-même.

Avoir éloigné Auger, c'était beaucoup; mais restait à combattre Christian.

Christian, tout éloigné qu'il était, semblait en effet, et avec raison, à Rétif le plus dangereux adversaire.

Christian ou plutôt la simple influence de Christian, avait décidé Ingénue contre Auger. — Auger parti, Ingénue ne rêvait plus qu'à Christian.

Nous avons entendu ce qu'elle avait dit à son père à propos de la visite que celui-ci attendait de Christian, le jour même ou le lendemain au plus tard.

Ce jour s'écoula, le lendemain s'écoula, et l'œil si perçant et si exercé de la jeune fille ne vit, de loin ou de près, aucun visage, aucune tournure, qui lui rapelassent le visage et la tournure de Christian.

Alors commença une série de raisonnements que la pauvre Ingénue se fit pour excuser le coupable Christian. D'où pouvait provenir sa longue absence? Était-ce la fausse honte d'avoir pris un autre nom que le sien? Ce n'était pas probable. Était-ce la crainte inspirée par Rétif? Mauvaise raison! Était-ce le dépit d'avoir été maltraité quand on l'avait pris en flagrant délit de mensonge? Mais il avait été maltraité par Rétif, et non par Ingénue. Or, que lui importait! c'était Ingénue, et non Rétif, qu'aimait Christian.

D'ailleurs, ces raisons étaient, sinon bonnes, au moins acceptables — en supposant une grande indulgence — pour vingt-quatre ou quarante-huit heures; mais elles ne pouvaient excuser deux, quatre, six, huit jours d'absence!

Il y avait, bien certainement, là-dessous quelque énigme dont Ingénue cherchait vainement le mot.

Ce fut pendant ce temps qu'Auger attaqua et fut battu; cette attaque d'Auger et le triomphe de Rétif servirent un instant de distraction à Ingénue.

Mais, après la victoire, la préoccupation revint, plus forte que jamais.

Bientôt cette préoccupation se changea en doute, et le doute, cette rouille de l'amour, commença d'envahir son cœur.

Ingénue se demanda si, en effet, l'expérience des pères n'était point faite pour éclairer les enfants, et Ingénue frémit en songeant qu'elle allait être forcée de croire à l'expérience de Rétif.

Elle se figura que Christian n'avait cherché près d'elle qu'un amusement; que l'amour qu'il lui avait exprimé n'était qu'un caprice à satisfaire; en un mot, elle en arriva à penser que Christian, voyant de trop grandes difficultés pour arriver jusqu'à elle, s'était tourné d'un autre côté.

L'idée machiavélique mise en avant par Rétif, que Christian n'était qu'un intermédiaire infâme entre elle et le comte d'Artois, ne se présenta même pas à l'esprit de la jeune fille : cette idée, soufflée par le romancier, comme un moyen d'action, avait été repoussé à l'instant même par tout ce qu'il y avait d'éléments purs et généreux dans l'imagination de la jeune fille, et s'était dissoute en invisible vapeur.

Une imagination honnête et droite a des regards fixes dont la profondeur déroute les plus habiles combinaisons des expériences les plus avancées.

Rétif suivait, au reste, dans ce cœur innocent la

marche dévorante de ses idées. Il s'applaudissait d'une mélancolie qui, toute croissante qu'elle était, devait aboutir à l'indifférence.

En attendant, on vivait triste dans la maison Rétif. C'est toujours une distraction pour un homme d'être arrêté, et pour une jeune fille d'être enlevée dans la rue ; et, du moment où on n'en a pas d'autre, celle-là manque beaucoup quand elle vient à manquer.

Ce fut sur ces entrefaites qu'un soir où le bonhomme Rétif descendait de son grenier, — dans lequel il faisait sécher, sur des ficelles, quelques feuilles fraîchement composées de ses *Nuits de Paris*, — le brave curé Bonhomme, sous le passe-port de son nom, se fit annoncer chez le romancier son voisin.

Rétif était philosophe, et, comme tous les philosophes de cette époque, quelque peu athée ; ses relations avec les prêtres de son quartier étaient donc chose rare, et il ne touchait à l'Église que par sa fille Ingénue, qui, la veille de chacune des quatre grandes fêtes de l'année, se confessait à un vieux curé de la paroisse, ancien confesseur de sa mère.

En entendant sa fille annoncer le curé Bonhomme, Rétif fut donc autorisé à croire qu'il s'agissait tout simplement de quelque œuvre pie ; justement il n'avait plus d'argent, et comptait sur son libraire pour une rentrée de cinquante livres.

Aussi reçut-il le bon curé avec désappointement : en auteur orgueilleux, qu'une demande indiscrète vient prendre en flagrant délit de misère.

Ce fut bien pis lorsque le curé Bonhomme demanda d'un air mystérieux à Rétif un entretien particulier.

Celui-ci ne le fit pas moins entrer dans sa chambre, à lui, qui était tout à la fois son cabinet de travail et son imprimerie ; mais, en faisant passer le curé devant lui, il jeta à sa fille, demeurée dans la première chambre, un regard de côté qui voulait dire : « Sois tranquille :

notre voisin le curé de l'église Saint-Nicolas-du-Chardonneret va trouver à qui parler. »

Rétif offrit un fauteuil au curé Bonhomme, et s'assit près de lui, mais tous deux — et c'est facile à deviner — commencèrent la conversation, maintenus à distance l'un de l'autre par une certaine antipathie.

Cependant, aux premiers mots, le curé patriote et le romancier philosophe se comprirent : tous deux, quoique marchant dans une voie différente, tendaient à un même but. Quand le vent d'automne secoue les branches d'une forêt, on voit rouler ensemble, et dans un même tourbillon, les feuilles du chêne et du sycomore, du platane et du hêtre.

Or, on était à l'automne, presque à l'hiver du XVIIIe siècle, et le vent de la Révolution commençait à souffler rudement.

Nous regrettons de ne pouvoir reproduire, dans l'imperceptible rapprochement qu'elle opérait entre ces deux hommes, chaque phrase de cet entretien remarquable; on y verrait avec quelle parfaite bonté le digne curé venait plaider près de Rétif la cause de ce malheureux Auger, la bête noire de la maison.

La charité est une vertu qui renferme à elle seule toutes les autres. On a tort de dire la foi, l'espérance et la charité : il est certain que dans la troisième vertu théologale sont contenues les deux premières.

Le curé, disons-nous, plaida pour son pénitent avec une foi si robuste dans sa vertu, que Rétif se sentit ébranlé. Le curé, devenu ingénieux, tant il désirait réussir, prit Rétif par sa nuance politique; et lui montra Auger ainsi qu'il l'avait vu lui-même, c'est-à-dire agent involontaire, forcé, dégoûté de la tyrannie aristocratique.

Le curé Bonhomme, tel que nous l'avons présenté à nos lecteurs, c'est-à-dire précurseur des curés constitutionnels de 1792, devait avoir du succès près de l'ami de Mercier le réformateur. Il en eut.

Rétif, envisageant la question sous ce point de vue, commença dès lors à ne maudire très-absolument que le comte d'Artois ; encore le curé, avec sa charité habituelle, arriva-t-il à excuser la personne du prince en faisant dériver la faute de celui-ci de sa condition et de son éducation princière.

Il en résulta qu'à la fin de la conversation, après avoir accusé d'abord Auger, puis le prince, Rétif, en somme, n'accusa plus que l'aristocratie.

Ce n'était plus M. Auger, ce n'était plus M. le comte d'Artois qui avait voulu lui prendre sa fille : c'était l'aristocratie !

Mais, la cause plaidée et gagnée auprès du père, il fallait une conclusion.

Cette conclusion, c'était le pardon.

— Pardonnez ! pardonnez ! dit le bon curé, qui raconta que la vie d'Auger était suspendue au fil de ce pardon.

— Je pardonne ! dit majestueusement Rétif.

Le curé poussa un cri de joie.

— Maintenant, ajouta Rétif, passons chez Ingénue, et laissez-moi lui raconter la chose ; c'est un bon exemple pour la jeunesse, que le repentir. Une jeune fille qui voit le crime, soit puni, soit repentant, ne se fait pas une mauvaise idée de la justice divine.

— J'aime cette pensée, dit le curé.

On passa chez Ingénue. Comme sœur Anne, Ingénue était à la fenêtre, et, comme sœur Anne, elle ne voyait rien venir.

Rétif toucha Ingénue à l'épaule ; elle se retourna en tressaillant. Puis, voyant son père et le curé, elle sourit tristement à l'un, fit une révérence à l'autre, et revint s'asseoir à sa place accoutumée.

Rétif raconta alors à Ingénue le repentir et les vertus d'Auger.

Ingénue écouta sans intérêt.

Peu lui importait que M. Auger fût un honnête ou

un malhonnête homme. Hélas! elle eût donné beaucoup pour que Christian eût commis autant de crimes qu'Auger, quitte à se repentir de la même façon.

— Eh bien, demanda Rétif, lorsque son récit fut terminé, es-tu contente de cette réparation?

— Oui, sans doute, très-contente, mon père, répliqua machinalement Ingénue.

— Pardonnes-tu à ce pauvre homme?

— Je lui pardonne.

— Ah! s'écria le curé au comble de la joie, voilà un malheureux qui va renaître! Votre générosité a fait ce bel ouvrage, monsieur Rétif; mais ce n'est point tout, il vous reste encore une œuvre plus méritoire peut-être à accomplir, et vous l'accomplirez, j'en suis sûr.

Rétif en revint à sa première crainte.

Il regarda le curé, qui le regardait lui-même, le sourire sur les lèvres, la persuasion dans les yeux.

Il frissonna, croyant déjà voir la bourse de velours sortir de la grande poche du curé.

— Oh! se hâta-t-il de dire pour prévenir la demande qu'il craignait, oh! je le crois plus riche que vous et moi, monsieur le curé.

— Eh bien, c'est ce qui vous trompe, répliqua celui-ci. Il a fait les choses jusqu'au bout : il a refusé l'argent du comte d'Artois; il a abandonné les gages qui lui étaient dus; il a employé en bonnes œuvres les économies qu'il avait faites, le pauvre garçon! et, cela, tant il avait à cœur de se réhabiliter; et, en effet, l'argent de cette maison maudite n'était pas autre chose que la rétribution de ces mauvaises œuvres qu'il voulait effacer.

— N'importe, n'importe, monsieur le curé, interrompit Rétif, vous n'en avouerez pas moins qu'il serait bizarre qu'après avoir causé nos malheurs, M. Auger nous vînt demander l'aumône.

— Et, vous demandât-il l'aumône, monsieur Rétif, dit le brave curé, mon avis est encore qu'en bon chrétien, vous devriez la lui donner ; il y a même plus : cette aumône, il serait infiniment méritoire, aux yeux du Seigneur, que vous pussiez la proportionner au mal qu'il a fait.

— Cependant..., murmura Rétif.

— Mais, interrompit le curé, la question n'est point là : Auger ne veut rien demander et ne demande rien qu'à son travail ; c'est déjà un parfait honnête homme, et il sera le plus honnête de tous avant peu.

— Que demande-t-il, alors ? fit Rétif très-rassuré. Voyons, expliquez-moi cela, monsieur le curé.

— Ce n'est pas lui qui demande, mon cher voisin ; c'est moi qui demande pour lui.

— Et que demandez-vous ? dit Rétif en se relevant et en faisant rouler ses pouces l'un autour de l'autre.

— Je demande ce que tout bon citoyen peut demander, sans rougir pour son prochain, du travail !

— Ah ! ah !

— Vous faites travailler beaucoup de monde, vous, monsieur Rétif.

— Non ; car je compose moi-même, et puis je ne sache point que M. Auger soit imprimeur.

— Il sera tout pour vivre honorablement.

— Diable ! diable !

— Si vous ne pouvez pas vous-même, vous avez au moins des connaissances.

— J'ai des connaissances, répéta machinalement Rétif ; nous avons des connaissances, parbleu ! n'est-ce pas, Ingénue ?... Sans doute, nous avons des connaissances !

— Oui, mon père, répondit avec distraction la jeune fille, nous en avons.

— Cherchons... Nous avons d'abord M. Mercier ; mais il est comme moi, il n'emploie personne.

— Diable ! diable ! fit à son tour le curé.

— Mais cherche donc, Ingénue !

La jeune fille leva ses beaux yeux bleus, tout chargés de mélancolie.

— M. Réveillon, dit-elle.

— Réveillon, le fabricant de papiers peints, qui a une manufacture au faubourg Saint-Antoine? demanda l'abbé Bonhomme.

— Eh! oui, en effet, s'écria Rétif.

— Lui-même, dit Ingénue.

— Mais mademoiselle a raison, dit l'abbé; c'est une excellente connaissance pour ce qui nous occupe! M. Réveillon est un homme qui emploie beaucoup d'ouvriers.

— Mais, enfin, à quoi est-il bon, M. Auger? demanda Rétif.

— Oh! il a reçu une certaine instruction; cela est facile à voir... Parlez donc à M. Réveillon, et recommandez-le-lui en toute sécurité.

— Ce sera fait aujourd'hui même, dit Rétif; seulement...

— Eh bien, qu'y a-t-il encore? demanda l'abbé Bonhomme avec inquiétude.

— Seulement, vous comprenez, ce sera une triste recommandation auprès de M. Réveillon, qui a des filles... car...

— Car?...

— Car, il faut que je vous le dise, mon cher voisin, c'est justement M. Réveillon qui nous avait prêté des ouvriers pour corriger le ravisseur.

— Vous lui conterez son repentir, cher monsieur Rétif.

— Ces fabricants sont gens incrédules, dit Rétif en secouant la tête.

— Enfin, vous n'abandonnerez pas une victime de la perversité des grands!...

Cette façon de retourner la question acheva de persuader Rétif, qui promit avec la ferme intention de tenir.

Et, en effet, il n'y manqua point.

III

UN ARISTOCRATE ET UN DÉMOCRATE DU FAUBOURG SAINT-ANTOINE

Comme il était déjà tard lorsque l'abbé Bonhomme sortit de chez Rétif, et que, malgré cette nouvelle qu'il venait d'apprendre du repentir d'Auger, le romancier ne voulait point se hasarder avec sa fille dans les rues de Paris pendant l'obscurité, ce ne fut que le lendemain, vers midi, que Rétif se rendit chez le marchand de papiers peints, pour exécuter la promesse faite la veille à M. le curé de la paroisse Saint-Nicolas-du-Chardonneret.

Réveillon était en grande conférence avec un de ses voisins.

Les deux filles de Réveillon s'emparèrent d'Ingénue, et prièrent Rétif d'attendre que M. Santerre eût fini de causer avec leur père.

— Santerre le brasseur? demanda Rétif.

— Oui, monsieur Rétif; vous pouvez les entendre.

— Diable! oui; il me semble même qu'ils crient bien haut.

— Il en est toujours ainsi quand ils causent politique.

— Mais on dirait qu'ils se fâchent.

— C'est possible, attendu qu'ils ne sont du même avis sur rien; mais, comme ils sont en relations d'affaires, ils ne se brouillent jamais sérieusement, et ils ont beau crier haut, cela ne nous inquiète pas.

Rétif écoutait pendant ce temps ce qui se disait dans le cabinet de Réveillon.

— Ah! ah! murmura-t-il, ils parlent de l'affaire de M. Dubois, le chevalier du guet. Il y a là, en effet, matière à controverse.

— Il a bien fait, disait Réveillon, et je trouve qu'il s'est conduit en brave soldat, en bon serviteur du roi !

— C'est un gueux ! c'est un scélérat ! criait Santerre : il a fait tirer sur le peuple.

— Eh ! le peuple qui se révolte, disait Réveillon, ce n'est plus le peuple.

— Quoi ! parce que vous êtes riche, vous voulez garder pour vous seul le droit d'avoir une opinion et de la dire, et parce qu'on est pauvre, il faudrait tout souffrir sans jamais se plaindre ou se révolter un peu ! Allons donc !

— Je ne veux pas qu'on aille, malgré le roi et la loi, troubler le repos public, voilà ce que je dis.

— Réveillon ! Réveillon ! cria Santerre, ne dites pas de ces choses-là, mon ami.

— Que je ne dise pas ce que je pense ?

— Non, surtout devant vos ouvriers.

— Et pourquoi cela ?

— Parce qu'un jour ou l'autre, ils brûleront vos papiers, entendez-vous !

— Eh bien, si, ce jour-là, nous avons le bonheur d'avoir encore M. Dubois pour chevalier du guet, il viendra avec une escouade et fera tirer sur eux, comme il a fait tirer sur toute cette canaille du pont Neuf et de la place Dauphine.

— Diable ! diable ! murmura Rétif, mon ami Réveillon est encore moins du mouvement que je ne croyais, et, s'il s'était trouvé comme moi et Ingénue au milieu des coups de fusil, s'il eût vu emporter les blessés, s'il eût compté les morts...

Pendant que Rétif faisait à demi-voix cette réflexion, Santerre, qui n'était pas homme à avoir le dernier mot, criait plus haut qu'il n'avait fait encore :

— Ah ! vous appelleriez M. Dubois ? ah ! vous iriez chercher le chevalier du guet ? ah ! vous feriez tirer sur de pauvres diables sans défense ? Eh bien, je vous déclare, moi, qu'au premier coup de fusil, mes ouvriers seraient là pour prêter main-forte aux vôtres.

— Vos ouvriers?

— Oui, et moi à leur tête, entendez-vous!

— Eh bien, c'est ce que nous verrions.

— Eh bien, c'est ce que vous verriez.

En ce moment, la porte du cabinet s'ouvrit brusquement et bruyamment; Réveillon et Santerre apparurent sur le seuil.

Santerre était fort rouge et Réveillon fort pâle.

Tous deux donnèrent du nez contre les trois jeunes filles, assez inquiètes de la scène qu'elles venaient d'entendre, et contre Rétif, qui faisait semblant de n'avoir pas entendu.

— Bonjour, cher monsieur Rétif, dit Réveillon.

— Ah! monsieur Rétif de la Bretonne, dit Santerre en souriant au romancier du haut de sa taille d'athlète.

Rétif s'inclina, très-heureux d'être connu de M. Santerre.

— Un écrivain patriote, *lui!* continua le marchand brasseur.

Rétif salua encore.

Santerre s'approcha et lui serra la main.

Pendant ce temps, Réveillon, comprenant que tout ce qui venait d'être dit dans son cabinet avait été entendu, Réveillon saluait Ingénue d'un air embarrassé.

— Vous nous avez entendus? dit Santerre riant en homme convaincu que, défendant une bonne cause, il pouvait répéter devant tous ce qu'il avait dit en tête à tête.

— Dame! vous parliez assez haut, monsieur Santerre, répondit la plus jeune des filles de Réveillon.

— C'est vrai cela, dit Santerre avec sa grosse voix et son gros rire,—car il avait déjà perdu toute animosité de la discussion;—c'est ce diable de Réveillon qui en est encore à Henri IV! Il approuve le gouvernement dans tout ce qu'il fait, et il attend chaque matin la poule au pot.

— Le fait est, dit Rétif, jaloux de se concilier du premier abord le marchand brasseur, personnage d'une influence notoire, avec lequel, d'ailleurs, il sympathisait d'opinion ; le fait est que, l'autre soir, il y faisait chaud, près de la statue de Sa Majesté Henri IV!

— Ah! ah! vous étiez donc là, monsieur Rétif? demanda Santerre.

— Hélas! oui, Ingénue et moi... N'est-ce pas, Ingénue?... Nous avons même failli y rester.

— Eh bien, dit le brasseur, vous entendez, mon cher Réveillon, M. Rétif était là avec sa fille.

— Après?

— M. Rétif et sa fille ne sont ni de la canaille, comme vous le disiez tout à l'heure, ni des ennemis du repos public.

— Eh bien, quoi? Ils ne sont pas morts! et puis, ils seraient morts, tant pis! pourquoi étaient-ils là, au lieu d'être chez eux?

Il n'y a rien de tel que les modérés pour faire des raisonnements féroces.

— Oh! oh! dit Santerre avec son gros et logique bon sens, vous leur reprochez de se promener dans Paris, à ces pauvres bourgeois de Paris? Voyons, maître Réveillon, vous qui visez à être électeur, soyez donc un peu plus patriote, que diable!

— Eh! corbleu! s'écria Réveillon piqué au vif pour la seconde fois, — car si, la première, on l'avait menacé dans ses intérêts, la seconde, on venait de l'égratigner dans son amour-propre; — je suis aussi bon patriote que qui que ce soit au monde, mon cher Santerre; mais je ne veux pas de bruit, attendu qu'avec du bruit, pas de commerce!

— C'est cela, dit Santerre, à merveille! faisons une révolution, mais ne déplaçons personne et ne dérangeons rien.

Et il prononça ces paroles avec ce flegme railleur qui

constitue l'un des caractères les plus saillants de l'esprit français.

Rétif se mit à rire.

Le brasseur, se sentant soutenu, se tourna du côté de Rétif.

— Enfin, je vous en fais juge, vous qui y étiez, dit-il : on prétend qu'il y a eu trois cents personnes tuées.

— Pourquoi pas trois mille? dit Réveillon : un zéro de plus ou de moins, ce n'est pas la peine de s'arrêter à cela.

La figure de Santerre prit une certaine gravité dont on n'eût pas cru capable cette physionomie vulgaire.

— Mettons en trois seulement, dit-il. La vie de trois citoyens vaut-elle moins que la perruque de M. de Brienne?

— Certes, non! murmura Réveillon.

— Eh bien, répéta Santerre, je vous dis, moi, que trois cents citoyens ont été tués, et que beaucoup ont été blessés.

— Bon! dit Réveillon, voilà que vous appelez cela des citoyens! une foule de gens sans aveu qui s'étaient portés au logis du chevalier Dubois pour piller! On les a fusillés, et l'on a bien fait, je l'ai déjà dit, et je le répète.

— Eh bien, mon cher Réveillon, deux fois au lieu d'une, vous avez dit une chose qui n'est point exacte : vous savez bien que des gens très comme il faut ont été victimes de cette échauffourée... N'est-ce pas, monsieur Rétif?

— Pourquoi me demandez-vous cela, à moi? fit Rétif.

— Mais, dame! répondit naïvement Santerre, parce que vous venez de dire que vous étiez là.

Rétif commençait à être fort embarrassé de la tournure que prenait la conversation, et de l'intérêt qui s'y attachait.

— Ah! fit une des filles de Réveillon, vous dites qu'il y a eu des victimes parmi les gens honnêtes?

— Parbleu! dit Santerre, pourquoi pas? Les balles sont aveugles, et la preuve, c'est qu'on cite...

Rétif se mit à tousser très-fort.

— D'abord, dit Santerre, on cite une femme de président, qu'une balle a tuée roide...

— Pauvre femme! dit mademoiselle Réveillon.

— On cite un gros marchand drapier de la rue des Bourdonnais.

Rétif respira.

— On cite...

— Beaucoup, beaucoup d'honnêtes gens! se hâta de dire Rétif.

Mais Santerre n'était pas homme à se laisser couper ainsi la parole.

— On cite, dit-il d'une voix éclatante, pour couvrir la toux sèche et opiniâtre de Rétif, on cite jusqu'à des aristocrates!

— En vérité?

— Ainsi, par exemple, un page...

Rétif devint rouge à faire rire, Ingénue pâle à faire peur.

— Un page? murmura-t-elle.

— Oui, oui, un page, dit Santerre, et de M. le comte d'Artois, encore.

— Pardon, de M. le comte de Provence! se hâta de dire Rétif étouffant dans ses paroles un faible cri poussé par sa fille.

— On m'a dit d'Artois, reprit Santerre.

— On m'a assuré Provence, insista le désolé Rétif avec un grand effort de courage qu'il puisait dans cette pâleur d'Ingénue, suspendue sans haleine aux lèvres des deux interlocuteurs, et près de s'évanouir ou de revivre, selon que l'un des deux semblait avoir le plus raison.

— Artois ou Provence, peu importe, dit enfin Santerre; toujours est-il que ce jeune page est un peu aristocrate.

— Bah! bah! bah! fit Réveillon, Rétif dit Provence, Santerre dit d'Artois; vous voyez bien qu'on ne s'entend pas... Est-il même bien sûr que ce soit un page?

— Mais justement! c'est qu'on n'en est pas même bien sûr, dit Rétif, tout restauré par ce secours inattendu qui lui arrivait.

— Oh! par exemple, dit Santerre, halte-là, messieurs! c'est un page et bien un page.

— Bon! comment le savez-vous? dit Réveillon.

— Oui, comment le savez-vous? répéta Rétif se raccrochant à toutes les branches.

— Oh! d'une façon bien simple : c'est mon ami Marat qui le soigne; on l'a rapporté aux écuries d'Artois, et Marat, qui est plein d'humanité, lui a même cédé sa chambre.

— Mais, dit Réveillon, est-ce M. Marat lui-même qui vous l'a dit?

Quant à Rétif, il n'osait plus ouvrir la bouche.

— Non, répondit Santerre, la vérité avant tout! non, ce n'est point Marat qui me l'a dit; mais c'est Danton, qui le tenait de la bouche même de Marat.

— Qu'est-ce que c'est que cela, Danton?

— Un avocat aux conseils du roi... Vous ne direz pas que celui-là est de la canaille, quoique ce soit un patriote.

— Eh bien, quand il y aurait un page blessé, dit Rétif, qui, tout en ayant l'air de mêler son mot à la conversation, répondait à sa fille, et non à Santerre; il y a plus de cent pages à Paris!

Mais Ingénue n'entendait pas ce que disait son père.

— Blessé! murmura-t-elle, il n'est que blessé!

Et elle respira; seulement, ses joues gardèrent un reste de cette pâleur qui les avait envahies un instant, et dont s'étaient aperçues mesdemoiselles Réveillon; — car les jeunes filles s'aperçoivent de tout.

— Vous voyez donc, continua Santerre, qu'il ne faut pas venir nous dire ici qu'on a bien fait de tirer sur le peuple, car, de deux choses l'une, ou l'on est aristocrate, — et vous voyez que plusieurs de ceux-là ont été atteints, ou l'on est patriote, — et, incontestablement, les ravages ont été très-nombreux dans nos rangs !

Le dilemne était si fort, que Réveillon ne répondit pas ; la discussion paraissait donc close ; mais, de peur qu'elle ne le fût pas, Rétif se hâta de détourner la conversation, en la poussant dans une autre voie.

— Cher monsieur Réveillon, fit-il, il faut pourtant que je vous dise pourquoi je suis venu chez vous.

— Mais, répondit le marchand de papiers peints, comme d'habitude, j'espère : pour nous faire une visite, et demeurer à dîner avec nous.

— Non pas : mon voyage a aujourd'hui un but spécial : je viens vous demander une faveur.

— Quelle faveur ?

— Vous savez l'odieux guet-apens dont ma fille et moi aurions certainement été victimes sans le secours de vos braves ouvriers ?

— Oui, oui, pardieu ! mes ouvriers ont même rudement frotté un de ces mauvais aristocrates dont vous parliez tout à l'heure, mon cher Santerre... Racontez donc cela au voisin, Rétif.

Rétif ne demandait pas mieux. Il raconta l'histoire avec tous les embellissements que son imagination de romancier put y ajouter.

Le récit impressionna vivement Santerre.

— Bravo ! s'écria-t-il à l'énumération des coups qui avaient plu sur les agresseurs. Oh ! mais c'est que, lorsqu'il s'en mêle, le peuple frappe dur !

— Eh bien, voyons, qu'est-il résulté de tout cela ? demanda Réveillon. Est-ce que l'on vous inquiète ? est-ce que M. le comte d'Artois se remue ?

— Non, répondit Rétif, celui qui se remue, au contraire, c'est le coupable.

— Alors, s'il se remue, dit Santerre en riant de son

gros rire, je ne connais qu'une chose, moi : il faut l'achever !

— Inutile, répondit Rétif.

— Comment, inutile ?

— Oui, il se repent, et il passe dans notre camp avec armes et bagages.

Et, là-dessus, comme pendant à la première histoire, Rétif raconta toute la palinodie d'Auger.

Il fut écouté au milieu d'un silence plein de sympathie ; ce n'était pas peu de chose, à cette époque, que le dévouement d'un homme tel qu'Auger pour le peuple, surtout lorsque, à sa vertu d'homme dévoué, il ajoutait le titre de transfuge.

Santerre éclata en transports de joie.

— Voilà, dit-il, un brave homme, cordieu ! quel repentir ! qu'il rachète bien la faute ! et comme le prince aura été furieux lorsqu'il aura su cela !

— Je vous le laisse à penser, dit Rétif.

— Mais ce n'est pas tout, continua Santerre, il faut que ce brave homme soit récompensé. Comment l'appelez-vous ?

— Auger, monsieur Santerre.

— Eh bien, voyons, que peut-on faire pour lui ? demanda le brasseur dans les élans de sa joie patriotique.

— C'est ce que j'allais avoir l'honneur de vous dire, reprit Rétif. Tout à l'heure, je vous racontais que le pauvre garçon avait déserté avec armes et bagages ; eh bien, non, au contraire, il a déserté sans armes et sans bagages ; car l'honnête garçon n'a rien voulu prendre de ce qui lui appartenait chez le prince ! Donc, il est pauvre ; donc, il a faim ; donc, il veut travailler et recevoir complet le baptême du patriotisme !

— Bravo ! s'écria Santerre applaudissant la phrase arrondie et redondante de Rétif ; bravo ! ce gaillard-là ne doit pas mourir de faim : je l'adopte, moi !

— Vrai ? dit Rétif.

— Je le prends comme ouvrier, continua Santerre : je lui fais gagner un écu par jour, et je le nourris. Cordieu ! la belle affaire que cela fera dans le faubourg ! comme les aristocrates vont grogner !

A ces mots de Santerre, Réveillon sentit quel rôle inférieur il jouait, et il résolut de reprendre un peu le dessus, qu'il avait perdu dans cette affaire.

Santerre l'écrasait, et un vernis d'incivisme n'était pas flatteur à porter dans le faubourg.

— La la ! dit-il en se rappelant tout à coup la sinistre prédiction que venait de lui faire Santerre à propos de ses papiers peints ; comme vous vous échauffez !

— Oh ! c'est que je ne suis pas un tiède, moi ! dit Santerre.

— Mais, mon cher, entendons-nous un peu, reprit Réveillon, je ne suis pas plus tiède que vous lorsqu'il s'agit de faire acte d'homme de bien, et, pour vous le prouver, quoique je n'aie besoin de personne, c'est moi qui prends Auger, et qui l'installe dans ma maison.

Rétif se retourna vers Réveillon, souriant et enchanté : on mettait l'enchère sur sa proposition.

— Point du tout ! dit Santerre ; vous avouez que vous n'avez besoin de personne, et, moi, dans ma brasserie, j'ai de l'ouvrage pour cent ouvriers encore.

— Et moi donc, reprit Réveillon enchérissant sur Santerre, est-ce que, tous les jours, malgré la misère du temps, je n'embauche pas une quantité de malheureux? D'ailleurs, il me semble que c'est à moi que s'adressait M. Rétif.

Rétif s'inclina en signe d'adhésion.

— Puis il me semble encore, continua Réveillon, que, s'il y a une préférence à avoir, c'est pour le plus ancien ami.

Rétif prit la main de Réveillon, et la serra tendrement.

— D'accord, fit Santerre ; mais, entre nous, mon voisin, puisque c'est un ennemi des aristocrates qu'il s'agit de loger, je crois que sa place est plutôt chez moi que chez vous.

— Bah! fit le marchand de papier, et quel est donc celui de nous qui a fait administrer à Auger la superbe volée qui a tué son compagnon, et qui a failli le tuer lui-même? Voyons, monsieur Rétif, le curé a-t-il dit que le compagnon était mort, oui ou non?

— Il a dit qu'il était mort.

— Je cède, dit Santerre, vaincu par ce dernier argument. Vous avez raison d'être patriote ou de faire semblant de l'être, cela ne peut pas nuire.

Et il accompagna ces mots d'un regard qui les commentait significativement.

Rétif et Réveillon comprirent la portée de ce regard; il dévoilait la Révolution toute entière, personnifiée dans cet homme, appelé, sans le savoir, à y jouer plus tard un si grand rôle.

Réveillon le reconduisit jusqu'à la porte, et tous deux se serrèrent la main sans rancune.

Les politiques avaient fini de disputer, les négociants s'entendaient.

Santerre fit un salut gracieux à Rétif, auquel il avait plu, autant que l'écrivain lui était revenu à lui-même; il galantisa avec les demoiselles, à qui il promit d'envoyer des pommes, attendu qu'on était au moment du cidre; puis il sortit, laissant de lui une grande opinion dans la maison.

Les jeunes filles emmenèrent Ingénue dans leur chambre.

Restés seuls, Rétif et le fabricant de papiers se regardèrent.

— Eh bien, dit Rétif, vous prenez donc Auger?

— Oui; mais il faudra voir ce qu'il sait faire, dit Réveillon d'un ton de mauvaise humeur qui ne présageait pas à Auger des jours filés d'or et de soie dans la maison de l'industriel.

Rétif sentit sous ces mots la pression qui avait fait agir le marchand de papiers peints.

Il voulut lui prouver qu'il ne faisait pas une si mauvaise affaire qu'il le croyait.

— Outre, lui dit-il, que vous ferez acte d'excellente politique, et que cela vous posera en patriote éclairé que vous êtes et en brave citoyen dans tout le quartier; outre cela, vous dis-je, l'affaire sera bonne : il paraît que, réellement, l'homme a reçu de l'instruction.

— De l'instruction ! de l'instruction ! murmura Réveillon, ce n'est pas de première nécessité, ce me semble, pour un ouvrier imprimeur sur papiers peints.

— Pourquoi pas? dit Rétif, bercé dans ses idées d'homme avancé : l'instruction mène à tout.

— Même à broyer des couleurs? dit Réveillon en riant. Je ne vois guère que cela pour votre protégé.

— Hum! mon protégé ! mon protégé ! murmura Rétif à son tour, vous conviendrez, mon cher ami, qu'il a de singuliers droits à ma protection.

— Enfin, il en a, puisque vous me le présentez.

— Je vous le présente, c'est vrai, dit Rétif; oh! pour cela, je ne puis pas dire autrement.

— Eh bien, alors, envoyez-le-moi ; et, quand il sera ici, quand on aura causé avec lui, quand on saura ce qu'il sait faire, il sera temps de voir à quelle sauce le mettre; mais, mordieu! grommela Réveillon entre ses dents, qu'il charrie droit, votre M. Auger !

Rétif pensa que l'on devait en rester là pour le moment; il ouvrit la porte de la chambre des demoiselles Réveillon, et, s'adressant à Ingénue :

— Mon amour, lui dit-il, tout est fini; remercions encore ce bon ami, M. Réveillon, et allons annoncer au curé de la paroisse Saint-Nicolas-du-Chardonneret que, si M. Auger veut être honnête, son avenir est désormais assuré.

Ingénue embrassa les jeunes filles; Rétif serra la main de Réveillon, et ils partirent.

— Enfin c'est terminé! dit l'écrivain à sa fille avec un gros soupir, dès qu'ils furent dans la rue.

Ingénue ne pouvait comprendre, alors, de combien de soupirs futurs ce soupir était gros!

IV

LE DINER DE RÉTIF

Rétif était, en revenant, tout joyeux d'une joie que ne comprenait pas Ingénue.

C'est que Rétif était, au fond du cœur, enchanté d'avoir fait la connaissance de Santerre.

En effet, il y avait entre Santerre et Réveillon toute l'incommensurable distance, toute la vertigineuse profondeur qu'il y a entre le certain et l'incertain, entre le réel et la chimère.

Santerre vendait de la bière, que l'on boit toujours, parce qu'au bout du compte il faut toujours boire, et que la bière est, après l'eau, la moins chère de toutes les boissons.

Réveillon vendait des papiers peints, dont, à la rigueur, l'homme peut se passer; et Rétif, qui était un homme plein d'instruction, savait qu'il est des pays — l'Espagne, par exemple — où il ne se consomme pas, dans un an, dix rouleaux de papier peint.

L'un était une sorte d'artiste se frottant aux artistes, et, tant bien que mal, tout bourgeois qu'il était, s'occupant de tons, de nuances, de couleurs et d'effets d'optique.

L'autre était un homme en position de resserrer dans

ses greniers toute la provision de grains qui nourrirait une ville.

Chez le premier, en temps d'émeute, on pouvait mourir de faim : on ne vit point de papier peint, et les couleurs avec lesquelles on les fabrique empoisonnent plus ou moins proprement.

Chez le second, en temps de disette, il y avait la monnaie d'une royauté tout entière en grains d'orge et en grains de houblon.

L'un avait des moulins parfaitement graissés, que l'eau ou le vent font marcher, et des machines mues par des chevaux qu'un seul homme dirige.

L'autre appuyait son crédit sur le travail de trois cents ouvriers toujours grondants ; puis, sa bière faite, il fallait tout un monde pour la distribuer, soit en gros, soit en détail.

L'un avait pour ennemis tous les ouvriers dont il absorbait le talent et le travail.

L'autre avait pour amis tous les gosiers desséchés que son orge et son houblon désaltéraient chaque année.

L'un s'adressait aux petits bourgeois pauvres, qui achètent des tentures de papier ; — car, à cette époque, les grands hôtels et les riches maisons se tapissaient avec des étoffes.

L'autre avait affaire au peuple immense qui a chaud et qui boit.

Tout cela, remarquez-le bien, en dehors des qualités personnelles.

Rétif estimait beaucoup Réveillon ; mais il honorait beaucoup Santerre, qu'en même temps il redoutait un peu.

Réveillon était petit, maigre ; il avait l'œil enfoncé sous des sourcils grisonnants ; il calculait la plume à la main et revenait trois ou quatre fois sur ses calculs.

Santerre était bâti comme un chasseur de grande maison, fort comme un hercule, doux comme un enfant; il criait bien fort, mais il y avait toujours un peu de rire au fond de ses cris; il avait la main et la figure ouvertes, de larges poches d'où l'argent sortait aussi facilement qu'il y entrait; il avait l'œil à fleur de tête, le teint frais, de bons gros favoris auxquels il adjoignit plus tard une puissante moustache; il calculait de tête et ne revenait pas sur ses calculs. En somme, c'était un brave homme qui n'aimait aucunement le sang, les royalistes l'avouent eux-mêmes; au 10 août, il était aux Tuileries, mais il protégea plutôt la famille royale qu'il ne la menaça; aux 2 et 3 septembre, il n'était point à Paris, et ne prit aucune part au massacre des prisons. Reste donc contre lui ce fameux roulement de tambour du 21 janvier; eh bien, il n'est pas sûr que ce soit lui qui l'ait ordonné, et beaucoup disent qu'il l'a endossé comme Danton a endossé septembre sans y avoir pris une grande part.

Rétif ne pouvait prévoir tout ce que devait devenir Santerre, et cependant il en parla longtemps à sa fille en se flattant de pouvoir le glisser tout vivant dans une de ses *Contemporaines,* tout en retournant son nom par quelque ingénieux anagramme.

A peine rentré chez lui, Rétif écrivit un mot au curé pour l'informer du succès de son ambassade. Le digne prêtre accourut aussitôt; il trouva le père et la fille attablés devant un de ces repas populaires qui font envie à tous les bons estomacs.

Ingénue avait apprêté, non sans le concours de Rétif, un plat de choux blanchis qu'avec munificence le charcutier de la rue des Bernardins avait farci de saucisses, de lard maigre coupé en tranches minces, et de petit salé friand à la vue et croquant sous la dent.

Une chopine de vin dans une bouteille, de l'eau dans un pot de faïence à fleurs, un potage tiré du salé et des choux, la moitié d'un pain de huit livres blanc et poreux sous sa croûte d'or, des fruits délicatement couchés sur leurs feuilles de vigne, dans un panier d'osier : tel était le repas auquel sa vulgarité n'ôtait rien de son excellence.

Ils venaient de se servir le potage dans leurs assiettes de faïence à fleurs pareilles à celles du pot à eau, lorsqu'ils entendirent des pas dans l'escalier, lorsqu'ils virent s'ouvrir la porte et lorsque le curé Bonhomme apparut.

Il entra avec sa bonne figure gaie et courtoise, et salua Ingénue, qui lui offrait son siége.

Sa main serrait déjà la main de Rétif.

— Monsieur le curé, fit Rétif en rougissant un peu, la soupe d'un honnête homme se recommande d'elle-même ; nous commençons à dîner, et ce n'est pas aujourd'hui vendredi.

— Merci, dit le curé, merci, mon cher monsieur Rétif.

— Acceptez, monsieur le curé, dit Ingénue de sa douce voix.

— Oh ! ma chère demoiselle, répondit le curé, croyez que je ne me fais point prier.

— Je sais bien que le dîner est médiocre, continua Rétif en souriant.

— Point du tout, point du tout ! s'écria le curé en humant l'atmosphère épaissie par la fumée du potage ; cette soupe a une excellente odeur, au contraire, et il faudra que je vous envoie dame Jacqueline pour vous demander comment vous la faites.

— Eh bien, alors, monsieur le curé...

— J'ai dîné, dit celui-ci.

Ingénue sourit.

— Oh ! monsieur le curé, ne mentez point, dit-elle : l'autre jour, mon père a été vous voir, il était midi et demi, vous n'aviez pas encore dîné ! Alors, vous lui avez dit que vous ne dîniez jamais avant une heure, aujourd'hui, midi vient à peine de sonner au séminaire.

— Eh bien, dit le curé en souriant à son tour, je ne

mentirai point, ma belle demoiselle, puisque vous m'en faites si gentiment le reproche.

— Ah !

— Je n'ai point dîné, en effet.

— Vite un couvert ! s'écria Rétif.

— Mais non.

— Cependant...

— Non, encore une fois, merci : je ne dînerai pas avec vous, monsieur Rétif... aujourd'hui, du moins.

— La raison ?

Et il fit un pas vers le curé, tandis qu'Ingénue en faisait un en arrière.

— C'est que...

Le curé hésita.

— Voyons, achevez, dit Rétif.

— C'est que je ne suis pas seul.

— Ah ! dit Rétif.

— Ah ! fit Ingénue en fronçant le sourcil.

— Mais qui donc est avec vous ? demanda Rétif.

— Eh bien, là...

— Où, là ?

— Sur l'escalier... j'ai laissé...

— Alors, dit Rétif, faites entrer !

— J'ai laissé un homme reconnaissant, monsieur Rétif.

— Ah ! fit celui-ci.

Rétif avait compris.

Ingénue aussi, car elle se tut.

— Un cœur tout gonflé à la fois de joie et d'amers regrets !

— Oui, je comprends ; M. Auger, n'est-ce pas ?

— Lui-même.

Ingénue laissa échapper un soupir qui ressemblait à une plainte.

Ce soupir inquiéta fort le curé.

— Il était chez moi, le malheureux ! continua-t-il,

quand vous m'avez envoyé l'heureuse nouvelle, et il m'a supplié de lui permettre de m'accompagner.

— Diable! diable! monsieur le curé, fit Rétif gêné.

— Accordez-lui cette dernière faveur, mon ami... N'avez-vous point pardonné?

— Sans doute, j'ai pardonné; cependant, monsieur le curé, vous devriez comprendre...

— Auriez-vous fait des restrictions mentales en accordant ce pardon?

— Non, certes; mais...

— Surmontez cette faiblesse, soyez charitable jusqu'au bout; ne conservez pas une rancune qui survive au pardon et qui en détruise les effets.

Rétif se tourna du côté de sa fille.

Ingénue baissait les yeux, impassible et impénétrable.

L'écrivain, entraîné par la chaleureuse prière du curé, n'avait pas encore dit oui, que déjà l'excellent prêtre avait ouvert la porte et livré passage à un homme qui vint, en grand désordre, se jeter aux pieds de Rétif et d'Ingénue en versant un torrent de larmes.

Le curé se prit à pleurer aussi; Rétif se sentit ému, et Ingénue éprouva une douleur pareille à celle que lui eût causée une lame froide et acérée lui traversant le cœur.

Cette douleur se traduisit par un cri qu'elle ne put retenir en voyant paraître Auger.

Auger, qui avait longuement et savamment préparé son discours, plaida sa cause avec un pittoresque achevé; il fut éloquent et ramena Rétif.

Les hommes d'imagination ne peuvent jamais prendre d'expérience : ils voient trop ce qu'ils rêvent pour bien voir ce qui est.

Ingénue profita de tous ces attendrissements pour regarder, avec les yeux clairs de l'innocence, l'homme qui avait failli lui être si fatal.

Auger n'était point laid; il était plutôt commun que disgracieux; — plusieurs qualités, en physiologie, peuvent constituer une défectuosité, comme plusieurs défauts peuvent produire une sorte de beauté, celle surtout qu'on appelle la physionomie.

Des yeux vifs et dont l'expression allait jusqu'au cynisme, une forêt de cheveux, de belles dents, un air de santé : tel était l'homme ; il était même bien pris dans sa petite taille et vêtu avec une propreté recherchée ; mais il avait le front bas et fuyant, la bouche gâtée par l'habitude des expressions triviales.

Malheureusement, Ingénue était incapable de soupçonner tout ce que révélait une bouche comme celle-là. Il en résulta que l'impression qu'elle retira de son tacite examen ne fut pas tout à fait aussi défavorable à Auger que l'on eût pu le croire.

Tout ce que nous avons dit de sa contrition, de ses remords, de son désespoir, Auger le répéta ; il conta ses combats, ses souffrances, ses irrésolutions ; il finit par exposer son ferme dessein d'être le plus laborieux et le plus honnête de tous les hommes.

Il eut même l'esprit, tout en jetant sur le prince la plus grande partie de ses fautes, de prendre à ce même prince un peu de ce vernis qui séduit toujours l'œil aventureux des femmes.

Ce vernis de noblesse et d'élégance, de corruption éblouissante et d'aristocratie ambrée eut quelque peine à tenir sur l'épiderme de M. Auger ; mais il avait affaire à des gens simples et bons qui, la défiance une fois passée, acceptaient tout et profitaient d'un récit comme d'une bonne fortune.

Quand Auger s'aperçut de l'attention que mettait Rétif à écouter l'énumération des livrées, des équipages, des appartements du comte d'Artois, le détail de ses soupers et de ses parties galantes, — détails chastement gazés, pour que l'oreille d'Ingénue pût les entendre ; — quand il vit l'intérêt que la jeune fille elle-même portait à la description des étoffes, des ameublements, des chevaux et des pages ; quand, en un mot, il comprit qu'on l'avait oublié ravisseur pour l'accepter narrateur de ces criminelles ressources, il commença à croire que le pardon lui était accordé pleinement, et que, si on ne le voyait pas avec plaisir, on le verrait au moins avec indifférence.

De là à l'horreur qu'il inspirait la veille, il y avait un abîme.

Cet abîme, il venait de le franchir.

Mais avec un instinct merveilleux, — cet instinct des animaux nuisibles à la recherche de leur proie, — il comprit qu'il ne fallait pas trop prolonger la visite, et sortit avec une effusion de reconnaissance et de politesse qui acheva de subjuguer Rétif et qui rassura presque Ingénue, à laquelle il se crut autorisé à adresser en partant un sourire respectueux enveloppé dans un profond salut.

V

LE BLESSÉ ET SON CHIRURGIEN

Nous pouvons revenir maintenant au pauvre Christian, que des bras complaisants, et qui se relevaient de cent pas en cent pas, portaient aux écuries d'Artois sous la conduite de cet homme aux larges épaules dans lequel, sans doute, nos lecteurs ont déjà reconnu Danton.

Quelques torches précédaient le cortége ; des cris de femmes et des appels à la pitié, sinon aux armes, répondaient aux gémissements du blessé.

Chacun s'approchait pour voir de près ce beau jeune homme aux cheveux noirs, aux joues pâles, aux traits fins, dont la cuisse ensanglantée laissait échapper un flot de sang à chaque mouvement de la civière.

La porte des écuries se ferma à l'aspect du cortége, dont on ignorait les intentions; mais elle se rouvrit quand le suisse eut vu et reconnu, couché sur sa douloureuse litière, le jeune page commensal de l'hôtel.

Bientôt des gens empressés coururent, sur l'invitation de Danton, réveiller dans sa chambre le chirurgien de service, M. Marat.

Mais M. Marat ne se couchait pas de si bonne heure : on trouva M. Marat penché sur son manuscrit et recopiant avec amour, de son écriture longue et menue, les pages favorites de son roman polonais.

— C'est bien, dit Marat, de mauvaise humeur d'être dérangé au milieu d'un si doux travail, — c'est bien; déposez-le sur mon lit et dites que j'y vais.

Les personnes qui venaient de recevoir cette invitation de la part de Marat se retirèrent, à l'exception d'une seule qui resta dans la pénombre.

Marat vit cette forme humaine debout dans le corridor, et, fixant sur elle ses yeux habitués aux ténèbres, et qui voyaient mieux la nuit que le jour :

— Ah! c'est toi, Danton? dit-il. Je me doutais que je te reverrais ce soir.

— Vraiment? dit Danton adoptant ce tutoiement dont Marat lui donnait l'exemple; tu savais donc ce qui se passait?

— Dame! fit Marat, peut-être... Je sais bien des choses, comme tu as pu t'en apercevoir.

— Dans tous les cas, l'affaire a chauffé ferme, et je t'apporte un échantillon de la besogne qui a été faite.

— Oui, un blessé... Est-ce que tu le connais?

— Moi? Pas le moins du monde; mais il est jeune, mais il est beau : j'aime ce qui est jeune, j'aime ce qui est beau; je me suis intéressé à lui, et je l'ai accompagné.

— Est-ce un homme du peuple?

— Oh! ça, non! C'est un aristocrate, et dans toute la force du terme. Petits pieds, petites mains, traits fins, front haut... Tu vas le détester au premier coup d'œil.

La bouche de Marat se tordit dans un sourire.

— Et où est-il blessé ? demanda-t-il.

— A la cuisse.

— Ah ! ah ! l'os est probablement offensé : c'est une opération à faire ! Voilà un beau garçon, voilà un beau jeune homme, voilà un bel aristocrate condamné à marcher avec une jambe de bois !

Et Marat se frotta les mains, et, regardant ses jambes à lui :

— Mes jambes sont tordues, dit-il, mais au moins ce sont mes jambes.

— Les blessures à la cuisse sont donc graves ?

— Oh ! très-graves ! Nous avons d'abord l'artère crurale, qui peut être intéressée, puis l'os ; un nerf déchiré donne le tétanos. Vilaine blessure ! vilaine blessure !

— Raison de plus, en ce cas, pour vous hâter de porter secours au blessé.

— J'y vais.

Et Marat se leva lentement, s'appuya sur ses deux poings, relut, dans cette attitude, la dernière page de son roman, corrigea deux ou trois mots, prit sa trousse, et suivit Danton, qui, dans l'étude qu'il faisait de l'homme, n'avait pas perdu un seul détail de ce que venait de dire et de faire Marat.

Marat, précédé par Danton, s'engagea dans le corridor qui séparait son cabinet de travail de sa chambre à coucher. Ce corridor était encombré de gens du peuple qui, ayant porté le blessé, ou lui ayant fait cortége, avaient profité de la circonstance pour se donner, soit par intérêt, soit par curiosité, le plaisir d'assister à une opération.

Une chose qui frappa Danton surtout, — outre ce plaisir visible que Marat trouvait à couper de la chair d'aristocrate, — ce fut la reconnaissance muette du chirurgien avec quelques-uns de ces hommes du peuple, affiliés, probablement, à quelque société secrète dont ils échangèrent entre eux les signes convenus.

Après quoi, sans doute contre l'attente de beaucoup de spectateurs, les hommes de l'hôtel les congédièrent assez brusquement; mais, avant le départ, Marat échangea avec eux de nouveaux signes d'intelligence, — celui-là disant à ceux-ci tout ce que la fraternité de l'émeute peut se permettre de tendresses devant des profanes.

Alors, sans jeter un coup d'œil sur le blessé, Marat, déploya son nécessaire, aligna ses instruments, parmi lesquels le scalpel et la scie tenaient le premier rang, et allongea la charpie; mais, le tout, lentement, bruyamment et avec cette solennité cruelle du chirurgien qui aime son art, non parce qu'il guérit, mais parce qu'il tranche.

Pendant ce temps, Danton s'approcha du jeune homme, qui attendait, les yeux à moitié fermés par l'engourdissement que provoquent presque toujours les blessures des armes à feu.

— Monsieur, lui dit-il, votre blessure va, sans doute, entraîner quelque opération douloureuse, sinon grave; avez-vous quelqu'un, à Paris, que vous désiriez voir, ou quelqu'un que votre absence puisse inquiéter? Je me chargerai de faire passer une lettre à cette personne.

Le jeune homme ouvrit les yeux.

— Monsieur, j'ai ma mère, dit-il.

— Eh bien, je me mets à votre disposition. Voulez-vous me donner son adresse? Je lui écrirai, si vous ne pouvez écrire, ou je l'enverrai simplement chercher.

— Oh! monsieur, il faut que j'écrive moi-même! dit le jeune homme; j'en aurai la force, j'espère. Seulement, donnez-moi un crayon au lieu d'une plume.

Danton tira de sa poche un petit portefeuille, de ce petit portefeuille un crayon, et, déchirant une page blanche:

— Tenez, monsieur, dit-il, écrivez.

Le jeune homme prit le crayon, et, avec une force de volonté inouïe, malgré la sueur qui coulait à larges gouttes de son front, malgré les gémissements que ne pouvaient retenir ses dents serrées, il écrivit quelques lignes qu'il remit à Danton.

Mais cette action, si simple qu'elle fût, avait épuisé ses forces, et il retomba presque évanoui sur l'oreiller.

Marat entendit ce soupir ou plutôt ce gémissement, et, s'avançant vers le lit :

— Voyons, dit-il, examinons un peu cela.

Le jeune homme fit un mouvement, comme pour éloigner sa jambe blessée de Marat, dont l'aspect n'était pas de nature à inspirer une foi bien robuste à ceux qui avaient le malheur de tomber entre ses mains.

Effectivement, la mine de Marat n'était pas très-flatteuse, la main de Marat n'était pas très-propre.

Marat, dans son costume de nuit, avec son mouchoir noué sur sa tête, nous dirons presque sur ses yeux ; Marat, avec son nez blafard et oblique, ses yeux ronds, sa bouche insolente, ne faisait pas à Christian l'effet d'un Esculape bien divin.

— Je suis blessé, se disait-il en lui-même ; il y a même plus, j'eusse désiré être tué ; mais je n'aimerais pas à être estropié.

Cette idée se formulant de plus en plus nette dans son cerveau, Christian arrêta le bras de Marat, au moment où celui-ci s'apprêtait à visiter la blessure.

— Pardon, monsieur, dit-il d'une voix calme et douce, je souffre ; cependant, je désire ne point me livrer à la médecine comme un désespéré. Je vous recommanderai donc de ne tenter sur moi aucune opération, entendez-vous bien ? aucune, avant de m'avoir donné une consultation ou de m'avoir demandé mon avis.

Marat releva brusquement la tête pour répondre quelque insolence ; mais, à l'aspect de ce visage empreint de noblesse et de douce sérénité, à l'aspect de ce regard limpide et bienveillant, il resta immobile, inerte, muet, comme frappé à la fois à la tête et au cœur..

Il était évident que ce n'était pas la première fois que Marat voyait ce jeune homme, et que sa vue éveillait en lui quelque sentiment dont le médecin, peut-être, n'eût pas pu se rendre compte à lui-même.

— Vous m'avez entendu, monsieur, reprit Christian prenant cette hésitation du médecin pour le pire de tous les symptômes, celui de l'ignorance inquiète.

— Oui, je vous ai entendu, mon jeune monsieur, dit Marat d'une voix presque tremblante ; mais vous ne supposez point que je vous veuille du mal ?

Christian fut frappé à son tour de l'opposition qu'il y avait entre ce visage hideux et ces sentiments de bienveillance, bienveillamment exprimés.

— Qu'est-ce que cet instrument, monsieur? demanda-t-il à Marat en montrant l'outil que celui-ci tenait à la main.

— C'est une sonde, monsieur, répliqua le chirurgien, l'œil de plus en plus timide, le regard presque attendri.

— Je croyais que, d'habitude, cet instrument était d'argent?

— Vous avez raison, monsieur, dit Marat.

Et, prenant à pleines mains la trousse et les outils qu'elle avait dégorgés sur la table, il sortit de la chambre, et alla chercher dans son cabinet une collection d'outils de la plus fine trempe et arrangés dans un nécessaire qui valait à lui seul, et en dehors des instruments qu'il contenait, le double de la première trousse et des premiers outils tout ensemble. C'était un cadeau de M. le comte d'Artois, en échange d'un livre que Marat lui avait dédié.

Marat se rapprocha du lit du blessé, mais, cette fois, avec une sonde d'argent.

— Monsieur, lui dit Christian, mal rassuré encore,

malgré l'empressement mis par Marat à changer sa sonde d'acier en une sonde d'argent, — je vous ai parlé d'une consultation : j'entends, par consultation, non-seulement votre opinion, à vous, dont certes je ne discute pas la valeur, mais encore celle d'un ou deux de vos confrères ayant autorité.

— Ah! c'est vrai, dit Marat avec un sentiment d'amertume qu'il ne put cacher, je n'ai pas de nom, je n'ai pas d'autorité : je n'ai que du talent.

— Je ne le révoque pas en doute, monsieur; mais, lorsqu'il s'agit d'une blessure aussi grave que l'est la mienne, je crois que trois avis valent mieux qu'un.

— Soit, monsieur, dit Marat; nous avons dans le quartier du faubourg Saint-Honoré, le docteur Louis, et, rue Neuve-de-Luxembourg, le docteur Guillotin. Ces deux noms vous paraissent-ils une garantie suffisante?

— Ce sont deux noms connus et vénérés, répondit le blessé.

— Je vais donc envoyer chercher ces messieurs, alors?

— Oui, monsieur, s'il vous plaît ainsi.

— Mais, s'ils sont d'un autre avis que moi, dit Marat, prenez garde!

— Vous serez trois, monsieur : la majorité décidera.

— Très-bien, monsieur,

Et Marat, doux et obéissant à la voix de ce blessé, qui paraissait avoir une si grande influence sur lui, s'approcha de la porte, appela un des palefreniers, et, lui indiquant l'adresse des deux chirurgiens, lui donna l'ordre d'aller les chercher et de ne pas revenir sans eux.

— Maintenant, monsieur, dit-il au jeune homme, maintenant que vous voilà certain que rien ne s'opérera sans notre triple concours, laissez-moi au moins visiter la blessure, et m'occuper du pansement préparatoire.

— Oh! pour cela, faites, monsieur, dit Christian, faites!

— Albertine, dit Marat, prépare de l'eau fraîche et des compresses.

Puis, revenant à Christian :

— Allons, monsieur, du courage, dit-il, je vais sonder la plaie.

— L'opération est-elle bien douloureuse? demanda Christian.

— Oui, monsieur; mais, en même temps, elle est indispensable, et soyez tranquille, j'y emploierai toute la légèreté de ma main.

Christian ne répondit qu'en présentant sa jambe au chirurgien.

— Surtout, monsieur, dit Christian, ne me cachez rien.

Marat s'inclina en signe d'assentiment, et commença l'opération.

A l'introduction de la sonde dans la plaie, qui se rougit aussitôt d'une écume sanglante, Christian pâlit, mais moins encore que le chirurgien.

— Vous ne criez point, lui dit Marat; criez, criez, je vous en prie.

— Et pourquoi, monsieur?

— Parce que cela vous soulagera, et que, ne vous entendant point crier, je suppose que peut-être vous souffrez plus encore que vous ne souffrez réellement.

— Pourquoi crierais-je, dit Christian, puisque vous faites de votre mieux, et qu'en effet, votre main est plus légère que je ne l'espérais? Ne craignez donc rien, monsieur : continuez.

Mais, en parlant ainsi, le jeune homme porta à ses lèvres un mouchoir qu'il mordit à belles dents.

L'opération dura une demi-minute, à peu près.

Puis Marat, le front soucieux, retira la sonde de la blessure, et appliqua sur la plaie une compresse d'eau froide.

— Eh bien? demanda le jeune homme.

— Eh bien, dit Marat, vous avez désiré une consultation : mes deux collègues vont venir ; attendons.

— Attendons ! dit le jeune homme en laissant retomber sur l'oreiller sa tête de plus en plus pâlissante.

VI

LA CONSULTATION

L'attente ne fut pas longue : le docteur Louis arriva au bout de dix minutes, et le docteur Guillotin au bout d'un quart d'heure.

Christian salua l'entrée des deux médecins d'un doux et triste sourire.

— Messieurs, dit-il, je viens de recevoir une blessure grave, et, comme je suis page de Son Altesse royale monseigneur le comte d'Artois, je me suis fait apporter à ses écuries, où je savais trouver un chirurgien. Maintenant, quelle que soit la confiance que j'aie en monsieur, j'ai voulu avoir votre opinion sur ma blessure avant de rien décider.

Guillotin et Marat se saluèrent comme deux hommes de connaissance, tandis que, au contraire, le docteur Louis et Marat se saluaient comme deux étrangers.

— Examinons la blessure, dit Guillotin.

— Prêtez-moi votre sonde, monsieur, dit le docteur Louis à Marat.

Un frissonnement passa dans les veines du jeune homme à l'idée qu'on allait recommencer l'opération qui l'avait tant fait souffrir, et que, cette fois, l'opération serait tentée par la main tremblante d'un vieillard.

— C'est inutile, dit vivement Marat, j'ai sondé la plaie, et je puis vous donner tous les renseignements que vous désirerez sur l'état de la blessure et le chemin qu'a fait la balle.

— Alors, dit le docteur Louis, passons dans la chambre à côté.

— Pourquoi, messieurs? demanda Christian ; pour que je ne puisse entendre ce que vous allez dire ?

— Pour ne pas vous effrayer inutilement, monsieur, par des mots qui, dans votre imagination, prendraient une autre signification, peut-être, que celle qui leur est propre.

— N'importe, messieurs, reprit Christian, je désire que tout se passe devant moi.

—Il a raison, dit Marat, et c'est mon désir, à moi aussi.

— Soit, dit le docteur Louis.
Puis, en latin :
— Quel est l'état de la blessure? demanda-t-il.

Marat avait répondu dans la même langue, mais avec un pâle sourire.

— Messieurs, dit Christian, je suis Polonais, et le latin est presque ma langue maternelle ; si vous ne voulez pas que j'entende votre dissertation, il faudrait parler une autre langue. Seulement, je vous préviens que je parle à peu près toutes les langues que vous pouvez connaître et parler vous-mêmes.

— Parlons donc en français, dit Guillotin ; d'ailleurs, le jeune homme paraît franc et résolu.

Puis, se tournant vers Marat :

— Allons, confrère, continua-t-il, parlez ; nous écoutons.

Mais, à ce mot : « Je suis Polonais. » Marat avait semblé si étrangement ému, qu'à peine pouvait-il articuler les mots.

Il essuya son front couvert de sueur, regarda le jeune homme avec une indéfinissable expression d'angoisse, et, secouant la tête comme s'il eût repoussé une idée qui l'envahissait malgré lui :

— Messieurs, dit-il, ainsi que vous le voyez, la balle a pénétré au tiers supérieur de la cuisse ; elle arrive directement sur l'os, contre lequel elle s'amortit en le brisant ; mais, comme elle frappe au point extérieur, elle dévie légèrement, et va se loger entre l'os et les muscles. On la sent avec la sonde.

— Grave ! murmura le docteur Louis.

— Très-grave ! répéta Guillotin.

— Oui, très-grave ! reprit Marat.

— Y a-t-il des esquilles ? demanda Guillotin.

— Il y en a, dit Marat : j'en ai retiré deux en ramenant la sonde.

— Très-grave ! répéta Louis.

— Au reste, dit Marat, pas d'hémorragie ; par conséquent, autant qu'on peut en juger, pas de lésion de gros vaisseaux ; quant à l'artère fémorale, elle était, par sa position, en dehors de l'atteinte du projectile, la balle s'avançant obliquement de dedans en dehors de la cuisse.

— Dès que l'os est fracturé..., dit le docteur Louis en regardant son confrère.

— Il n'y a plus qu'à pratiquer l'amputation, dit Guillotin.

Marat pâlit.

— Pardon, docteur, dit-il, mais réfléchissez bien ; pour une simple fracture, la résolution est terrible !

— Je crois l'amputation urgente, répéta le docteur Louis.

— Voyons, pourquoi cela ? dit Marat. Je vous écoute, avec le respect que je dois à l'auteur du beau *Traité des blessures par les armes à feu.*

— Pourquoi ? Parce que, premièrement, dans quelques jours va se développer une violente inflammation : cette inflammation produira une excessive tension des chairs ; par le fait de cette tension, il y aura étranglement des parties ; le sujet est jeune, vigoureux : le débridement sera impuissant à arrêter l'étranglement, de là la gangrène ! Secondement, dans cette inflammation, les esquilles seront comprimées ; elles agaceront les filets nerveux ; cet agacement produira des douleurs insupportables, et ces douleurs amèneront probablement le tétanos ; on ne conservera donc pas le membre, et l'on tuera l'individu. Enfin, troisièmement, en admettant qu'on évite la gangrène et le tétanos, le malade reste exposé à une suppuration qui l'affaiblit au plus haut degré : supposez qu'en ce moment-là, vous soyez obligé de couper la cuisse, et le malade meurt dans l'opération !

— Je ne nie rien de tout cela, dit Marat ; mais cela ne me paraît pas encore une raison suffisante pour enlever le membre ; vous avez mis les choses au pis, vous les avez poussées au dernier degré, docteur ; quant à moi, j'espère mieux de la blessure.

— Mais enfin, comment comptez-vous combattre l'inflammation ? Débriderez-vous la plaie ?

— Non ; car débrider la plaie, c'est greffer une nouvelle blessure sur une ancienne, et c'est augmenter l'inflammation au lieu de la diminuer.

— C'est l'avis de John Bell, qu'il faut toujours débrider la plaie, dit le docteur Louis.

— Mais ce n'est pas celui de Hunter, repartit Marat.

— Voyons vos moyens de combattre l'inflammation générale dans un sujet qui, je le répète, est jeune et vigoureux.

— S'il est jeune et vigoureux, dit Marat, nous lui tirerons du sang.

— Bon, pour l'inflammation générale ; mais il restera l'inflammation locale.

— Nous lui ferons, si je puis m'exprimer ainsi, une saignée de calorique.

— Vous voulez dire que vous le traiterez par l'eau froide ?

— C'est un moyen qui m'a plus d'une fois réussi.

— Mais les esquilles?

— Il n'y a pas à s'en occuper : au fur et à mesure qu'elles se présenteront, nous les arracherons, toutes les fois, bien entendu, que nous pourrons le faire sans danger pour le malade.

— Mais la balle? la balle? insista le docteur Louis.

— Sans doute, il faut au moins l'extraire, dit Guillotin.

— La balle viendra d'elle-même.

— Et comment cela?

— La suppuration la poussera au dehors.

— Mais il est impossible, vous le savez bien, de laisser un corps étranger dans la plaie.

— Un corps étranger, et surtout s'il se compose de plomb, n'est pas nécessairement mortel.

— Où donc avez-vous vu cela? s'écria le docteur Louis.

— Je vais vous le dire, reprit Marat. Voici ce qui m'est arrivé un jour, en Pologne : je chassais... j'ai toujours été un médiocre chasseur; d'ailleurs, la chasse est un plaisir cruel, et, avant tout, je suis humain.

Les deux médecins s'inclinèrent.

— Eh bien, donc, un jour que je chassais, je pris un chien pour un loup, et je lui envoyai trois chevrotines : l'une d'elles se logea dans les muscles lombaires, l'autre s'aplatit sur la tête de l'humérus, la troisième brisa une côte. Je pus extraire cette dernière; la seconde sortit d'elle-même de la plaie au bout de dix jours; la troisième demeura dans les chairs, mais ne causa aucun accident. Eh bien, pourquoi la nature, qui agit de même sur tous les animaux, ne ferait-elle point pour l'homme ce qu'elle a fait pour le chien?

Le docteur Louis demeura un instant pensif.

Mais tout à coup :

— Prenez garde, monsieur! ce que vous venez d'exposer là n'est qu'une observation personnelle; c'est un fait remarquable, curieux; mais la science ne s'appuie pas sur des exceptions. Mon avis est que vous risquez la vie du blessé en appliquant une théorie qui est en opposition avec toute la science chirurgicale depuis Ambroise Paré jusqu'à Jean-Louis Petit.

Marat s'inclina avec une fermeté calme.

Mais le docteur Louis insista.

— Je prends la chose sur moi, dit Marat.

— Faites attention, monsieur, répliqua le docteur Louis, mais la chirurgie se relève depuis peu de temps; les chirurgiens, barbiers et fraters hier encore, ont besoin de faire respecter leur état, et le moyen de le faire respecter, c'est de ne rien hasarder, c'est de se montrer avares de la vie des individus, c'est de guérir enfin.

— Monsieur, dit Marat, je reconnais la justesse de vos paroles, la sincérité de votre opinion; mais vous avez un trop grand respect du bonnet et de la robe : moi, je mets la conscience au-dessus de l'usage.

— Mais, si l'homme meurt, que deviendra votre conscience, qui aura agi contrairement à toutes les traditions scientifiques, et contre l'opinion de tous les hommes dont l'expérience fait loi?

— Il y a, répondit Marat, deux lois qui, à mon avis, priment celle de l'expérience : l'une est la loi de l'humanité, l'autre celle du progrès. En somme, la chirurgie n'est pas destinée à faire seulement de belles opérations; que signifie le mot chirurgie? *secours de la main*. Que la main soit donc un secours, et le bistouri un médicament. Je ne me dissimule pas la témérité de l'acte, mais je le prends sur moi. Oh! excusez-moi, docteur, mais il y a une compensation à la laideur de mes yeux, c'est leur bonté; eh bien, je vois d'ici le jour où la chirurgie aura fait un grand progrès : la chirurgie qui coupe n'est qu'un art, la chirurgie qui guérit est une science.

— Je comprendrais encore votre obstination, monsieur Marat, dit le docteur Louis, si la blessure était au bras; mais une fracture d'arme à feu à un membre inférieur!

— Je prends la responsabilité, monsieur, dit Marat.

A ce mot, qui tranche tout dans les consultations chirurgicales, les deux docteurs s'inclinèrent, et Guillotin tendit la main à Marat avec une véritable sympathie.

— Puissiez-vous réussir, dit-il; je vous souhaite un succès de tout mon cœur.

— Je le souhaite, mais j'en doute, ajouta le docteur Louis.

— Et moi, j'en réponds, dit Marat.

Et il reconduisit jusqu'à la porte les deux docteurs, lesquels, avant de se retirer, déclarèrent une dernière fois qu'ils laissaient toute la responsabilité du traitement à leur collègue, le médecin des écuries de Son Altesse royale monseigneur le comte d'Artois.

Cette longue discussion, au lieu d'abattre le jeune homme, avait exalté ses forces. Marat, en venant à lui, le retrouva l'œil ardent de fièvre.

Il tendit ses deux mains au docteur dans un élan de gratitude.

— Monsieur, lui dit-il, recevez tous mes remerciments pour la manière dont vous avez défendu ma pauvre jambe. Si je la garde, c'est à vous que je le devrai, et je vous en aurai une reconnaissance éternelle. Si les accidents prédits par ces messieurs se déclarent et amènent la mort, eh bien, je mourrai avec la conviction que vous aurez fait tout ce qu'il était possible de faire pour me sauver.

Marat prit les deux mains que lui tendait le jeune homme, et, cela, avec un tremblement si sensible, que le blessé le regarda, étonné. Ce regard demandait visiblement la cause d'une pareille émotion, assez rare, en général, chez les médecins, et surtout chez les médecins de la trempe du nôtre, pour que le blessé la remarquât.

— Monsieur, demanda Marat, n'avez-vous pas dit que vous étiez Polonais?

— Oui, monsieur.
— Où êtes-vous né ?
— A Varsovie.
— Quel âge avez-vous ?
— Dix-sept ans.

Marat ferma les yeux et passa la main sur son front, comme fait un homme prêt à se trouver mal.

— Vous avez votre père ? dit-il.

Et ses yeux dévoraient d'avance la réponse qui allait sortir des lèvres du blessé.

— Non, monsieur, répondit celui-ci ; mon père était mort avant ma naissance, et je ne l'ai jamais connu.

A ces mots, Marat devint plus pensif, mais en même temps plus empressé que jamais. Il présenta à Christian une boisson légèrement aromatisée, pour combattre les spasmes et l'engourdissement nerveux, et procéda lui-même à l'établissement d'un appareil singulier à l'aide duquel il espérait combattre à la fois l'inflammation et le tétanos. C'était une espèce de fontaine qu'il fixa le long de la muraille, et qui, à l'aide d'un fétu de paille, devait laisser tomber goutte à goutte une eau glacée sur la plaie, couverte d'une simple compresse.

Le jeune homme le regardait faire avec un étonnement mêlé de reconnaissance. — Il était si visible que tous ces empressements, tous ces soins étaient en dehors des habitudes de Marat, que celui qui en était l'objet ne pouvait s'empêcher d'en être profondément étonné.

— Ainsi, monsieur, lui dit Christian quand l'appareil commença de fonctionner, vous ne vous occupez pas autrement de la balle ?

— Non, répondit Marat, mieux vaut la laisser où elle est, puisqu'elle n'adhère pas à l'os, que d'essayer de l'extraire ; car, en allant à sa recherche, je m'exposerais à provoquer de graves accidents, à détruire, par exemple, un de ces caillots salutaires que la nature ingénieuse — cette bonne mère, le meilleur de tous les médecins ! — ne manquera pas de former... Non, de deux choses l'une : ou la balle descendra de son propre poids, et, un beau jour, nous n'aurons qu'à ouvrir la peau pour l'extraire, ou, si elle nous gêne, nous ferons une incision sur le point le plus rapproché et nous l'irons chercher où elle est.

— Soit, dit le jeune homme ; faites comme vous l'entendrez, monsieur : je me livre entièrement à vous.

Marat parut respirer.

— Ah ! dit-il avec un sourire presque tendre, vous ne vous défiez donc plus de moi ?

Le jeune homme fit un mouvement.

— Oh ! continua Marat, ne le niez point, tout à l'heure vous n'étiez pas rassuré sur mon compte.

— Excusez-moi, monsieur, dit Christian, je ne vous connaissais pas, et, sans douter de votre talent...

— Le fait est, continua Marat parlant moitié à lui-même et moitié au jeune homme, que, ne me connaissant point, ce n'était pas ma mine qui pouvait vous rassurer ; car on dit que je suis laid, et, quand je me regarde, je suis forcé de me ranger à l'avis de ceux qui disent cela ; — ce n'était pas mon costume non plus : je suis peu attrayant en costume de nuit ; ce n'était pas, enfin, ma réputation... eh ! eh ! je n'en ai pas ! Et cependant vous voyez que je sais défendre les jambes contre ceux qui veulent les couper ; et cependant, continua-t-il avec une espèce de mélancolie qui n'était pas étrangère à cette organisation pleine de contrastes, j'ai plus vu, plus appris, plus travaillé qu'eux tous ! Qu'est-ce donc alors, monsieur, qui vous a rassuré en moi ?

— Eh bien, c'est votre changement à mon égard, c'est votre effroyable rudesse changée en une douce bienveillance. Lorsque je vous ai vu entrer, remuant à pleines mains ces effroyables outils, je vous ai pris bien plutôt pour un boucher que pour un médecin. Maintenant, au contraire, vous êtes empressé près de moi comme le serait une femme, et vous me regardez comme un père regarderait son enfant. Celui que l'on regarde ainsi, on ne veut pas le faire souffrir.

Marat se détourna. Qu'essayait donc de cacher ce cœur amer et dédaigneux? Était-il honteux de ses bons sentiments comme un autre l'eût été des mauvais? ou bien se passait-il au fond de cette âme sombre quelque chose d'insolite qu'il voulait dérober à tous les yeux?

En ce moment, un bruit se fit entendre dans l'antichambre, pareil à celui d'une personne qui accourt avec empressement, et une femme s'élan du corridor en criant d'une voix étouffée :

— Mon fils! mon Christian! où est-il? où est-il?

— Ma mère! fit le jeune homme en se soulevant sur son lit et étendant les deux bras vers celle qui accourait.

En même temps, la haute stature de Danton se dessinait dans l'ouverture de la porte comme dans un cadre trop étroit pour elle.

Danton cherchait des yeux Marat, qui, à la vue de cette femme et au premier mot qu'elle avait prononcé, avait jeté un cri et s'était reculé dans le coin le plus obscur de l'appartement.

VII

OU DANTON COMMENCE A CROIRE QUE LE ROMAN DU JEUNE POTOCKY EST MOINS UN ROMAN QU'UNE HISTOIRE.

Le blessé avait, pour s'élancer de corps et d'âme au devant de sa mère, compté sur les forces qu'il n'avait point; de sorte qu'il retomba presque évanoui sur son oreiller.

La mère jeta un cri, demanda du secours; mais Danton seul s'approcha d'elle et la rassura en lui montrant son fils qui rouvrait les yeux, en même temps qu'elle sentait ses deux bras revivre autour de son cou.

Quant à Marat, il n'avait pas bougé, et semblait, de l'angle obscur où il s'était réfugié, dévorer des yeux le tableau que formaient devant lui cette mère et cet enfant.

La mère était une femme encore belle, quoiqu'elle ne fût plus jeune. Ses traits, altérés par l'émotion qu'elle venait d'éprouver, étaient empreints d'un grand caractère de noblesse et de fierté, tandis que ses yeux bleu clair et ses cheveux blonds dénonçaient la femme du Nord dans toute l'aristocratie des races princières.

Penchée vers son fils, au front duquel ses lèvres étaient collées, elle révélait dans cette attitude une taille riche encore et un pied d'une élégance remarquable.

Le jeune homme rouvrait les yeux comme l'avait dit Danton, et la mère et le fils échangèrent un de ces regards dans lesquels sont enfermés une immense quantité de grâces à la Providence, un remerciment infini à Dieu.

Puis, en peu de mots, Christian, sans dire d'où il venait ni pourquoi il se trouvait sur la place Dauphine, raconta à sa mère comment il avait été blessé, comment il avait demandé, en sa qualité de page de monseigneur le comte d'Artois, d'être conduit aux écuries du prince ; comment, par les soins de Danton, — qu'il désigna du doigt, ne le connaissant point par son nom, — il avait été placé sur une civière et ramené au faubourg Saint-Honoré ; comment il avait trouvé le chirurgien des écuries, comment celui-ci l'avait défendu contre ses deux collègues qui voulaient absolument lui couper la jambe, et comment enfin les soins et les attentions du médecin avaient, autant qu'il était possible, adouci les douleurs inséparables d'une pareille blessure.

Et, tout en faisant ce récit, le jeune homme cherchait des yeux Marat, de plus en plus enfoncé dans l'ombre de l'appartement.

Après avoir exprimé son amour à son fils, la mère de Christian avait besoin d'exprimer sa reconnaissance à son sauveur.

— Mais où est donc ce savant et généreux docteur? demanda-t-elle en interrogeant la chambre et en fixant son regard vers Danton, comme pour le prier de la guider dans la recherche du chirurgien, ainsi qu'il l'avait guidée dans la recherche de la maison.

Danton prit un flambeau, et, s'avançant vers l'angle de la chambre d'où Marat avait assisté à toute cette scène :

— Le voici, madame, dit-il en riant; jugez-le, non par le costume ni par la mine, mais par le service qu'il vous a rendu.

Et en même temps il éclaira d'une même lueur le visage de Marat et de la mère de Christian, qui échangèrent, l'une un regard de reconnaissance, l'autre presque un regard de terreur.

A peine ces deux regards se furent-ils croisés, que Danton comprit qu'il se passait, dans le cœur de ces deux personnages, quelque chose que les spectateurs ne pouvaient comprendre.

Marat était à deux pas du mur : à la vue de cette femme, il recula comme à la vue d'un fantôme, et le mur seul, contre lequel il s'appuya, l'empêcha d'aller plus loin.

De son côté, la femme inconnue garda un instant son sang-froid; mais, presque aussitôt, l'étonnement de Marat, sa pâleur, le cri étouffé qu'il jeta, lui rappelant sans doute ce que le temps et la souffrance avaient effacé d'un visage autrefois connu, elle perdit contenance à son tour, frappa ses mains l'une contre l'autre, et, reculant vers le chevet du lit, comme pour chercher un refuge près de son fils, ou lui prêter même une protection :

— Oh! murmura-t-elle, serait-ce possible?

Cette scène muette, à peine sensible même pour les plus intelligents, avait pour seuls témoins Danton et Albertine, qui allait et venait avec inquiétude.

Quant à Christian, fatigué de tant de souffrances et de tant d'émotions, il fermait les yeux, et s'ensevelissait dans les premières brumes du sommeil.

Les autres assistants étaient quelques domestiques de la maison du prince, qui, moitié par lassitude, moitié par discrétion, s'esquivaient peu à peu, soit pour aller se coucher, soit pour aller s'entretenir des événements de la nuit.

Mais, chose étrange! après le départ de ces témoins, la scène que nous venons de décrire ne continua point.

Marat, qui s'était senti frappé d'un coup si violent, reprit sa force, et dompta son émotion.

La mère, passant sa main glacée sur son visage, chassa loin d'elle le souvenir, et secoua le rêve.

Danton les regardait tous deux, et, à reculons, avait rapporté sur la cheminée le flambeau qu'il y avait pris.

— Madame..., balbutia Marat, incapable, malgré toute sa force de volonté, de dire un mot de plus.

— Monsieur, répondit la mère avec un léger accent qui trahissait son origine étrangère, mon fils et moi, nous avons bien de la reconnaissance à vous témoigner.

— J'ai fait mon devoir envers ce jeune homme, dit Marat; je l'eusse fait envers tout autre.

Et, malgré lui, sa voix trembla en prononçant ces trois mots : « Ce jeune homme. »

— Merci, monsieur, dit-elle; et, maintenant, puis-je faire transporter mon fils chez moi?

Une espèce de combat se livra dans le cœur de Marat. Il s'approcha du chevet du lit, examina attentivement Christian, plongé dans l'assoupissement profond de la fatigue, et, sans regarder sa mère en face :

— Vous voyez qu'il dort, dit-il.

— Je ne vous demande pas cela, monsieur, dit la mère; je vous demande s'il y a du danger à faire transporter mon fils chez moi?

— Je crois qu'il y aurait danger, oui, madame, répondit Marat. Au surplus, ajouta-t-il d'une voix tremblante, croyez-moi, le jeune homme ne sera pas mal ici.

— Mais, moi, monsieur?... moi? dit la mère en se retournant et en fixant sur Marat le double éclat de son regard.

Marat s'inclina, moins par respect que pour fuir cette flamme qui lui brûlait le cœur.

Puis, surmontant peu à peu son émotion :

— J'aurai l'honneur, dit-il, de vous céder mon pauvre logis. La parfaite guérison de monsieur votre fils dépend des premiers pansements, et de l'immobilité qu'il gardera. Je reviendrai le voir deux fois par jour; vous saurez l'heure de mes visites, et vous pourrez y assister ou vous retirer. Pendant tout le reste du temps, vous serez seule avec lui.

— Mais vous, monsieur...?

— Oh! ne vous inquiétez pas de moi, madame, dit Marat d'un ton qui renfermait toute l'humilité du repentir.

— Cependant, monsieur, après le service que vous avez rendu à Christian et, par conséquent, à moi, je ne puis vous chasser de chez vous?

— Oh! qu'importe, pourvu que le jeune homme soit bien, et échappe au danger du déplacement!

— Mais où irez-vous?

— Il y aura bien quelque mansarde de domestique vacante dans les écuries.

La mère du blessé fit un mouvement.

— Ou mieux encore, se hâta d'ajouter Marat, voici M. Danton, qui a été vous chercher, je crois, et qui est un avocat célèbre de mes amis...

La femme inconnue fit de la tête un signe reconnaissant.

— Il voudra bien, continua Marat, me loger tout le

temps qui sera nécessaire à la convalescence de monsieur votre fils.

— Assurément, madame, dit Danton, qui, ayant observé ces deux figures si troublées, s'était perdu en mille soupçons, en mille surprises, et n'avait pris part à l'action qu'à de longs intervalles.

— Alors, j'accepte, dit la dame en jetant sa mante sur un vieux fauteuil qui se trouvait à sa portée.

Et elle s'assit au chevet du lit de Christian.

— Qu'y a-t-il à faire pour soigner cet enfant? demanda-t-elle.

— Ne jamais laisser tarir la source d'eau glacée qui coule goutte à goutte sur sa cuisse, et lui faire avaler, d'heure en heure, la boisson aromatisée qu'Albertine apportera.

Puis, incapable de soutenir plus longtemps la conversation, il s'inclina et passa dans la chambre voisine, ou plutôt dans le cabinet voisin, où il changea sa vieille robe de chambre pour un habit presque propre, et prit un chapeau et une canne.

— N'oubliez pas votre manuscrit, dit Danton, qui l'avait suivi, et qui lui voyait faire des préparatifs de départ; vous travaillerez à l'aise chez moi.

Marat ne l'écouta point, et, tout distrait, lui prit le bras.

Ce bras, Danton le sentit trembler, quand, forcé de traverser, pour sortir, la chambre du blessé, Marat échangea avec l'inconnue un salut d'adieu.

Une fois dans l'escalier, Marat eut à répondre aux questions de divers employés qui, restés debout, malgré l'heure avancée de la nuit, désiraient avoir des nouvelles du jeune blessé, lequel avait inspiré d'autant plus d'intérêt que beaucoup l'avaient reconnu pour ce qu'il était, c'est-à-dire pour un page du comte d'Artois.

Mais, une fois hors de la maison, une fois dans la rue :

— Voyons, dit Danton, voyons un peu cette confession, mon cher.

— Oh! mon ami, s'écria Marat, quelle aventure!

— Du Potocky? du vrai Potocky? un épilogue à notre roman polonais?

— Oui; mais, par grâce, ne riez pas.

— Bon! vraiment, vous en êtes là, mon pauvre Marat? Je vous croyais arrivé à rire de tout, moi.

— Cette femme, continua Marat, cette femme, avec sa beauté sarmate de plus en plus fière, cette mère si tendre et si craintive pour la santé de son fils...

— Eh bien?

— Savez-vous qui c'est?

— Il serait plaisant que ce fût votre inconnue, mademoiselle Obinska.

— C'est elle-même, mon ami!

— En êtes-vous bien sûr, au moins? dit Danton, qui une fois encore essayait de railler.

Marat prit un air solennel.

— Danton, dit-il, si vous tenez à demeurer mon ami, ne plaisantez jamais quand vous toucherez à cette époque de ma vie. Trop de souffrances s'y rattachent, trop de mon sang, du sang précieux de ma jeunesse a coulé dans ce temps-là, pour que je remonte froidement vers un pareil passé. Ainsi donc, si vous vous dites mon ami, si vous avez quelque souci de ne point martyriser avec de vaines paroles un malheureux déjà entamé par les martyres qu'il a subis, écoutez-moi sérieusement, comme vous écouteriez un homme, et non pas comme vous écouteriez la lecture d'un roman.

— Soit, dit Danton avec le sérieux réclamé par son ami; mais, auparavant, je dois vous avouer une chose.

— Avouez.

— Vous ne vous fâcherez pas?

— Je ne me fâche de rien, dit Marat avec son sourire d'hyène: avouez donc.

— Eh bien, j'avoue que je n'avais pas cru un seul mot des aventures que vous avez bien voulu me raconter aujourd'hui même.

— Ah ! fit Marat avec ironie, je comprends...

— Que comprenez-vous ?

— Vous n'avez pas voulu croire que j'avais été jeune.

— Hé !

— Que j'avais été beau.

— Que voulez-vous ! saint Thomas était un croyant près de moi !

— Vous n'avez pas voulu croire que j'avais été courageux, hardi, et que, jusqu'à un certain point, on avait pu m'aimer. Eh ! oui, vous avez eu raison ; je comprends que vous n'ayez pas voulu croire tout cela.

— Oui ; mais, maintenant, je fais amende honorable, et je vous dis : Je crois tout ce que vous voudrez me faire croire.

— Et cela prouve, murmura Marat comme se parlant à lui-même, cela prouve combien est pusillanime et sot, combien est insensé et stupide, celui qui ouvre les digues de son cœur, pour laisser couler vaguement, pour laisser infructueusement boire par un sable altéré et aride, par un sable ingrat et avare, le torrent des souvenirs de sa vie. J'ai été un lâche de n'avoir pas su garder ma douleur ; un sot d'avoir cru un moment en vous, comme à un homme de cœur ; un insensé, une brute, d'avoir livré mon secret par vanité, oui, par vanité ! et j'ai été tout cela, puisque ma ridicule confiance ne rapporte pas même la crédulité de Danton.

— Allons, allons, Marat, dit le colosse en secouant son compagnon par le bras qu'il tenait engagé sous le sien, ne nous fâchons pas ; puisque je fais amende honorable, que diable voulez-vous de plus ?

— Enfin, dit Marat, si vous n'avez pu croire que j'avais été beau jadis, au moins croirez-vous qu'elle a été belle ?

— Oh! oui, dit Danton, oui, elle a dû être bien étonnamment belle! je vous crois et je vous plains.

— Ah! merci, fit ironiquement le nain, redevenu méchant, merci!

— Mais, dites donc, fit Danton, frappé tout à coup d'une idée nouvelle.

— Quoi?

— Je rapproche les dates.

— Quelles dates?

— Celle de l'âge du jeune homme comparé à la page où nous sommes.

Marat sourit.

— Eh bien? fit-il.

— Eh bien, mais il n'a pas plus de dix-sept ans, ce garçon-là.

— Peut-être bien.

— Alors, il n'y aurait rien d'impossible...

— Il n'y aurait rien d'impossible?

— A ce qu'il fût...

Et Danton regarda fixement Marat.

— Laissez donc! fit amèrement celui-ci; est-ce que vous n'avez pas remarqué comme il est beau? Vous voyez bien qu'il ne peut pas être ce que vous pensez.

Et, sur ces derniers mots, ils entrèrent rue du Paon, dans la maison de l'avocat aux conseils.

Ils avaient traversé tout Paris, sans retrouver d'autre trace du tumulte de la soirée que, presque en face les uns des autres, les débris fumants encore du bûcher de M. de Brienne et ceux du corps de garde des soldats du guet.

Il est vrai que, s'il eut fait jour, ils eussent pu voir aussi le sang tachant le pavé, depuis la place de Grève jusqu'à l'entrée de la rue Dauphine.

VIII

CHEZ MARAT

Et, maintenant que nous avons reconduit Marat jusque chez son ami Danton, revenons à Christian, que nous avons laissé sur son lit de douleur, et qui souffre encore plus des tortures de l'esprit que de la blessure du corps.

Sa mère, accourue, comme nous avons vu, à la nouvelle de l'accident qui lui était arrivé, était installée à son chevet, et essayait de répandre sur lui, avec ses soins les plus doux, ses paroles les plus affectueuses; mais le jeune homme, au lieu de prêter l'oreille aux consolations maternelles, au lieu de se laisser bercer par ces charmantes bontés dont la femme a seule le secret, reportait sa pensée ailleurs, et fronçait le sourcil au souvenir de son amour, si brutalement interrompu.

Sa mère, femme au cœur austère et au visage pâle, fut quelques jours à comprendre qu'il y avait dans ce jeune homme malade un secret, seconde blessure plus dangereuse que la première; on le voyant silencieux et plein de tressaillements subits, elle attribua ce silence et ces angoisses de Christian à la douleur physique contre laquelle il se débattait, et que tout son courage ne pouvait parvenir à comprimer.

Alors, le mal du jeune homme atteignit bientôt la mère elle-même; elle souffrit de la souffrance de son fils, et, voyant que, chaque jour, le mal empirait, et qu'elle manquait de ressources pour le combattre, elle commença à désespérer.

Ce cœur de fer, — nous croyons l'avoir peint assez exactement pour n'avoir point à entrer ici dans de nouveaux détails, — ce cœur de fer, disons-nous, s'amollit peu à peu; agenouillée devant le lit où gisait Christian, elle espérait, elle implorait, pendant des heures entières, un sourire qui n'arrivait pas ou qui arrivait lugubre comme un sanglot, contraint comme une aumône.

Et cet homme, cet homme si profondément haï, et, qui plus est, si profondément méprisé par elle, était attendu avec anxiété ; et, quand ses absences se prolongeaient, elle s'informait à chacun du moment probable de son retour ; car elle sentait bien que, si quelqu'un soignait son enfant avec une ardeur presque égale à la sienne, c'était lui.

Elle guettait donc l'arrivée de Marat, et, dès qu'elle entendait son pas ou sa voix, elle ouvrait la porte, allait au-devant de lui, et, malgré sa répugnance profonde à lui adresser la parole, elle l'interrogeait, elle le pressait de questions, le priant, le suppliant de hâter l'œuvre de la nature.

Mais Marat sentait que le cœur glacé de la femme ne fondrait jamais à l'amour ardent de la mère ; il comprenait que, si elle eût pu le tuer, lui, à la condition que chaque goutte de sang versé rendrait un atome de santé à son fils, elle lui eût voluptueusement enfoncé un poignard dans le cœur.

Et lui-même ne revenait jamais sans une grande anxiété, sans une profonde inquiétude. Il est facile de deviner ce qu'il souffrait en présence de cette femme ; mais, enfin, peut-être souffrait-il moins encore que dans l'absence de Christian. Marat était sceptique en toute chose positive, et même en science, n'ayant de conviction réelle que là où les hommes d'élite n'en veulent point avoir.

Aussi, aux questions de cette mère éplorée, s'approchant du lit et soulevant le drap qui couvrait le jeune homme, puis l'appareil qui couvrait la plaie :

— Regardez, disait-il, le travail se fait lentement, mais incessamment ; cette guérison de la blessure, l'art ni la science ne la peuvent hâter en rien : la nature marche d'un pas égal et sûr ; là où elle s'emploie activement et sans réserve, comme ici, notre main est inutile... Au reste, voyez, l'inflammation a disparu ; les chairs essayent de revivre ; les os brisés se sont rejoints et soudent eux-mêmes aux brisures inégales les inégalités correspondantes.

— Mais alors, demandait la mère inquiète, si, comme vous le dites et comme je l'espère, Christian est en voie de guérison, pourquoi continue-t-il d'avoir la fièvre? L'inflammation a cessé depuis huit jours; eh bien, avec elle, il me semble que la fièvre devrait avoir disparu.

Et Marat prenait le pouls du jeune homme, qui parfois essayait de le retirer en poussant un soupir.

— Je ne sais que vous répondre ! disait-il, inquiet comme elle, plus inquiet peut-être qu'elle ; il y a là-dessous un phénomène inexplicable.

— Inexplicable?

— Je veux dire, reprit Marat d'un air de réticence, qu'il ne m'est point permis de l'expliquer...

— Dites-moi tout, monsieur : je ne veux pas souffrir de l'imprévu ; j'ai une âme capable de voir venir le malheur de loin.

Et, en parlant de son âme, dont Marat connaissait si bien la trempe, la comtesse l'envoyait tout entière en effluves brûlantes à son fils.

Marat se taisait.

— Voyons, monsieur, disait la comtesse désolée, donnez-moi une solution !

— Eh bien, madame, votre fils détruit avec son esprit toute la santé de son corps.

— Est-ce vrai cela? dit la comtesse en saisissant une main que Christian essaya inutilement de lui reprendre : est-ce vrai, mon fils?

Une vive rougeur apparut sur le front de Christian à ces paroles ; mais, voyant qu'il fallait répondre :

— Non, ma mère, dit-il en tournant la tête vers elle, non, le docteur se trompe, je vous assure.

Marat sourit tristement, nous allions dire hideusement, et secoua la tête en signe d'incrédulité.

— Je vous assure, docteur! insista Christian.

— Mais enfin, il me le dirait! s'écria la comtesse, car il aime sa mère.

— Oh! oui, dit Christian avec une expression qui ne permettait de révoquer en doute ni la vérité ni l'étendue de cet amour.

— Et d'ailleurs, continua la comtesse se retournant du côté de Marat, quel chagrin pourrait-il avoir?

Le jeune homme se tut. Marat, les embrassant tous les deux de son regard intraduisible, haussa les épaules; puis il prit congé à sa façon, en saluant brusquement et en enfonçant avec violence son chapeau sur sa tête.

Mais la comtesse l'arrêta en étendant la main vers lui, et, comme sous l'empire d'une puissance magnétique, Marat demeura immobile.

— Monsieur, dit-elle, nous vous avons pris votre domicile, cela doit vous déranger énormément. Où logez-vous? comment vivez-vous?

— Oh! ne vous inquiétez point de cela, madame, répondit Marat avec son plus sardonique sourire; où je loge, comment je vis, peu importe!

— Vous vous trompez, monsieur, reprit la comtesse; il importe à mon repos, et peut-être à celui de mon fils, que nous sachions si, en nous installant chez vous, nous n'avons pas tellement dérangé votre existence, que votre charité vous soit devenue onéreuse.

— Mais non, madame! ceux qui me connaissent savent que rien ne m'est onéreux.

— Ah! si mon fils pouvait être transporté! s'écria la comtesse.

Marat la regarda presque avec colère, mais cette impression s'effaça vite.

— Eh quoi! demanda-t-il, êtes-vous mécontente de la façon dont je traite ce jeune homme?

— Oh ! monsieur, se hâta de répondre Christian, nous serions bien ingrats si nous pensions une pareille chose ! Un père, en vérité, n'aurait pas de plus doux soins pour son fils.

La comtesse frissonna et pâlit.

Mais, toujours maîtresse d'elle-même :

— Monsieur, dit-elle, vous avez soigné Christian avec trop de science et de dévouement, pour que j'aie même l'idée de le confier à d'autres mains que les vôtres ; mais enfin, j'ai ma maison, et, si je pouvais y faire transporter mon fils, nous ne vous gênerions plus.

— Tout est possible, madame, dit Marat ; seulement, vous jouez la vie de ce jeune homme sur un coup de dé.

— Oh ! alors, Dieu me pardonne ! dit la comtesse avec un soupir.

— Encore quarante jours, dit Marat.

La comtesse parut hésiter à faire quelque proposition ; enfin, elle se décida à rompre le silence.

— Puis-je au moins vous faire accepter un dédommagement quelconque ? demanda-t-elle.

Cette fois, Marat ne chercha point à déguiser l'amertume de son sourire.

— Après la cure achevée, dit-il, après M. Christian guéri, vous me payerez comme on paye les médecins français... Il y a une espèce de tarif pour cela.

Et il fit un nouveau mouvement vers la porte dans l'intention de sortir.

— Mais, au moins, monsieur, dit la comtesse, qui comprenait que le beau côté, le côté du dévouement, était à Marat, et qui eût voulu le lui enlever, dites-moi comment vous vivez.

— Oh ! c'est bien simple : j'erre, répondit Marat.

— Comment, vous errez ?

— Oui, madame ; mais que cela ne vous inquiète point : en ce moment-ci, il m'est très-avantageux de ne pas loger chez moi.

— Pourquoi donc?

— Parce que j'ai beaucoup d'ennemis.

— Vous, monsieur? fit la comtesse d'un ton qui semblait dire : « Cela ne m'étonne point ! »

— Vous ne comprenez pas cela, dit-il d'un ton railleur; eh bien, en deux mots, je vais vous le faire comprendre. On prétend que j'ai quelque mérite en médecine et en chimie; on prétend que j'applique mes connaissances à guérir gratis les pauvres gens du peuple. En outre, je suis un peu écrivain : je rédige pour les patriotes des articles de politique et d'économie qui sont lus. Les uns m'accusent d'aristocratie parce que je suis dans la maison du prince, les autres me desservent auprès du prince parce que j'ai du patriotisme. Or, je suis haï des uns et des autres. Et puis la nature m'a fait acerbe; elle m'a donné l'apparence d'un être faible, bien que cette apparence mente, car je suis robuste, madame, et si vous saviez ce que j'ai déjà souffert...

Il s'arrêta.

— Ah ! vous avez souffert? dit la comtesse avec un flegme qui glaça le cœur de Marat.

— Oh ! ne parlons plus de cela, oublions le passé... J'ai voulu vous dire que ce que je souffrirais dans le présent ne serait jamais rien auprès de ce que j'ai souffert dans le passé; ainsi, en supposant que vous ayez l'intention de me plaindre, ne vous en donnez point la peine. Je commence, depuis que M. Christian est ici, une vie de pérégrination et d'exil qui sera probablement la mienne désormais. Au reste, c'est ma vocation : je n'aime pas les hommes, je n'aime pas le jour; ma joie est de vivre sans bruit, parce que je n'en saurais faire assez pour mes ambitions, et, comme il est sage de mesurer ses goûts à ses forces, comme l'abstention es une des plus intelligentes vertus que je connaisse, je m'abstiendrai des hommes, je m'abstiendrai du jour !

— Comment ! dit la grave comtesse, vous comptez donc devenir aveugle ou vous crever les yeux?

— Les hiboux n'ont pas la peine de devenir aveugles, les hiboux ne se crèvent pas les yeux, madame : ils sont faits pour les ténèbres et vivent dans les ténèbres. Si l'on aperçoit dans le jour un hibou, cent oiseaux criards viennent le harceler, le vexer de mille manières; l'animal sait cela, lui qu'on appelait chez les anciens l'oiseau de la sagesse, et il ne sort que la nuit. Ah! par exemple, la nuit, qu'on vienne l'attaquer, qu'on se hasarde à pénétrer dans son trou noir, et l'on verra!

— Triste existence, monsieur!... Vous n'aimez donc rien au monde?

— Rien, madame.

— Je vous plains, dit-elle avec un air de dégoût qui fit bondir Marat.

— Je n'aime pas quand je n'estime pas, répondit-il avec la rapidité de riposte d'un serpent blessé.

Ce fut au tour de la comtesse à relever la tête.

— Le monde, dit-elle, est donc bien pauvre, qu'il ne renferme pas ou n'ait point renfermé un seul être capable de vous inspirer de l'estime ou de l'affection?

— C'est cependant comme cela! répondit Marat d'un ton brutal.

Cette fois, la comtesse ne jugea point à propos de répondre, et elle alla, silencieusement et le sourcil froncé, s'asseoir à la tête du lit du malade.

Marat, troublé, malgré la glace apparente de son visage, prit son chapeau et partit en faisant claquer la porte avec une sorte de violence étrange chez un médecin qui craindrait d'agacer les nerfs de son malade.

IX

COMMENT LA COMTESSE COMPRENAIT L'AMOUR

La comtesse et son fils restèrent un instant étonnés et comme étourdis de cette brusque sortie.

— Voilà un singulier homme! dit la comtesse à Christian quand Marat fut sorti.

— Je le crois bon, dit Christian d'une voix faible.

— Bon? répéta la comtesse.

— Oui, l'on ne peut juger les hommes que relativement, et sa conduite vis-à-vis de nous, ou plutôt vis-à-vis de moi, est celle d'un bon et excellent homme; cependant...

— Cependant? répéta encore la comtesse.

— Cependant, j'aimerais beaucoup à n'être plus ici, dit Christian.

— Je le voudrais aussi; mais est-ce cela qui t'attriste?

— Je ne suis pas triste, ma mère.

— Tu as peut-être quelque chagrin caché... Voyons, si cela est, le moment est venu de me le dire.

— Je n'ai aucun chagrin, ma mère.

La comtesse regarda son fils; mais Christian, comme s'il n'eût pas eu la force de fixer longtemps la vue sur sa mère, détourna les yeux en soupirant.

Sa mère l'observa plus attentivement que jamais.

— Tu n'es pas amoureux? demanda-t-elle après un silence.

— Moi? fit le jeune homme. Non, ma mère.

— Oh! dit-elle, c'est que l'on assure que l'amour rend parfois les gens très-malheureux.

Cet *on assure*, dans la bouche d'une femme de trente-trois ans, étonna Christian, qui sourit et releva son regard sur sa mère.

— Toutefois, continua celle-ci sans paraître en rien troublée d'entamer une si singulière discussion avec son fils, ce ne peut être qu'une de ces douleurs comme on en a mille dans la vie, douleur passagère et qu'il faut savoir supporter sans faiblesse... N'es-tu pas de mon avis, Christian ?

— Oui, ma mère, répondit le jeune homme.

— En effet, continua la comtesse avec ce même ton froid et dissécateur qui lui était habituel, quel chagrin comporte l'amour? Un seul !

— Lequel, ma mère ? demanda curieusement le jeune homme en essayant de se retourner pour mieux voir les traits de cette femme qui venait de dire que l'amour ne comportait qu'une douleur.

— Eh bien, répondit la comtesse, le chagrin de n'être point aimé quand on aime.

— Ainsi, ma mère, dit Christian avec un triste sourire, vous croyez que c'est là le seul ?

— Au moins, je n'en suppose pas d'autre.

— Seriez-vous assez bonne pour m'expliquer cela, ma mère, je vous prie ?

— D'abord, ne vous fatiguez point, Christian, et, s'il est possible, ne changez pas de position.

— J'écoute.

— Ainsi, dit la comtesse, partons d'un principe...

— Et ce principe ? demanda Christian.

— C'est que l'on n'aime que des gens dignes de soi.

— Voyons, ma mère, dit froidement le jeune homme, ce que vous entendez par des gens dignes de nous.

— J'entends, mon fils, que nous sommes nés d'une certaine façon, élevés d'une certaine façon; que nous vivons enfin d'une certaine façon qui n'est pas celle de tout le monde... Admettez-vous cela, Christian ?

— C'est vrai, ma mère... relativement, du moins.

Le jeune homme prononça ces derniers mots si bas, que sa mère ne les entendit point.

— Or, si nous sommes ainsi, continua la comtesse, nous avons le droit de demander les mêmes conditions aux gens qui nous aiment... Je ne dis pas, entendez-vous bien? aux gens que nous aimons, car je n'admets pas que l'on aime lorsque l'on n'a pas, vis-à-vis de soi-même, le droit absolu d'aimer.

Christian fit un mouvement dans son lit.

— N'êtes-vous point de mon avis, mon fils? dit la comtesse.

— Je vous trouve exclusive, madame.

— Nécessairement!.... Croyez-vous possible qu'on aime ayant un reproche à s'adresser?

— Et mettez-vous au nombre de ces impossibilités l'inégalité des conditions, ma mère? dit Christian faisant un effort sur lui-même pour risquer cette interrogation.

— Oh! avant toute chose!

Christian fit un mouvement plus accusé encore que le premier.

— Vous allez dire, continua la comtesse, que je sacrifie aux anciens préjugés, aux préjugés de ma caste; oui, certes, et ce n'est point un tort. Comment faites-vous les belles et bonnes races de chevaux de notre pays, ces nobles familles de chiens fameux qui abattent nos loups et nos ours, ces riches espèces d'oiseaux qui chantent jusqu'à la mort? C'est en prenant le soin absolu de ne pas croiser les races nobles avec les races ignobles.

— Ma mère, dit Christian, vous ne parlez là que d'animaux, et, par conséquent, vous comptez sans l'intelligence que Dieu leur a refusée, et nous donne, à nous, vous comptez sans l'âme surtout, qui peut être de bonne race dans un corps plébéien.

— Exception dont vous comprendrez facilement que je ne veuille pas courir la chance, repartit la fière comtesse. Écoutez, Christian, j'avais une admirable cavale,

— vous savez, celle à qui je fis faire avec moi soixante et dix lieues en deux jours et qui n'en mourut point ; vous m'avez entendu raconter cette histoire, n'est-ce pas ?

— Oui, ma mère.

— Eh bien, elle vivait en état de liberté, toujours bondissant par monts et par vaux, ne venant qu'à mon appel ; elle abusa de cette liberté, et se mésallia. De cette mésalliance naquit Chosko, pauvre animal chétif qu'on donnait aux enfants peureux pour leurs promenades. Souvenez-vous, au contraire, maintenant, du cheval noir qu'elle eut, alliée au cheval de bataille du roi Stanislas, terrible animal, noble de père et de mère, et noble comme son père et sa mère... Eh bien, vous ne répondez pas, Christian ?

— Ma mère, je pense...

— Vous pensez ?

— Que les premiers hommes créés par Dieu furent peut-être une race choisie, parfaite même ; mais ne m'accordez-vous pas que, depuis, quelques types égarés attendent çà et là, perdus dans le monde, l'intelligente combinaison qui les rapproche ?

— Vous n'appelez pas l'amour une intelligente combinaison, je suppose ? dit la comtesse.

— Pourquoi non, ma mère, puisque c'est la transmission de l'esprit divin dans les formes humaines, et que les animaux qui éprouvent le besoin, qui ressentent le désir, ne connaissent point l'amour ?

— Prenez garde, mon fils ! répliqua la comtesse ; si vous appelez intelligence la combinaison de l'amour, vous lui attribuerez alors tous les caractères de la spontanéité, de la volonté même ; vous ne donnerez jamais rien au hasard, à l'imprévu ; vous ne direz jamais que l'on a été entraîné malgré soi, qu'on a puisé l'amour dans une rencontre, au confluent de deux courants électriques, ainsi que le disent les forts esprits encyclopédiques de France.

Christian resta muet.

— Vous me donnez raison, n'est-ce pas? dit la comtesse.

— Ma mère, adopter votre théorie, ce serait, — excusez-moi, — ce serait supprimer tout ce qu'il y a de puissant et de poétique dans l'amour. Aimer malgré soi, croyez bien cela, ma mère, ce n'est point être le jouet du hasard, c'est subir la nécessité, obéir à la volonté de Dieu !... Direz-vous encore, ma mère, que l'amour n'est pas une combinaison intelligente ?

Christian croyait avoir embarrassé sa mère.

— Allons donc ! dit-elle, vous raisonnez comme un Marat qui fuit le jour et les hommes, parce que, voyant le monde avec ses yeux jaunes, rien ne lui paraît beau ni bon à connaître. Au lieu de chercher des exceptions, mon fils, — ce qui est toujours un métier fort hasardeux, — laissez-vous aller à trouver dans la vie ce qu'elle nous offre de bon à chaque pas.

— Oh ! ma mère ! ma mère ! fit Christian avec un sombre sourire.

Et son regard mélancolique s'arrêta sur sa jambe blessée.

La comtesse comprit ce regard, mais se méprit à l'intention.

— Un malheur de quarante jours ! dit-elle ; n'allez-vous pas le comparer à un éternel malheur ? Je vous le répète, mon cher enfant, la vie s'offre à vous comme un beau jardin planté d'arbres excellents ; vous êtes au milieu des fruits les plus savoureux, et vous iriez chercher dans le buisson une baie sauvage, indigeste et fade ?... Oh ! je suis bien sûre que vous ne ferez jamais cela qu'en théorie, Christian !

— Expliquez-vous mieux, ma mère, murmura le jeune homme d'une voix étouffée ; il me semble que vous parlez très-sérieusement.

— Moi? Point du tout, répondit la comtesse. Je vous

ai demandé tout à l'heure si vous étiez amoureux ; vous m'avez répondu : « Non. » Si vous l'étiez, ce serait de façon à devenir facilement heureux : vous êtes d'une grande famille, Christian ; vous n'avez pas de frère ; une fortune princière vous attend ; votre maître, M. le comte d'Artois, est fils de France. Quel chagrin pourriez-vous trouver dans l'amour ? Aimez la fille d'un prince, nous vous la ferons obtenir... Aimez, — puisque ce mot se dit pour toutes les amours, — aimez une fille du peuple, prenez-la pour tout le temps que durera votre amour, et, après, estimez le bonheur qu'elle vous aura donné, et payez-le ce qu'il vaudra.

La comtesse se croyait encore en Pologne, où tout seigneur a tout droit sur sa vassale.

Christian pâlit et se rejeta en soupirant sur son lit.

La comtesse, effrayée, se pencha vers lui.

— Qu'avez-vous, Christian ? demanda-t-elle.

— Rien, répondit le jeune homme, je souffre !

— Ah ! dit la comtesse en se levant, je donnerais dix années de ma vie pour vous voir marcher dans cette chambre.

— Et, moi, je donnerais vingt ans de la mienne pour pouvoir marcher dans la rue, murmura le pauvre enfant.

La conversation en demeura là ; seulement, la comtesse comprit que son fils avait un secret pour elle, et Christian comprit qu'il n'avait pas de mère pour la confidence de son secret.

Comment, après cette fière théorie de l'amour professée par la comtesse, n'eût-il pas enfermé au plus profond de son cœur l'amour qu'il éprouvait pour Ingénue ? et comment n'eût-il pas souffert le plus cruel martyre, seul, livré à sa mère, sur un lit d'angoisses, incapable de faire un mouvement, ne pouvant ni écrire, ni s'informer, ni envoyer de messages ?

Une seule chose consola le pauvre malade : il connaissait la régularité monotone de la vie d'Ingénue ; cette monotonie durait depuis dix-sept ans : il espérait que, lui absent, cette monotonie continuerait comme lui présent. Pourquoi l'avenir ne serait-il point la fidèle image du passé ?

Puis il avait encore un autre espoir : il connaissait le bonh... n... R.ti essentiellement impressionnable ; il se doutait que l'accident de la blessure ôterait au père une partie de son irritation contre le prétendu séducteur de sa fille.

Enfin, il espérait, comme espèrent tous ceux à qui le Seigneur n'a pas fermé le trésor inépuisable de ses bénédictions !

X

INGÉNUE SORT SEULE, ET RENCONTRE UN HOMME ET UNE FEMME

Quant à Ingénue, l'accident arrivé à Christian l'avait délivrée des soupçons paternels. Rétif savait parfaitement que, si Christian ne mourait pas du coup, la blessure était du moins assez dangereuse pour qu'il gardât le lit très-longtemps. Ingénue était donc affranchie de toute surveillance, et elle avait complétement repris, comme auparavant, les rênes de la maison.

En effet, le brave écrivain, débarrassé de Christian, et réconcilié avec son ennemi Auger, ne voyait plus rien de dangereux au monde pour lui ni pour sa fille ; il allait et venait du matin au soir, indifféremment, promenant Ingénue comme une merveille bonne à faire voir aux Parisiens, soit que, fatigués de la pluie, ils demandassent du soleil, ou que, fatigués du soleil, ils demandassent de la pluie.

Ingénue recommença donc à aller chercher seule, comme autrefois, les provisions du matin ; on la revit dans le quartier, on lui fit compliment sur son innocence, et il n'y a rien qui agace aussi abominablement les jeunes filles qu'un pareil compliment, surtout quand ces jeunes filles sont réellement innocentes.

Et Ingénue, il faut l'avouer, sortait dans un double but ; d'abord dans celui que nous venons de dire, et c'était le but patent, mais dans un autre but encore, bien autrement intéressant pour elle, — dans le but de rencontrer Christian.

Hélas ! il n'en fut rien, et nous savons bien, nous, qu'il était impossible qu'elle le rencontrât ; mais elle l'ignorait, elle.

Chaque jour, Ingénue, non pas ramenée, mais rendue à l'espoir par les raisonnements qu'elle s'était faits à elle-même dans le silence de la nuit, sortait en se disant : « Ce sera peut-être pour aujourd'hui ; » et, chaque jour, elle rentrait plus abattue que la veille.

Seulement, il lui restait un grand doute : ce qu'elle avait entendu dire d'un page du comte d'Artois, blessé, expliquait si bien l'absence de Christian au profit de l'amour, et même de l'amour-propre de la jeune fille, qu'à chaque fois que, désappointée, elle repassait le seuil de la porte sans avoir vu Christian, elle se disait :

— Hélas ! c'était de lui que parlait M. Santerre, et bien certainement il est blessé, mourant, mort peut-être ! voilà pourquoi il ne vient pas.

Et, après avoir pleuré l'infidélité de Christian, Ingénue pleurait sa mort avec de si grosses larmes, que, tout préoccupé qu'était Rétif à chercher le fil d'un nouveau roman, il vit les yeux rouges de sa fille et se douta de la cause de cette rougeur.

— Le hasard fit que, le même jour, du côté de la place de Grève, un écuyer de M. le comte de Provence avait été blessé à la main d'un coup de feu. Une gazette contenait le récit de cet accident ; cette gazette tomba entre les mains de Rétif de la Bretonne, qui, tout joyeux, se hâta de l'apporter à sa fille, pour lui prouver que c'était, non point un page du comte d'Artois qui avait été blessé, mais un écuyer du comte de Provence.

Hélas ! il fallait bien croire qu'aucun accident autre qu'un changement survenu dans les sentiments ne retenait le jeune homme loin de la rue des Bernardins : puisque la gazette avait enregistré l'accident arrivé à l'écuyer de M. de Provence, elle eût tout aussi bien consigné celui qui fût arrivé à un page de M. le comte d'Artois ; — c'est aussi ce qu'avait fait la digne gazette ; mais, soit qu'il en eût eu, soit qu'il n'en eût pas eu connaissance, Rétif s'était bien gardé d'apporter à sa fille le numéro qui parlait de la blessure de Christian.

Il en résulta que la jalousie s'empara de la jeune fille, et que, dans son dépit, elle en arriva d'abord à croire qu'elle l'aimait moins, et ensuite — ce qui était plus vrai — qu'elle le haïssait.

Alors, elle résolut sérieusement de le chasser de sa mémoire, et, dans son innocence, elle osa regarder deux ou trois jeunes gens qui la regardaient.

Mais, hélas ! ce n'étaient point là les doux yeux de Christian ; ce n'était point là cette démarche souple, aisée, ce grand air et cette puissante attraction de toute sa personne.

Ingénue s'avouait à elle-même qu'elle haïssait de plus en plus Christian, mais qu'au fond elle ne pouvait s'empêcher de l'adorer.

Or, par suite de cet aveu que la douce jeune fille était forcée de se faire à elle-même, il arriva qu'un jour où Rétif devait dîner avec beaucoup de gens de lettres et de libraires, et que la conversation projetée ne pouvait manquer de devenir difficile pour des oreilles de dix-sept ans, Ingénue déclara à son père qu'elle préférait rester à la maison, déclaration que l'écrivain reçut avec joie.

A quatre heures de l'après-midi, — on commençait déjà, les gens avancés surtout, à dîner tard à cette époque, — à quatre heures de l'après-midi, Rétif de la Bretonne sortit donc pour se rendre à son dîner, laissant Ingénue seule à la maison.

C'était ce que désirait la jeune fille.

Tentée du démon de l'amour, Ingénue avait décidé qu'elle profiterait de cette absence de son père pour aller s'enquérir, à la maison de M. le comte d'Artois, de ce qu'était devenu le page inconstant.

Elle attendit quatre heures, et, comme on était arrivé au mois de novembre, il faisait presque nuit; Rétif ne devait pas rentrer avant dix heures. Elle le suivit des yeux par la fenêtre jusqu'à ce qu'il eût tourné le coin de la rue, et, dès qu'elle l'eut vu disparaître, elle jeta sa mante de laine sur ses épaules, et, forte comme l'innocence, elle descendit et se dirigea par les quais vers les écuries du prince, que ses amies, mesdemoiselles Réveillon, lui avaient fait voir un jour en passant dans un fiacre.

Elle marchait rasant les maisons.

Une petite pluie, fine comme les cheveux d'une fée, rayait le ciel et tombait en perles impalpables sur le pavé déjà luisant; Ingénue, chaussée selon le goût de l'auteur du *Pied de Jeannette*, risquait avec hésitation sa jolie mule à talon haut sur la surface humide.

Elle relevait de sa main gauche sa jupe brune, et découvrait une jambe fine, délicate, divine, que les maisons seules pouvaient voir et apprécier, tant elle les côtoyait avec prudence.

Et cependant, lorsqu'elle fut parvenue à la hauteur de la rue de l'Hirondelle, il lui arriva une chose aussi étrange qu'inattendue.

Au soupirail de l'une de ces maisons qu'elle rasait

comme l'oiseau dont la rue portait le nom, et au niveau du pavé boueux, une tête d'homme se montrait, pareille à celle d'un singe en cage.

Les deux mains de cet homme, empoignant les barreaux de l'ouverture, soutenaient son corps à la portée de la singulière fenêtre qu'il s'était choisie.

On devinait, à la crispation de ses mains terreuses, que l'homme sur lequel nous attirons l'attention de nos lecteurs, habitant du souterrain adjacent à la rue, se tenait monté sur quelque escabeau, et prenait par là, de bas en haut, l'air de la rue, que les Parisiens vulgaires ont l'habitude de prendre de haut en bas.

Peut-être, — si, curieuse comme il était curieux, Ingénue, distraite un moment, se fût occupée de cet homme, — peut-être eût-elle vu dans le fond de ce souterrain une table éclairée par une chandelle, des papiers, une grosse plume trempant dans une écritoire de plomb, et quelques livres de chimie et de médecine écrasant des brochures sur une chaise de bois grossier.

Mais Ingénue passa si vite, que, loin de voir par sa fenêtre la demeure de l'habitant, elle ne vit même pas l'habitant à sa fenêtre.

Lui la vit bien : la jambe fine passa à trois pouces de ses mains crispées, qui se tenaient aux barreaux ; la jupe de l'innocente Ingénue effleura le nez et les cheveux flottants de cet homme ; enfin, son souffle ardent dut aller frapper la cheville d'Ingénue, transparaissant sous le bas de soie, un peu vieux mais bien tiré.

La jeune fille eût senti l'émanation de ce souffle, s'il lui eût été possible, ce soir-là, de sentir quelque chose ; mais elle avait trop à faire déjà, avec le chagrin qui lui gonflait le cœur, de marcher sur le pavé glissant, tout en songeant à l'escapade énorme qu'elle se permettait.

L'homme du soupirail, au contraire, ne paraissait pas si préoccupé, car à peine eut-il aperçu cette jambe et ce pied mignon, qu'il poussa comme un rugissement étouffé.

Le besoin d'air et de société lui vint alors tout à coup, comme à l'animal qui se réveille vient l'appétit d'une sensation.

Il se jeta à bas de son escabeau, passa précipitamment par-dessus sa chemise sale une veste sale qu'il décorait du nom de robe de chambre, et, sans perdre de temps à coiffer d'un chapeau ou d'un bonnet ses cheveux gras, il monta quatre à quatre les marches de l'escalier conduisant à la porte d'une cave qui donnait sur une allée, laquelle allée aboutissait à la rue.

Ingénue avait eu à peine le temps de faire cinquante pas, quand cet homme, comme un limier, se précipita sur ses traces.

Le quartier est coupé de rues tortueuses qui descendent vers le quai : Ingénue venait de s'y perdre, ou à peu près, et elle cherchait son chemin.

L'homme du soupirail se présenta donc tout à point, au moment où elle hésitait et cherchait autour d'elle en relevant sa jupe un peu plus haut.

Elle l'aperçut alors : elle eut peur du feu sinistre qu'allumaient ses yeux, et reprit sa marche sans savoir où elle allait.

L'homme, aussitôt, se mit à la suivre.

La peur d'Ingénue redoubla.

L'homme lui adressait à demi-voix des mots inintelligibles pour toute autre oreille même que celle d'Ingénue.

Elle était, par un détour, revenue sur le quai : elle essaya de retourner sur ses pas; la pauvre enfant perdait la tête.

L'homme, au contraire, avait un but bien arrêté : il raccourcissait les cercles de sa marche, comme l'épervier qui se croit sûr de sa proie raccourcit les cercles de son vol.

La solitude et l'obscurité, qui semblaient lui être familières, l'enhardissaient ; il courait, car Ingénue volait et déjà il étendait sa main crochue comme une griffe, pour saisir la jeune fille.

Elle voulut crier; il s'arrêta, devinant ce qu'elle allait faire.

Ingénue, le voyant s'arrêter, appela toutes ses forces à son aide, et courut plus rapidement.

Mais, comme elle s'était trompée de rue, croyant revenir près de son domicile, elle passa devant une voiture de campagne qui attendait là, dételée, soit les chevaux, soit le cocher, soit des voyageurs.

C'était en face d'une de ces boutiques inexplicables de charbonnier-fruitier-liquoriste-traiteur, comme Paris en a toujours possédé et en possédera toujours; une de ces boutiques qui sont à la fois des bureaux de cochers, et des maisons de commerce.

Sur le seuil de la boutique, non éclairée encore, derrière la lourde voiture immobile, une forme humaine attendait paisiblement, enveloppée dans un manteau.

Ingénue tournait autour de la voiture, pour fuir l'homme qui s'était remis à la poursuivre, quand, tout à coup, elle alla donner contre cette ombre.

La jeune fille poussa un cri, prise qu'elle était entre ces deux épouvantails.

— Qu'avez-vous à crier, et qui vous fait peur, mademoiselle? demanda alors une argentine et ferme voix de femme qui sortit presque impérieuse de la coiffe de ce manteau.

En même temps, la personne qui avait parlé fit un pas dans la rue, venant au-devant de la fugitive.

— Ah! grâce au ciel, vous êtes une femme! s'écria Ingénue épuisée.

— Oui, certes, mademoiselle; vous faut-il protection? demanda la nouvelle venue.

Et, en disant ces mots, elle rabattit le capuchon de sa mante et découvrit son visage; un visage beau et fier, frais et jeune.

Mais la respiration manquait à Ingénue; et, comme elle ne pouvait plus parler, elle désigna du geste, avec une frayeur inexprimable, l'homme qui la suivait, et qui, en présence de deux femmes réunies, hésitait et demeurait droit, les mains sur les hanches, les jambes écartées, au milieu de la rue, avec un sourire affreux et un air d'ironique bravade.

— Ah! oui, je devine, ma chère demoiselle, dit la jeune femme à Ingénue en lui prenant le bras; cet homme vous épouvante, n'est-ce pas?

— Oh! oui! s'écria Ingénue.

— Je comprends cela, il est fort laid.

Et elle fit un pas pour le regarder de plus près.

— Il est hideux même! continua-t-elle en fixant son regard sur cet homme, sans que sa laideur menaçante parût le moins du monde l'effrayer.

Le persécuteur, stupéfait, s'était arrêté, comme nous l'avons dit; mais, à ces paroles auxquelles il ne s'attendait pas, un murmure de rage s'échappa de ses lèvres.

— Hideux, c'est vrai, répéta la jeune femme; mais il ne faut pas avoir peur pour cela.

Et, faisant encore un pas vers lui :

— Voyons, dit-elle, êtes-vous un voleur, mon drôle? En ce cas, j'ai là un pistolet pour vous.

Et elle tira, en effet, un pistolet de sa poche.

L'homme détourna son visage et son corps devant l'arme que l'amazone lui tendait brusquement.

— Non pas, dit-il d'une voix rauque et inquiète, mais toujours railleuse; je ne suis qu'un admirateur des belles filles comme vous.

— Soyez donc plus beau alors, dit l'étrangère.

— Beau ou non, répondit le cynique interlocuteur, je puis plaire comme un autre.

— Soit; mais ce n'est point à nous que vous plaisez ni que vous plairez. Je vous invite à passer votre chemin.

— Ce ne sera pas au moins avant d'avoir embrassé

l'une ou l'autre de vous deux, dit l'homme, ne fût-ce que pour vous prouver que je n'ai pas peur de votre pistolet, ma belle héroïne !

Ingénue poussa un cri en voyant le bras de cette araignée humaine s'avancer vers elle.

L'étrangère remit tranquillement son pistolet dans sa poche et d'une main vigoureuse elle repoussa l'agresseur.

Mais celui-ci ne se tint point pour battu : il revint à la charge avec des allures joviales qui eussent dégoûté une vivandière.

La jeune femme se sentit effleurée par la main de cet homme ; mais aussitôt, avec le calme d'un duelliste qui fait un pas en arrière pour reprendre l'avantage un instant perdu, elle se recula, et, en se reculant, elle envoya à l'insulteur un soufflet si rude, qu'il alla trébucher dans les chaînes de la voiture.

L'homme se releva, hésita s'il ne chercherait point une vengeance que l'arme qu'on lui avait montrée pouvait rendre dangereuse ; puis, prenant le parti de la retraite, il disparut au détour de la rue en murmurant :

— Décidément, je n'ai pas de bonheur avec les femmes, et l'obscurité ne me va pas mieux que le grand jour.

Et il regagna, maugréant, la porte de sa cave, puis sa table, où brûlait encore la chandelle coulante, et sa chaise, sur les livres de laquelle il se laissa tomber en disant :

— Eh bien, soit, puisque Dieu ne m'a pas fait beau, je me ferai terrible !...

XI

CE QUE C'ÉTAIT QUE CETTE INCONNUE QUI VENAIT DE DONNER UN SOUFFLET A MARAT

Les deux jeunes filles restées seules après la retraite de Marat, — car nous présumons que le lecteur a reconnu l'homme au soupirail, l'homme à la cave, l'homme à la chandelle coulante sur la table boiteuse, — les deux jeunes filles restées seules, l'étrangère prit Ingénue, toute tremblante, dans ses bras, et l'amena vers la boutique au seuil de laquelle tout un monde d'événements venait de se dérouler pour la pauvre Ingénue.

L'hôtesse, qui achevait de souper en compagnie du conducteur de la voiture, apparut, sa lampe à la main, dans l'arrière-boutique.

Ingénue put alors contempler à loisir la beauté souriante et calme de cette femme qui si vaillamment venait de la défendre contre un homme.

— Il est heureux, dit celle-ci à Ingénue, que je me sois trouvée là pour attendre cette voiture.

— Vous quittez donc Paris, madame? demanda Ingénue.

— Oui, mademoiselle; je suis de province : j'habite la Normandie depuis ma jeunesse. Je suis venue à Paris pour soigner une vieille parente qui y était malade et qui est morte hier. Je retourne aujourd'hui chez moi, sans avoir vu autre chose de Paris que ce que l'on en voit des fenêtres de cette maison que l'on aperçoit d'ici, fenêtres fermées maintenant, comme les yeux de celle qui l'habitait.

— Oh! vraiment? s'écria Ingénue avec surprise.

— Et vous, mon enfant? demanda l'étrangère avec un ton presque maternel, quoiqu'il y eût à peine trois ou quatre ans entre son âge et celui de sa jeune compagne.

— Moi, je suis de Paris, madame, et je ne l'ai jamais quitté.

— Où allez-vous? demanda l'aînée des deux jeunes filles d'une voix qui éclatait involontairement, et dans laquelle, malgré sa douceur, il était facile de distinguer cet accent impératif des caractères décidés.

— Mais, reprit Ingénue, je retournais chez nous.

Rien ne ment avec plus d'aplomb, si naïve qu'elle soit, qu'une jeune fille prise en faute.

— Est-ce loin, chez vous?

— Rue des Bernardins.

— Cela ne m'indique rien : je ne sais où est ni quelle est cette rue.

— Mon Dieu! je n'en sais guère plus que vous. Où suis-je, ici? reprit Ingénue.

— Je l'ignore absolument; mais je puis le demander à l'hôtesse; voulez-vous?

— Oh! de tout mon cœur, madame, et vous me rendrez véritablement service.

La voyageuse se retourna, et, de la même voix claire et impérative en même temps :

— Madame, dit-elle, je désirerais savoir où nous sommes, quartier et rue.

— Mademoiselle, répondit l'hôtesse, nous sommes dans la rue Serpente, au coin de celle du Paon.

— Vous avez entendu, mon enfant?

— Oui, et je vous rends grâce.

— Mon Dieu! reprit la plus forte des deux jeunes filles en regardant Ingénue, mon Dieu! comme vous êtes pâle encore!

— Oh! si vous saviez combien j'ai eu peur!... Mais vous, dites-moi, comme vous êtes brave!

— Il n'y avait pas grand mérite à cela : nous étions à portée d'avoir du secours à mon premier appel; mais pourtant, ainsi que vous le dites, ajouta la jeune fille, oui, en effet, je crois que je suis brave.

— Et qui vous donne ce courage que je n'ai pas, moi?

— La réflexion.

— Eh bien, au contraire, moi, il me semble, mademoiselle, que plus je réfléchirais, plus j'aurais peur.

— Non, si vous pensez que Dieu a donné la force aux bons comme aux mauvais, et bien plus même aux premiers qu'aux autres, puisqu'ils peuvent user de leurs forces avec l'approbation générale.

— Oh! c'est égal, murmura Ingénue, un homme!

— Et un horrible homme!

— Vous l'avez vu, n'est-ce pas?

— Oui, une figure qui répugne.

— Qui épouvante.

— Non: ce nez aplati, cette bouche de travers, cet œil rond, ces lèvres baveuses, cela ne m'a pas fait peur; cela me répugne et me dégoûte, voilà tout.

— Oh! que c'est étrange! murmura Ingénue regardant avec admiration son héroïque compagne.

— Voyez-vous, dit l'étrangère en étendant le bras comme une inspirée, il y a en moi un instinct qui me pousse; cet homme qui vous effraye, me provoque, moi, à la résistance: j'éprouverais un certain plaisir à braver ce misérable; j'ai vu se baisser devant le mien son œil de hibou... Je l'eusse tué avec joie. Cet homme, mon instinct me le dit, est à coup sûr un méchant homme.

— Il vous trouvait très-belle, lui, car un instant il est resté en admiration devant vous.

— Insulte de plus!

— N'importe! sans vous, je mourais de peur.

— C'est votre faute!

— Ma faute?

— Oui.

— Expliquez-moi cela.

— Depuis combien de temps vous suivait-il?

— Oh! depuis dix minutes, au moins.

— Et pendant ces dix minutes?...

— J'ai bien couru une demi-lieue.

— Mais, quand vous vous êtes aperçue que cet homme vous suivait, que n'avez-vous tout de suite appelé à l'aide, si vous aviez peur?

— Oh! faire du bruit... je n'osais!

— Voilà bien les Parisiennes, ayant peur de tout !

— Écoutez donc, dit Ingénue, un peu blessée de ce jugement porté sur ses compatriotes, toute femme n'a pas votre force ; je n'ai que seize ans.

— Et moi, j'en ai dix-huit à peine, dit la voyageuse en souriant ; vous voyez qu'entre nous la différence n'est pas énorme.

— Allons, c'est vrai, dit Ingénue, vous devriez avoir aussi peur que moi.

— Je m'en garderais bien ! C'est la faiblesse des femmes qui enhardit les hommes de l'espèce de celui-là. Il fallait, quand il vous a abordée, vous retourner bravement, lui dire en face que vous lui défendiez de vous suivre, et le menacer d'en appeler au premier homme de cœur qui passerait.

— Oh ! mademoiselle, pour dire et faire tout cela, il faut avoir plus de force que je n'en ai.

— Enfin, vous voilà quitte de cet homme ; voulez-vous que je vous fasse reconduire par quelqu'un ?

— Oh ! non, non, merci.

— Mais que vont dire vos parents, chère demoiselle, en vous voyant rentrer ainsi toute pâle et tout effarée ?

— Mes parents ?

— Oui ; vous avez des parents, sans doute ?

— J'ai mon père.

— Vous êtes bien heureuse !... Sera-t-il inquiet en vous voyant en retard ?

— Je ne crois pas.

— Il vous sait sortie ?

Ingénue, subjuguée, n'osa mentir cette fois, et, baissant les yeux :

— Non, répondit-elle.

Mais d'un ton si doux, si suppliant, si bien approprié au rôle de petite fille qu'elle avait joué, que l'étrangère comprit l'incartade.

Seulement, une chose se manifesta en elle que l'on

n'eût peut-être pas attendue de sa supériorité : elle rougit aussi fort que venait de le faire Ingénue.

— Ah! dit-elle, voilà qui m'explique tout! Vous êtes en faute, et vous vous trouvez punie. Il faut ne pas faire le mal, chère demoiselle, et alors on est bien forte! Je gage que vous eussiez été plus brave, si, du consentement de monsieur votre père, vous eussiez arpenté la ville, au lieu de courir furtivement?

Et elle rougit encore.

Les yeux d'Ingénue se remplirent de larmes à cette réprimande, faite cependant avec un accent tout maternel.

— Ah! vous avez bien raison! s'écria-t-elle, j'ai fait mal, et je suis punie; mais, ajouta-t-elle en regardant l'inconnue d'un œil tout resplendissant de virginité, n'allez pas croire au moins que je sois bien coupable.

— Oh! je ne vous demande pas de confidence, mademoiselle, dit l'étrangère en se reculant avec une espèce de pudeur sauvage.

Ingénue comprit admirablement, et, saisissant la main de sa compagne :

— Écoutez, reprit-elle, il faut que je vous dise ce que j'avais à faire ce soir par la ville. Quelqu'un que je connais (Ingénue baissa les yeux), quelqu'un que j'aime est absent depuis dix jours; il ne me donne pas de ses nouvelles et ne revient pas. Il y a eu des émeutes dernièrement, beaucoup de coups de fusil tirés, et j'ai peur qu'il ne soit tué, ou tout au moins blessé.

L'étrangère gardait le silence.

— Oh! comme Dieu est grand! s'écria Ingénue, comme Dieu est bon de vous avoir envoyée à moi!

L'étrangère abaissa ses chastes et lumineux regards sur le charmant visage baigné de larmes qui semblait l'implorer.

Il y avait tant de douce vertu, tant de charme modeste dans les yeux de la fille de Rétif, que l'accuser eût été impossible.

L'étrangère sourit, prit la main d'Ingénue, la serra doucement, et dit avec une grâce inexprimable :

— Oh! que je suis contente de vous avoir rendu service!

— Merci encore et adieu, dit Ingénue, car voilà tout ce que j'attendais pour vous quitter.

— Attendez, au moins, reprit la voyageuse, la retenant à son tour, que je vous fasse indiquer le chemin de vive voix par l'hôtesse.

Cela fut fait sur-le-champ.

— Ah! ah! dit l'étrangère, lorsque l'hôtesse eut fini, il paraît que c'est loin encore, et que vous avez beaucoup de chemin à faire.

— Oh! cela ne m'inquiète pas, le chemin : je courrai comme tout à l'heure.

Puis, s'arrêtant, craintive, mais relevant peu à peu sa tête à la hauteur de la tête de l'inconnue :

— Voulez-vous me permettre de vous embrasser, mademoiselle? demanda-t-elle.

— Bon! vous voilà donc comme cet affreux homme de tout à l'heure? dit en riant la voyageuse. Eh bien, soit! embrassez-moi donc, j'aime mieux cela.

Et les deux jeunes filles s'embrassèrent avec effusion; deux chastes cœurs battaient l'un contre l'autre.

— Maintenant, dit Ingénue à l'oreille de sa nouvelle amie, encore un mot, encore un service.

— Lequel, mon enfant?

— Moi, reprit la jeune fille, on me nomme Ingénue; mon père est M. Rétif de la Bretonne.

— L'écrivain? s'écria l'inconnue.

— Oui.

— Ah! mademoiselle, on dit qu'il a beaucoup de talent.

— Vous ne connaissez pas ses œuvres?

— Non, jamais je ne lis de romans.

— Et vous, mademoiselle, dit à son tour Ingénue, comment vous appelez-vous, s'il vous plaît?

— Moi ?

— Oui, afin que votre nom se mêle à mes plus chers souvenirs, afin que je m'inspire de votre courage, et que j'imite, s'il est possible, votre douce vertu.

— On m'appelle Charlotte de Corday, ma chère Ingénue, répondit la voyageuse. Mais embrassez-moi encore, voilà que les chevaux sont attelés.

— Charlotte de Corday ! répéta Ingénue ; oh ! soyez tranquille, je n'oublierai pas votre nom !

XII

L'AMOUR DE LA VERTU ET LA VERTU DE L'AMOUR

Ingénue n'avait pu s'éloigner qu'elle n'eût vu Charlotte de Corday monter en voiture, et cependant, malgré ce nouveau retard, elle était rentrée chez elle longtemps avant le retour de son père.

Le bonhomme Rétif revint dans un état qui, sans être l'ivresse, était tout au moins la gaieté.

Il avait reçu à table de nombreux compliments sur ses *Contemporaines* et sur ses *Nuits de Paris*. Son libraire, enivré par ces éloges, lui avait fait une commande, et Réveillon, — passé à l'état de publiciste depuis la brochure que Rétif avait faite pour lui, — Réveillon avait daigné descendre à causer de temps en temps papier noirci au lieu de papier peint.

Réveillon avait placé Rétif à table près de lui, et l'avait fait boire généreusement, comme il avait bu lui-même ; car, dans ce temps-là, qui n'est cependant pas bien éloigné du nôtre, il y avait encore une certaine bonhomie qui permettait à l'honnête homme de s'égayer de bon vin avec des amis.

Les poëtes, les hommes de lettres, les écrivains avaient, du reste, déjà fait un certain progrès : au XVIIe siècle, ils étaient ivrognes ; au XVIIIe, ils n'étaient plus que gourmands.

La conversation, après avoir roulé sur une foule de sujets, était au dessert tombée sur Auger, le nouvel employé de Réveillon, et, comme on va le voir, elle avait porté ses fruits.

Rétif, en rentrant vers les dix heures du soir, trouva Ingénue assise à sa table de travail ; — seulement, Ingénue ne travaillait pas.

Elle se sentait des torts ; aussi, dès qu'elle entendit dans l'escalier et les pas de son père, et la petite chanson dont il accompagnait sa marche quand il était de bonne humeur, elle courut ouvrir la porte.

Rétif rentré, Ingénue fut très-aimable et très-caressante pour lui.

Ces caresses et cette amabilité touchèrent profondément Rétif, prédisposé à l'attendrissement par la petite pointe de vin qu'il rapportait de son souper.

— Eh bien, dit-il à Ingénue après l'avoir embrassée, tu t'es beaucoup ennuyée, n'est-ce pas, ma chère enfant ?

— Mais oui, mon père, dit Ingénue.

— Oh ! je me le suis dit bien souvent, reprit l'écrivain ; que n'es-tu un homme au lieu d'être une femme, je t'emmènerais partout !

— Êtes-vous donc fâché d'avoir une fille, cher petit père ?

— Non, car tu es belle, et j'aime les beaux visages, cela récrée. Tu es la joie de la maison, ma pauvre Ingénue, et, depuis que tu as l'âge de jeune fille, toutes mes héroïnes ont les yeux bleus et les cheveux blonds.

— Bon père, va !

— Mais enfin, réfléchis, mon enfant, à ce qui nous arriverait si tu étais un garçon, par exemple.

— Que nous arriverait-il, mon père? dit Ingénue.

— Ce qui nous arriverait? C'est très-simple : je suis invité tous les jours, ou presque tous les jours, à dîner en ville; eh bien, si tu étais un garçon, je t'emmènerais avec moi; nous n'aurions pas de dîner à faire à la maison : ce serait une économie d'abord, et cela ferait ensuite que tu ne salirais pas tes jolis petits doigts.

— Oh! mon père, si j'étais un jeune homme, je n'aurais pas besoin de ménager ma main.

—C'est vrai; mais, outre cela, je t'apprendrais à composer en imprimerie; tu m'aiderais dans mes travaux : nous gagnerions dix francs par jour à nous deux; c'est trois cents francs par mois, c'est trois mille six cents francs par an! Sans compter mes manuscrits, qui iraient peut-être à sept ou huit mille; car il n'est pas rare de voir...

Comme la somme paraissait assez forte à Ingénue, elle leva naïvement les yeux sur son père.

— Dame! fit celui-ci, regarde M. Mercier... Et puis, alors, nous serions très-heureux.

Ingénue sourit avec mélancolie.

— Nous sommes presque heureux, dit-elle.

— *Presque!*... s'écria Rétif. Oh! philosophie de l'ingénuité! Presque! tu as bien dit, mon amour d'enfant : oui, presque! nous sommes presque heureux.

Rétif s'attendrit.

— Presque! continua-t-il, c'est le mot des choses de ce monde; *presque* riche est le millionnaire qui désire deux millions, *presque* puissant est le prince qui désire être roi, *presque* aimé est l'amant qui désire plus que l'amour!

Ingénue regarda son père; elle se demandait tout bas ce que l'amant pouvait désirer de plus que l'amour.

— Oh! continua Rétif, que je me sais gré de t'avoir élevée dans la philosophie, Ingénue! Tu as des mots sublimes; je mettrai celui-là quelque part, bien sûr.

Ingénue embrassa son père.

— Presque heureux, oui, répéta celui-ci. Pour être heureux tout à fait, il ne nous manque rien, presque rien : l'argent!... Ah! si tu étais un garçon, Ingénue, nous l'aurions, cet argent, et tu ne dirais plus : « Presque heureux ! »

— Hélas! je le dirais probablement pour autre chose, dit la philosophique Ingénue en pensant à Christian.

— C'est vrai, reprit Rétif; si tu étais un garçon, tu serais amoureux ou ambitieux.

— Ambitieux? Oh! non, je te jure, cher père!

— Amoureux, alors; ce qui est pis : cela passe plus vite, voilà tout.

Ingénue leva d'un air de doute ses beaux grands yeux bleus sur son père; il lui semblait incompréhensible qu'il y eût une passion au monde qui durât plus longtemps que l'amour.

— A propos d'amoureux, reprit Rétif, nous avons diablement parlé d'amour, ce soir, va!

— Avec qui donc? demanda Ingénue étonnée.

— Avec M. Réveillon; c'est un aimable homme, en vérité, tout sot qu'il est.

— Vous avez parlé d'amour avec M. Réveillon, mon père? reprit Ingénue au comble de l'étonnement; et à quelle occasion, mon Dieu?

— Oh! à propos de mille choses... Je lui ai raconté des sujets de nouvelles. Il a cela de très-agréable, ce cher M. Réveillon : c'est qu'il ne comprend pas, et que, néanmoins, il a toujours l'air de comprendre ; en sorte qu'il ne fait aucune objection ; oh! il n'est pas tourmentant.

— Mais vous disiez qu'il parlait d'amour sur mille choses.

— Oui, et particulièrement à propos d'Auger.

— D'Auger! Quel Auger?

— Quel Auger veux-tu que ce soit?

— Comment! le nôtre?

— Le nôtre, oui... Vois quelle belle vertu c'est que la charité; voilà qu'en parlant toi-même de cet homme, tu dis : « Notre Auger! » Eh bien, notre Auger, imagine-toi, mon enfant, que c'est un bijou : Réveillon en est enchanté. Il avait eu d'abord des soupçons et des préventions contre lui; mais, bah! tout cela s'est dissipé.

— Ah! vraiment? Tant mieux! fit distraitement Ingénue.

— Il n'y a pas d'homme plus intelligent, à ce qu'il paraît, comprends-tu?

— En effet, je ne le crois pas sot.

— Loin de là!... Non-seulement il n'est pas sot, mais encore il est prévenant, il sait deviner les choses, il fait promptement sa besogne, il est le dernier à se mettre à table et le premier à en sortir; il ne boit que de l'eau, il s'isole des ouvriers, ses camarades; déjà il a su se faire remarquer par l'habileté merveilleuse de son travail... et puis... eh! eh! je ne sais si tu l'as regardé, mais le drôle n'a pas une laide figure.

— Oh!

— Comment dis-tu?...

— Je dis qu'il n'est ni bien ni mal.

— Diable! tu es difficile! Ses yeux sont vifs, il est bien bâti, robuste sans trop d'apparence; un gaillard nerveux, un rude piocheur! Réveillon et ses filles sont, par ma foi, enthousiasmés de lui.

— Il vaut mieux qu'il en soit ainsi, dit Ingénue, et que notre protection ait trouvé un sujet digne d'elle.

— Bien dit, ma fille, s'écria Rétif, très-bien dit, parfaitement tourné! Tu viens de construire là une excellente phrase : *Et que notre protection ait rencontré un sujet digne d'elle;* extrêmement bien, Ingénue! Je suis de ton avis, mon enfant... Auger fera son chemin dans cette maison-là.

— Tant mieux pour lui, répondit Ingénue en personne complétement désintéressée dans la question.

— Moi, j'ai vu cela tout de suite, continua Rétif; tu sais, les filles de Réveillon cultivent des fleurs d'hiver, des roses du Bengale, des marguerites, des géraniums; mais, depuis huit jours, comme on a beaucoup travaillé au trousseau de mademoiselle Réveillon l'aînée, tout cela était fort négligé.

— Oui, c'est vrai; il paraît même qu'elle aura un fort beau trousseau.

— Eh bien, ce diable d'Auger, voyant cette négligence, ne s'est-il pas avisé de se lever à trois heures du matin, et de bêcher, d'arroser, d'inonder le jardin; de sorte que c'était à n'y rien comprendre : quoique personne n'eût eu l'air de s'en occuper, il était frais et fleuri comme un reposoir.

— En vérité?

— Réveillon a été charmé, tu comprends bien; ses filles, davantage encore; on a cherché, on a supposé... Rien! Enfin, on a guetté, et l'on a vu mon gaillard qui enjambait la haie et piochait comme un nègre, tout en essayant de se cacher comme un voleur.

— Qu'est-ce? fit en riant Ingénue.

— Attends, c'est aussi ce que lui a dit Réveillon en l'abordant.

« — Eh bien, Auger, vous vous faites donc le jardinier de mes filles? C'est un surcroît de travail sans salaire, cela.

» — Oh! monsieur, répliqua Auger, je suis bien assez payé.

» — Comment cela, Auger?

» — Oui, monsieur, payé au delà de mes mérites et de ma peine.

» — En quoi? Voyons.

» — Monsieur, vos filles ne sont-elles pas les amies de mademoiselle Ingénue?

» — Oui.

» — N'ont-elles point parfois, à ce titre, l'occasion de lui offrir une fleur?

» — Sans doute.

» — Eh bien, monsieur, je travaille là pour mademoiselle Ingénue. »

— Pour moi! s'écria la jeune fille.

— Attends donc, reprit Rétif, tu vas voir!

« — Et quand je m'arrache les mains aux épines, continua-t-il; quand j'arrose la terre de ma sueur, je me dis : « C'est trop peu encore, Auger! tu dois ton
» sang, tu dois ta vie à cette demoiselle! et vienne
» l'heureux moment de verser l'un et de sacrifier l'au-
» tre, on verra si Auger manque de cœur et de mé-
» moire! »

Ingénue leva les yeux sur son père avec un air de doute.

— Il a dit cela? demanda-t-elle en rougissant un peu.

— Mieux encore! il a dit mieux encore, ma fille!

Ingénue baissa la tête en fronçant légèrement le sourcil.

— Enfin, dit Rétif, c'est un charmant garçon, et Réveillon l'a déjà récompensé.

— Ah! et en quoi?

— Auger, comme je l'avais prévu, n'était pas fait pour rester un simple ouvrier, un manœuvre : il écrit d'une manière remarquable et compte comme un mathématicien; et puis, Réveillon — ou plutôt mademoiselle Réveillon — a remarqué qu'il avait les mains très-propres, et nullement bonnes au maniement des gros ouvrages; de sorte que, le tirant des ateliers, il l'a mis dans les bureaux comme expéditionnaire. C'est une jolie place : douze cents livres, et nourri dans la maison.

— Oui, en effet, très-jolie place, répéta machinalement Ingénue.

— Certes, elle ne vaut pas celle qu'il a quittée pour

la prendre. Comme le lui disait Réveillon : « Auger, vous n'avez pas ici la cuisine du prince ; mais, telle qu'elle est, prenez-la. » C'est fort à Réveillon, qui est orgueilleux comme un hidalgo, d'avoir dit une pareille chose à Auger ; mais, que veux-tu, mon enfant ! ce diable d'homme, il change tout, jusqu'au caractère des gens. « Ah ! monsieur !... » a répondu Auger... Écoute bien cette réponse, mon enfant. « Ah ! monsieur, le pain sec de l'honnête homme vaut mieux que les faisans du crime ! »

— Mon père, dit Ingénue, sauf votre avis, je trouve la phrase un peu forcée, et je n'aime pas beaucoup les *faisans du crime*.

— Il est vrai, répliqua Rétif, que ce dernier membre de phrase me paraît prétentieux ; mais, vois-tu, mon enfant, la vertu a son exaltation qui passe facilement dans le langage ; il y a des ivresses de vertu. En ce moment, Auger s'enivre de la sienne ; c'est louable, il faut encourager ces choses-là ; voilà pourquoi j'ai passé légèrement sur les *faisans du crime*. D'ailleurs, je l'avoue, j'aime assez le premier membre de phrase : « Le pain sec de l'honnête homme... » cela sonne bien ; au théâtre, on ferait un effet là-dessus.

Ingénue approuva de la tête.

Pendant ce colloque, Rétif avait remplacé sa fidèle redingote par un déshabillé de nuit un peu grotesque, mais commode à la déclamation.

— Étrange vicissitude ! s'écria-t-il en se sentant libre dans les entournures, coups du sort ! caprices de la vie ! jeux de l'âme ! voilà un homme que nous abhorrions, qui était notre ennemi capital ; voilà un misérable à qui, toi et moi, nous eussions ouvert un chemin prompt et droit vers la potence, n'est-ce pas ?

— Vers la potence ! reprit Ingénue. Oh ! mon père, M. Auger était bien coupable, mais il me semble aussi que vous allez trop loin.

— Oui, tu as raison, j'exagère peut-être un peu, dit Rétif; mais je suis poëte, ma chère : *Ut pictura poesis,* comme dit Horace. Je répète donc *la potence;* car si, toi, tu ne l'y eusses pas envoyé, moi, un homme, moi, ton père, moi, blessé dans mes sentiments et dans mon honneur, je l'eusse envoyé non-seulement à la potence, mais encore à la roue, et cela très-volontiers. Eh bien, aujourd'hui, voilà que cet homme se trouve être le plus parfait, le plus accompli des braves gens; voilà qu'il joint à ses mérites celui du repentir, voilà qu'il est doublement digne d'éloges, et parce qu'il fait le bien, et parce qu'il le fait après avoir fait le mal ! O Providence! ô religion!

Ingénue levait de temps en temps son œil inquiet et commençait à s'effrayer de cette exaltation de son père.

Celui-ci continua :

— Heureux précepte du législateur Jésus : « Celui qui se repent vaut plus que celui qui n'a jamais péché. »

— Pourquoi, demanda Ingénue, appelez-vous Jésus-Christ un législateur ?

— C'est bien, c'est bien, mon enfant, répondit Rétif; nous autres philosophes, nous savons à quoi nous en tenir sur les termes. Je trouve donc Auger un plus honnête homme que beaucoup d'autres, et je lui en sais d'autant plus gré que c'est toi qui as causé sa conversion.

— Moi, mon père?

— Sans doute, toi ! Reconnais donc là cette voix secrète du cœur, ce mobile de toutes les actions généreuses de ce monde · si Auger ne t'aimait pas, il n'eût pas agi ainsi.

— Mon père !... s'écria Ingénue, rouge, honteuse et mécontente à la fois.

— Que dis-je, aimer ! continua Rétif; il faut idolâtrer les gens pour leur sacrifier ainsi tout... tout ! Ne disons donc pas ici : « Auger fut vertueux par amour de la vertu, » oh ! non ! et voilà l'erreur des hommes vulgaires; là est l'erreur de ce brave curé Bonhomme et du digne fabricant Réveillon, qui tous deux attribuent le changement d'Auger à un retour de conscience. Non, ma fille, non ! si Auger s'améliore, ce n'est point par l'amour de la vertu, c'est par la vertu de l'amour.

Ingénue ne releva pas le trait.

Il en résulta que Rétif, qui semblait attacher ce soir-là un grelot à chacune de ses paroles, pour le faire sonner à l'occasion, il en résulta que Rétif redressa la tête.

— Eh ! eh ! fit-il avec une parfaite satisfaction de lui-même, il me semble, par ma foi, que je viens de dire là une chose charmante, et en vérité, je m'étonne, Ingénue, que, toi, avec ce sens exquis que le ciel t'a donné, tu ne l'aies point remarqué. La *vertu de l'amour*, cela me fera un titre délicieux pour ma première nouvelle, et même pour un roman.

— Et là-dessus, embrassant sa fille, Rétif se retira dans son alcôve en fermant ses rideaux pour achever chastement de se déshabiller.

Cinq minutes après, le bonhomme Rétif, bercé par la satisfaction d'avoir trouvé un si beau titre, et peut-être bien un peu aussi par les fumées des vins fins qu'il avait bus, dormait de ce sommeil doublement orgueilleux de l'homme et du poëte satisfait de lui-même.

Quant à Ingénue, elle se retira dans sa petite chambre, fort peu disposée à dormir avant de s'être demandé à elle-même ce que signifiait cette idolâtrie d'Auger au moment même où éclatait l'indifférence de Christian.

XIII

AUGER AMOUREUX

Au reste, tout ce qu'avait dit Réveillon à Rétif et Rétif à sa fille, à l'endroit d'Auger, était de la plus exacte et de la plus stricte vérité.

Auger semblait se multiplier sous l'influence du feu secret qui le dévorait.

Sa besogne, il la faisait fondre et disparaître sous ses doigts avec une intrépidité qui donna à ses compagnons de travail d'abord des vertiges; puis, des vertiges, ils passèrent aux sueurs froides; — et c'est concevable pour quiconque étudie pendant un quart d'heure seulement l'intérieur d'un bureau.

L'expéditionnaire du gouvernement a de tout temps été flâneur : c'est une chose établie et reconnue; mais l'expéditionnaire particulier ne lui cède en rien d'habitude, quand il peut se le permettre.

Nous faisons naturellement une exception pour tout expéditionnaire travaillant à la ligne.

Le prétexte de la belle écriture, à laquelle on s'applique, constitue surtout un temps froid dans le travail, et c'est ce que savent parfaitement les véritables calligraphes, qui abusent de leur talent. Tandis que l'on prend ses mesures, et, après ses mesures, son élan pour une majuscule, on eût gribouillé une demi-page.

Auger écrivait comme le célèbre Saint-Omer, rendu plus célèbre encore par notre spirituel ami Henry Monnier; mais il avait des intermittences : il comprenait avec une merveilleuse intuition ce qui avait besoin d'être soigné et ce qui pouvait être bâclé; au lieu de mouler toutes choses en toutes circonstances, comme un expéditionnaire ordinaire, il savait être sobre de majuscules, de pleins et de déliés pour les lettres ou les écritures sans valeur aucune. Aussi, les factures, les commandes et les acquits, il les abattait par douzaines, tandis que son voisin avait à peine tracé le titre d'une pièce.

Ce voisin, distancé par cette rapidité d'exécution, paraissait ne plus avoir rien fait de la journée, ainsi que le caissier, à qui ses bordereaux et ses reçus, son livre tenu en *doit* et *avoir*, suffisaient autrefois comme occupation.

Réveillon, qui croyait avoir deux phénix dans ces deux employés, s'aperçut au contraire que, sur les trois, il n'en avait qu'un : Auger effaçait les deux autres.

Le résultat de tout cela fut que le caissier, troublé de voir ce Gargantua de l'expédition dévorer à lui seul le travail de trois personnes, perdit la tête et ne vit plus clair sur la table de Pythagore. Ce fut alors que, tout naturellement, des erreurs se commirent de plus en plus graves, au fur et à mesure que le caissier perdait de plus en plus la tête, et que M. Réveillon fronça le sourcil comme Jupiter, de façon à faire trembler tout l'Olympe du faubourg Saint-Antoine.

Sournois et taciturne, Auger guettait l'occasion où le caissier ferait trop de sottises ; cette occasion ne pouvait tarder à se présenter. Un jour, un acheteur rapporta un billet de caisse de soixante livres que le caissier lui avait rendu en trop sur un billet de mille qu'il avait changé au grillage de maître Réveillon.

Ce jour-là, Réveillon dit tout haut :

— Voilà un homme dont j'avais pitié, parce qu'il avait femme et enfant, et qu'il faudra, cependant, que je mette à la porte au premier jour.

Or, poussé par les demoiselles Réveillon, idolâtré du père, obséquieux avec Rétif, tout pâle et tout en génuflexions quand il apercevait Ingénue, Auger faisait des pas de géant dans la carrière qu'il s'était choisie.

Un jour, il attendit Réveillon dans le couloir qui conduisait à la caisse. Le caissier venait de partir, sa besogne faite, et l'expéditionnaire, essoufflé, avait doublé la somme de son travail habituel sans être arrivé à faire la moitié de la besogne qu'Auger avait faite lui-même.

Nous avons dit qu'Auger attendait Réveillon ; mais Auger s'arrangea de manière à ce que Réveillon crût l'avoir rencontré.

Le marchand de papiers peints nageait dans la satisfaction ; connaissance prise des résultats que nous venons de dire, il se frottait les mains.

— Parbleu ! dit-il à Auger, je suis ravi de vous rencontrer pour vous faire mon compliment.

— Ah ! monsieur, dit Auger avec une profonde humilité, monsieur, par grâce, ne vous moquez pas de moi; ce n'est pas ma faute, je vous le jure, si je travaille si mal.

— Comment ! que dites-vous là ? demanda le fabricant, qui n'y comprenait absolument rien.

— Monsieur Réveillon, n'abusez pas de mon malheur, poursuivit Auger.

— Je ne vous comprends pas, mon ami.

— Hélas ! monsieur, je le vois bien, si cela continue, il me faudra quitter votre maison.

— Pourquoi cela ?

— Parce que je vous vole, monsieur Réveillon.

— Hein ?

Auger répéta d'un ton plus dolent encore que la première fois :

— Parce que je vous vole, vous dis-je.

— Que me volez-vous ?

— Votre temps.

— Ah ! par exemple, expliquez-moi cela, Auger ; vous êtes, au contraire, un véritable phénomène !

— Oh ! monsieur !

— Vous me volez mon temps, dites-vous, vous qui faites à vous seul plus de besogne que les deux autres n'en font ensemble ?

— Alors, monsieur, continua Auger en secouant piteusement la tête, j'en ferais comme quatre, si je n'avais pas le malheur que j'ai.

— Quel malheur ?

— Ah! ne parlons pas de cela, et permettez plutôt, monsieur...

Auger leva les bras au ciel.

— Que voulez-vous que je permette ? Voyons.

— C'est un bien grand malheur pour moi, monsieur : j'étais si bien chez vous sous tous les rapports !

— Holà, songeriez-vous à me quitter, par hasard ? s'écria Réveillon.

— Hélas ! il le faudra bien, un jour ou l'autre.

— Ce ne sera pas, du moins, à ce que j'espère, sans me dire la cause de votre départ.

— Monsieur, monsieur, ce n'est point une confidence à vous faire.

— Mais, pardieu ! si, au contraire : quand les gens me quittent, je veux savoir pourquoi.

— Je vous l'ai dit.

— Vous me volez mon temps? Oui, vous m'avez dit cela. Maintenant, comment me le volez-vous ? Voyons, expliquez-moi cela.

— Mais par mes distractions, monsieur.

— Eh ! eh ! fit Réveillon en riant aux éclats, Auger a des distractions.

Et, en effet, le fabricant de papiers peints était émerveillé qu'un homme fût assez ennemi de lui-même pour s'accuser là où tout autre se fût élevé des arcs de triomphe.

— S'il y avait un remède à mon malheur, encore, continua Auger ; mais non, il n'y en a pas.

— Mais à quel malheur, enfin ? Expliquez-vous ! Appelez-vous ces prétendues distractions un malheur?

— Un malheur d'autant plus grand, monsieur, qu'elles ne feront que s'accroître de jour en jour ; quand une fois le chagrin s'est glissé dans le cœur d'un homme, oh ! cet homme est perdu et bien perdu !

— Pauvre garçon, vous avez du chagrin?

— Jusqu'au plus profond de mon cœur, monsieur.

— Que vous manque-t-il? voyons, est-ce de l'argent?

— De l'argent? Mon Dieu ! je serais trop ingrat de dire une pareille chose : vous me payez le double de ce je vaux, monsieur !

— Il est charmant, ma parole d'honneur! Auriez-vous, par hasard, des remords?

— Dieu soit loué! la paix de ma conscience est faite, et celle de votre maison la maintient chaque jour.

— Alors, je ne vois pas, je ne puis deviner...

— Monsieur, je suis amoureux sans espoir et sans relâche.

— Ah! d'Ingénue peut-être? fit Réveillon frappé comme d'un éclair.

— Vous l'avez deviné, monsieur.

— Ah! diable!

— Follement amoureux de mademoiselle Ingénue.

— Tiens! tiens! tiens!

— Et cela ne vous fait pas frémir?

— Mais non.

— Vous ne vous reportez point à toute l'horreur que je lui inspire.

— Cela peut se calmer, cher monsieur Auger, si, toutefois, cela n'est déjà fait.

— Mais, réfléchissez-y donc, tout me sépare d'elle.

— Bah, bah, bah! on a jeté des ponts sur des rivières plus larges.

— Quoi! monsieur, vous ne vous apercevez pas d'une chose en me parlant ainsi?

— De laquelle?

— C'est que vous cherchez à me donner de l'espoir.

— Parbleu! si je cherche! mais, oui, je cherche, et je réussirai, j'y compte bien.

— Comment, monsieur, vous ne me raillez point?

— Pas le moins du monde.

— Je pourrais espérer de vous...?

— Tout.

— Oh! monsieur!

— Pourquoi pas? Vous êtes un habile travailleur, un honnête homme; vous avez des appointements encore médiocres, mais que je puis augmenter.

— Oh! monsieur, n'augmentez rien, et faites que mademoiselle Ingénue ne me déteste pas ; faites qu'elle puisse écouter les vœux que je forme pour son bonheur; faites qu'elle ne me repousse pas, quand je lui dirai combien je l'aime, et, alors, oui, alors, monsieur, vous aurez plus fait pour ma fortune que si vous me donniez la place de caissier chez vous! vous aurez plus fait que si vous me donniez mille écus d'appointements! et même, je vous en supplierai, chargez-moi, écrasez-moi de travail : je ne reculerai jamais, je ne me plaindrai jamais, je ne demanderai jamais un sou d'augmentation. En un mot, monsieur Réveillon, obtenez pour moi la main de mademoiselle Ingénue, et vous aurez près de vous un homme qui vous sera dévoué jusqu'au dernier soupir.

Auger embrouilla si bien Réveillon dans les fils de cette éloquence amoureuse, que le fabricant fut tout à la fois ému, ravi et convaincu.

— Eh quoi! dit-il, ce n'est que cela?

— Comment, que cela?

— Je dis que vous ne désirez pas autre chose que d'épouser Ingénue?

— Oh! Dieu! je n'ose pas même songer à un pareil bonheur!

— Mais, à vous entendre, on croirait qu'il s'agit d'une princesse du sang ; qu'est-ce donc, après tout, que mademoiselle Ingénue?

Le fabricant trouvait que ce grand éloge de mademoiselle Rétif rabaissait un peu mesdemoiselles Réveillon.

— Ce que c'est? répéta Auger. Ah! monsieur, c'est une belle, c'est une adorable jeune fille!

— Oui, mais qui n'a pas de dot!

— Elle vaut des millions!

— Que vous lui gagnerez, mon cher Auger.

— Oh! je l'espère! oh! je m'en sens la force, entre

un amour comme celui que j'ai pour elle et un zèle comme celui que vous m'avez inspiré pour vos intérêts.

— Eh bien, mon ami, dit Réveillon d'un air important, voici la marche à suivre.

— Oh ! oui, monsieur, conseillez-moi.

— D'abord, le père a pouvoir sur son enfant, et me paraît parfaitement disposé en votre faveur.

— Vraiment ?

— Il faut l'achever.

— Oh ! je ne demande pas mieux.

— Rétif est sensible aux procédés, aux attentions.

— Accepterait-il de moi un petit cadeau ?

— Délicatement fait, sans doute.

— L'amour que j'ai pour sa fille, et le respect que j'ai pour lui, me donnent de la délicatesse, monsieur.

— Ensuite, vous l'inviterez à dîner.

— Bon !

— Et, au dessert, vous lui ouvrirez votre cœur.

— Je n'oserai jamais.

— Laissez donc !

— C'est, sur l'honneur, comme je vous le dis.

— Ta ta ta !... Enfin, vous vous adresserez à la jeune fille elle-même, que je disposerai favorablement pour vous, par mesdemoiselles Réveillon, ses amies.

— Que de bontés, monsieur !

Et Auger joignit les deux mains en homme accablé.

Réveillon lui prit les deux mains entre les siennes.

— Vous les méritez, Auger, lui dit-il, et, puisque votre bonheur dépend de cela, je veux, entendez-vous bien ? je veux que vous soyez heureux.

Auger se retira plein de joie.

Réveillon tint parole.

Il fit attaquer Ingénue par ses filles et Rétif par Auger.

Enfin, il attaqua lui-même.

Les résultats de ces attaques ainsi combinées furent

tels, que Rétif accepta une montre et une invitation à dîner d'Auger.

Restait Ingénue.

Les demoiselles Réveillon insistèrent si fort près d'elle, que la jeune fille consentit à accompagner son père aux Prés-Saint-Gervais, où le repas devait avoir lieu.

XIV

CONVALESCENCE DE CHRISTIAN

Que se passait-il aux écuries du comte d'Artois, tandis qu'à l'extrémité opposée de Paris, tout conspirait contre le bonheur de Christian ?

Sa mère ne l'avait point quitté d'une minute : le jour, dans un fauteuil à son chevet; la nuit, dans un lit près du sien.

Vingt fois Christian, l'assurant qu'il allait mieux, avait tenté de l'éloigner; mais elle s'y était constamment refusée.

L'amour maternel de la comtesse Obinska se traduisait chez elle, comme tous les autres sentiments, par l'expression d'une volonté contre laquelle Christian n'avait pas même l'idée de lutter.

Prête, à chacun des mouvements de son fils, à lui donner ce dont il avait besoin, surveillant même son sommeil, vigilante à lui épargner la moindre émotion, elle avait réussi enfin à guérir le corps, sans s'apercevoir, la pauvre femme, du mal qu'elle avait fait à l'âme.

Les jours et les nuits s'écoulèrent ainsi, pareils à des siècles pour le malade; il comptait les heures, les minutes, les secondes; on eût dit qu'il les poussait devant lui avec toute la force et toute l'énergie d'une constante volonté.

Selon les prescriptions du docteur Marat, Christian dut garder le lit jusqu'au quarantième jour. Plus d'une semaine avant ce quarantième jour, Christian prétendait qu'il était arrivé ; mais, l'inexorable almanach à la main, la comtesse maintint le jeune homme dans le lit jusqu'à ce que la vingt-quatrième heure du quarantième jour fût écoulée.

Enfin, cette heure tant désirée arriva où il fut permis à Christian de faire ce premier pas qui devait le conduire vers Ingénue, après dix autres jours de chambre gardée.

Tout en boitant légèrement, il alla s'étendre sur une épaisse fourrure, au milieu de la chambre, comme font les enfants qui essayent leurs forces.

Puis il se remua ; la douleur avait disparu, les chairs étaient devenues solides, le blessé se tenait sur sa jambe malade sans éprouver aucun accident.

Peu à peu, il s'exerça à faire le tour de la chambre ; puis, lorsque le tour de la chambre fut devenu chose facile, il essaya de monter et de descendre un petit degré de cinq marches, ce à quoi il réussit avec l'aide de sa mère.

Bientôt l'air d'une cour voisine lui fut permis ; il descendit, toujours au bras de la comtesse, dans cette cour, ombragée de quelques arbres ; il accoutuma ses poumons et sa tête à l'absorption d'un air plus vif et plus nourrissant.

Enfin, il redevint à peu près ce qu'il avait été.

Deux fois il était arrivé à se procurer du papier et un crayon, et chaque fois, profitant du sommeil de sa mère, qui dormait le croyant endormi lui-même, il était parvenu à tracer quelques lignes à l'adresse d'Ingénue ; mais ce billet une fois écrit, qu'en faire ? à qui le confier ? par qui le faire porter rue des Bernardins ? Il n'avait aucun rapport avec les gens de la maison, la femme de ménage de Marat lui inspirait une répugnance profonde, et quant à Marat, ce n'était certainement pas à lui que le jeune homme se fût ouvert de sa passion pour la fille de Rétif de la Bretonne.

Les deux billets écrits restèrent donc dans les poches du jeune homme, qui les conservait, espérant toujours trouver une occasion qui ne se présenta point.

Mais une chose consolait Christian : c'est que, sentant revenir ses forces heure par heure, il pouvait déjà calculer le jour de sa liberté.

Ce jour heureux parut enfin : Christian put se promener. Il est vrai que c'était en voiture, et que sa mère ne le quitta pas un seul instant. Le carrosse parcourut, avec avarice au gré de Christian, Paris et ses plus belles rues. Hélas! c'était rue des Bernardins que Christian eût voulu se rendre ; mais le moyen de dire à un cocher devant la comtesse Obinska : « Faites-moi traverser la rue des Bernardins. »

Après trois jours de cet exercice, il fut décidé que Christian pouvait sortir à pied ; mais sa mère lui donnait le bras.

Enfin, il fut convenu que le lendemain, c'est-à-dire après avoir occupé l'appartement de Marat pendant cinquante-cinq jours, on le quitterait.

C'est une scène difficile à décrire que celle qui accompagna le départ de Christian et de sa mère ; cependant nous tenterons d'en donner une idée.

Marat s'était fait beau ; il avait réuni sur sa personne tous les luxes différents dont il pouvait disposer.

Son plan était celui-ci : redevenir pour un instant le jeune homme d'autrefois, le Marat de Pologne ; forcer, par sa vue, le cœur de la comtesse Obinska à une réminiscence à laquelle son nom n'avait point suffi.

Peine inutile ! l'échine tordue ne put se redresser, le nez de travers ne retrouva point sa ligne gracieuse, l'œil demeura cave et le regard aiguisé.

Il fut impossible, enfin, de rendre en un jour nettes et fines des mains gâtées par une squaleur de vingt ans.

Quant à l'habit, rien n'y manquait, et le tailleur avait fait de son mieux.

Mais la comtesse, quoiqu'elle ne cherchât ni n'évitât le regard de Marat, ne reconnut rien, et elle fit ses remerciments au chirurgien sans aucune phrase romanesque.

Lorsque Marat vit marcher le beau jeune homme, souriant à l'idée de sa future liberté, et qu'il se regarda lui-même dans un miroir, il n'eut d'autre consolation que de lui chercher une ressemblance quelconque avec le précepteur de la comtesse Obinska.

— Monsieur, lui dit la comtesse, vous admirez cette santé, n'est-ce pas, la cure que vous avez faite?

— Oui, madame, répondit Marat, j'admire mon ouvrage.

La comtesse, à ces mots, laissa courir sur ses joues, ordinairement si pâles, un reflet de flamme qui s'éteignit presque aussitôt, et, comme d'habitude, elle redevint froide et haute.

— Vous avez raison de n'être pas modeste, monsieur, dit-elle; la cure vous fait honneur.

— N'est-ce pas? dit-il. Mais vous ne vous doutez pas de ce que c'est que la volonté, madame : pour ce jeune homme-là, j'eusse fait des choses dignes du dieu Esculape en personne.

Christian salua, un peu embarrassé de ces regards familiers qu'il n'avait pas encore remarqués dans son médecin. Il lui semblait, à ce jeune gentilhomme, qu'entre le malade et le guéri, il y avait la distance d'un respect de plébéien.

La comtesse feignit de ne point s'apercevoir de l'insistance de Marat; elle feignit aussi de ne pas remarquer l'embarras du jeune homme.

— Et maintenant, monsieur, dit-elle, la reconnaissance ne saurait nous empêcher de régler nos comptes.

Marat rougit.

— De l'argent? dit-il.

— Non, monsieur, fit la comtesse avec un souverain orgueil, — de l'or.

Marat se redressa.

— Voulez-vous m'humilier? dit-il.

— Au contraire, dit la comtesse; veuillez me dire en quoi, monsieur, un chirurgien que l'on paye est humilié.

— Madame, s'écria le nain, il me semble que vous oubliez trop ce que c'est que Marat : Marat n'est pas seulement un chirurgien; Marat...

Et il regarda fixement la comtesse; puis, faisant un pas vers elle et se croisant les bras :

— Savez-vous ce que c'est que Marat?

La comtesse pinça légèrement ses lèvres.

— Marat, répéta-t-il en appuyant sur le mot, Marat, c'est mon nom! le savez-vous bien, madame, ou, l'ayant oublié, faut-il que je vous le rappelle?

— Je le sais, monsieur, répondit la comtesse en jouant l'étonnement; vous ne me l'avez point laissé ignorer. Est-ce que ce nom-là m'impose quelque obligation à laquelle j'essaye de me soustraire? Ce serait bien contre mon gré, monsieur Marat, je vous assure.

Marat, foudroyé par cet aplomb, resta muet.

Mais ce n'était point assez : l'implacable comtesse le poursuivit de son regard jusqu'à ce qu'il baissât le sien, ébloui par le rayonnement impitoyable de ces yeux qui flamboyaient comme deux torches.

— Donc, continua la comtesse, nous quittons, mon fils et moi, votre demeure, que vous nous avez si obligeamment prêtée; je vous prie d'excuser tout le désagrément que nous vous avons causé, monsieur.

Puis, avec cette imperceptible provocation qui désarçonnait Marat :

— Croyez bien, monsieur, ajouta-t-elle, que, si la vie de mon fils n'eût pas été compromise par le moindre mouvement, je ne l'eusse pas laissé une seconde chez vous, au risque de vous déplaire.

Cette extrême politesse pouvait aussi bien être une extrême impolitesse ; Marat le comprit-il ainsi ?

Oui, car ses lèvres minces pâlirent ; oui, car son œil jaune disparut, roulant sous ses sourcils, et un tremblement de colère nerveuse secoua ses membres rachitiques.

La comtesse, alors, aux yeux de Christian, qui n'avait rien compris à cette scène, posa sur la table une bourse pleine d'or.

Marat fit un mouvement pour repousser cette bourse ; mais un dernier regard de la comtesse glaça ce mouvement, et le chirurgien laissa retomber ses bras inertes à ses côtés.

Alors, la comtesse, prenant Christian par le bras :

— Viens, mon fils ! dit-elle.

Et elle profita du moment où Christian saluait Marat pour se glisser la première dans l'escalier.

Marat ouvrit ses bras comme pour y serrer le jeune homme ; mais la comtesse devina son intention, et, au risque de renverser son fils, encore mal assuré sur ses jambes, elle le saisit par le bras, et l'attira vers elle avec une vigueur qui eût arraché une branche d'arbre.

— Et, maintenant, prenez garde de tomber, Christian, dit-elle en se plaçant entre Marat et le jeune homme.

Ce fut le dernier coup.

Marat, éperdu de colère et de honte, poussa la porte, qui se referma avec bruit derrière la comtesse et son fils ; puis il fondit sur la bourse, qu'il déchira, et dont il sema l'or par toute la chambre en fouettant tables, chaises et lit avec cette précieuse mitraille.

Heureusement, il avait avec lui une bonne et soigneuse ménagère qui ramassa jusqu'au dernier double louis.

Elle en rendit quatre-vingts à Marat ; mais il s'en était bien certainement perdu dix.

— Oh ! murmura le nain en jetant par la fenêtre un regard oblique sur la voiture qui emportait la mère et le fils, oh ! louve ! oh ! louveteau ! Cette femme n'est pas plus femme que la cavale sauvage de steppes... Aristocrate ! aristocrate ! aristocrate ! je me vengerai de toi comme des autres !

XV

CE QUI SE PASSAIT, PENDANT CE TEMPS-LA, A LA RUE DES BERNARDINS

Ce silence, dont Ingénue ne pouvait se rendre compte, parce qu'elle en ignorait complétement la cause, avait produit, rue des Bernardins, un résultat fatal.

Nous avons vu où en étaient les affaires d'Auger, nous ne dirons pas auprès d'Ingénue, mais auprès de Réveillon et de Rétif.

Réveillon n'avait pas tardé à prendre Rétif à part, et à lui annoncer qu'ils s'agissait tout simplement d'un mariage.

Rétif en avait bien quelque soupçon.

Il n'avait qu'une objection à faire, et la fit : c'était l'instabilité de la fortune de son gendre.

Mais Réveillon leva cette difficulté unique en répondant que, le jour du mariage, il donnerait à Auger, comme cadeau de noces, deux mille livres de gages ; de son côté, Auger alla au-devant de toute objection en offrant de vivre avec sa femme et son beau-père, et de verser ses deux mille livres dans la maison.

Tout cela s'agitait autour d'Ingénue comme un bourdonnement terrible; la pauvre enfant se sentait si peu de chose au milieu de tous ces arrangements qui paraissaient intéresser le bonheur de tant de monde, qu'elle ne pouvait guère faire plus de résistance que n'en fait la nacelle à la mer, la feuille au tourbillon.

Elle entendait parler, comme d'une affaire arrêtée, de ce projet d'union dont la pensée seule l'épouvantait; comme d'une chose faite, de ce mariage auquel elle ne voulait point consentir.

Lorsqu'on lui en toucha le premier mot, il y avait à peu près trois semaines qu'elle était séparée de Christian: elle ne se faisait pas illusion; elle avait dit à son père : « Si je ne revois pas Christian dans ce mois, je ne le reverrai jamais ! et, si je ne revois pas Christian demain, je ne le reverrai pas dans un mois. »

Elle n'avait pas revu Christian.

Mais elle avait, au fond de sa conscience, quelque chose qui lui disait : « Il y a une puissance plus forte que Christian qui empêche que tu ne revoies Christian. »

Seulement, cette puissance, quelle était-elle?

Voilà ce qu'ignorait Ingénue, voilà ce qui la laissait dans le doute; le doute, ce ver qui ronge le cœur du plus savoureux de tous les fruits, de l'amour!

Comme on parla à Ingénue de son mariage avec Auger ainsi que d'une chose faite, elle n'eut pas le courage de le discuter.

Le retarder, c'était tout ce qu'elle pouvait.

Oh ! si, pendant ce retard, il lui arrivait une lettre de Christian, si elle en apprenait quelque nouvelle, alors comme elle déferait cette chose faite !

Christian amoureux ou mort, elle lutterait; à l'un ou à l'autre, elle serait fidèle.

Mais, à Christian oublieux, inconstant, parjure, n'était-ce pas une honte à elle de garder sa promesse?

Elle demanda un mois pour se décider.

On n'espérait pas tant que cela, — Réveillon du moins; — aussi trouva-t-il la demande d'Ingénue parfaitement raisonnable.

Rétif aurait bien voulu n'accorder que quinze jours; il tremblait que, pendant ce mois, Christian ne trouvât moyen de donner de ses nouvelles à Ingénue.

Et, il le sentait bien, le romancier, il n'était fort que du silence de Christian : ce silence rompu, tout l'échafaudage croulait.

Le mois s'écoula. On a vu comment Christian avait écrit, mais comment aussi il n'avait trouvé aucun moyen de faire parvenir ses lettres.

Pendant ce mois, on arrangea tout, comme si, au bout du mois, on n'eût fait aucun doute du consentement d'Ingénue : les bans furent publiés, les cadeaux de noces achetés. On se tint prêt, au risque qu'Ingénue ne fût pas prête.

Réveillon était si fort enthousiaste d'Auger, qu'Auger eût-il eu besoin de dix mille francs, il n'avait qu'à demander, Réveillon eût ouvert sa caisse.

Le matin du trentième jour, Ingénue, qui avait, comme Christian, tout compté, heures, minutes et secondes, — le matin du trentième jour, Ingénue, au retour de la messe, où elle avait été prier Dieu de lui donner des nouvelles de Christian, trouva, en rentrant chez elle, sa chambre pleine de fleurs, des robes sur toutes les chaises, et un trousseau complet sur son lit.

En apercevant toutes ces belles choses, Ingénue fondit en larmes, car elle comprit qu'elle n'avait plus aucune raison, aucun motif, aucun prétexte de refuser Auger.

Lui, de son côté, était si gai, si content, si radieux, si empressé, si respectueux ; il avait des yeux si amoureux et si avides, que tout le monde s'intéressait aux amours du pauvre pécheur, dont la conversion, due à l'éloquence du curé Bonhomme, faisait grand bruit dans le quartier.

Certes, Ingénue pouvait ne pas aimer le pauvre jeune homme! mais, en vérité, elle eût été trop injuste de le haïr.

Il y a plus : au point de vue de la vie commune, de la vie bourgeoise, elle avait entendu faire un si grand éloge d'Auger, qu'elle ne doutait point qu'elle ne fût heureuse avec lui.

Elle demanda encore quinze jours. Rétif débattit fort ces quinze jours : en supposant que Christian n'eût été que blessé, le malade devait marcher rapidement à sa guérison.

Le lendemain du jour où Ingénue serait madame Auger, peu importait à Rétif que Christian reparût; il connaissait la virginité d'âme d'Ingénue, et savait que son mari, quel qu'il fût, n'avait rien à craindre.

Et puis, au fond de ce cœur si douloureusement blessé, il y avait ce pauvre petit sentiment de satisfaction de devenir femme, ne fût-ce que pour montrer à son infidèle que certains hommes ont le courage d'épouser une fille qui ne veut ni se vendre ni se livrer sans mariage.

En outre, elle allait — et c'était bien quelque chose — occuper une certaine place dans cette grande maison Réveillon, dont la caisse, ou plutôt le caissier, deviendrait la cheville ouvrière.

Il y avait encore ceci : c'est qu'Ingénue allait être mariée avant dix-sept ans, lorsque les demoiselles Réveillon, qui étaient connues dans le quartier pour être millionnaires, ne l'étaient pas encore à dix-neuf et vingt ans.

Tout cela, il faut le dire, n'était qu'un voile; Ingénue le brodait de folles fantaisies, et le jetait sur ses tristes pensées; mais elle sentait bien, en réalité, que ce voile n'était qu'une gaze fragile qui s'enlèverait au premier souffle de Christian, si Christian venait à reparaître dans l'horizon de sa vie.

Auger poussa vigoureusement à la roue de la fortune, qui tournait pour lui. Il se dévoua corps et âme, jour et nuit, à la conclusion de ce mariage, qui, grâce aux instances du curé Bonhomme, lequel avait réclamé le privilége de marier les époux, fut fixé au quinzième jour, c'est-à-dire à celui qui devait clore le nouveau délai demandé par Ingénue.

Rétif, lui aussi, hâtait le dénoûment ; il avait toujours peur de voir sortir de terre le fantôme de l'ancien amoureux, qui une fois guéri, viendrait redemander son amoureuse.

Néanmoins, le romancier était plus qu'à moitié rassuré par le silence opiniâtre que, depuis quarante-quatre jours, avait gardé Christian.

Selon Rétif, inventeur de surprises et de moyens de théâtre, rien n'eût dû empêcher le jeune homme de donner de ses nouvelles.

Et, sur ce point, le père et la fille pensaient exactement de la même façon.

Aussi se disaient-ils que, puisque Christian n'avait point écrit ou envoyé quelqu'un, c'est qu'il avait renoncé à Ingénue, ou qu'il était mort.

Jamais, depuis le jour où il y avait eu une discussion devant Santerre sur un page blessé, jamais la glace n'avait été rompue de nouveau entre Ingénue et son père.

Deux ou trois fois, Ingénue avait été reprise de cette idée de profiter de l'absence de son père pour tenter un voyage aux écuries d'Artois; mais, à chaque fois, un double souvenir l'avait retenue : celui de Marat, hideux satyre; celui de Charlotte Corday, chaste Minerve.

Lorsque le mariage fut bien décidé, on arrêta dans la maison de Réveillon, au faubourg Saint-Antoine, un logement composé de cinq pièces, dont deux, à part sur le palier, étaient destinées à la chambre et au cabinet de travail de Rétif, tandis que les trois autres devaient faire la chambre, le salon et la salle à manger des nouveaux époux.

Les derniers jours venus, on s'occupa des rideaux et des meubles, du renouvellement du linge et de la vaisselle; on prit des mesures, on colla des papiers neufs, fournis avec générosité par Réveillon; en un mot, trois jours avant le mariage, il ne manquait plus au mariage que la cérémonie.

L'église Saint-Nicolas-du-Chardonneret prépara une de ses modestes chapelles.

Mesdemoiselles Réveillon envoyèrent fleurs et gâteaux bénits; Santerre demanda la permission de fournir le joueur d'orgue.

Le quinzième jour arriva : c'était, on se le rappelle, celui qui était fixé pour la cérémonie. Il tombait un samedi.

La nuit avait été triste; Ingénue avait peu dormi; mais, en échange, si elle n'avait pas beaucoup dormi, elle avait beaucoup pleuré.

Jusqu'au dernier moment, pareille au condamné que l'échafaud attend, elle espéra.

Quand son père entra dans sa chambre, elle espéra! quand Réveillon entra dans sa chambre, elle espéra encore! quand Auger entra dans sa chambre, elle espéra toujours!

Il lui semblait que, d'un moment à l'autre, Christian allait apparaître.

Dix heures sonnèrent. Depuis huit heures du matin, les deux amies de la jeune fille s'étaient emparées d'elle, et l'habillaient comme elles eussent fait d'un pauvre automate.

Ingénue n'opposait aucune résistance; Ingénue ne prononçait pas une parole; seulement, deux incessantes larmes coulaient, comme deux sources intarissables, de son œil sur sa joue.

Enfin, il fallut descendre, sortir, se rendre à l'église.

Au milieu d'une haie de curieux, par un beau soleil d'hiver, Ingénue sortit de la maison paternelle, plus pure, plus blanche qu'un cygne.

Hélas! depuis quarante jours, elle avait pleuré sa virginité comme la fille de Jephté, et, si on lui eût dit, au moment où elle toucha le pavé de la rue : « Que préfères-tu? mourir ou devenir la femme d'Auger? » quoiqu'elle n'eût point de haine pour cet homme, comme elle avait un grand amour pour Christian, elle eût répondu :

— Je préfère mourir!

Pendant toute la route, elle ne pensa qu'à Christian; trois ou quatre fois, elle osa lever la tête, et regarder autour d'elle : elle cherchait Christian; enfin, jusque dans l'église, elle demanda à ses profondeurs, à l'ombre de ses piliers, à ses plus mystérieux recoins, une pâle figure qu'elle ne trouva point.

Christian l'avait décidément bien abandonnée, et ne lui donnait pas même la joie de sa douleur.

Il ne restait donc plus à Ingénue, isolée, qu'à dire *oui* à son mari, devant Dieu et devant les hommes.

Elle prononça, enfin, ce *oui* en tremblant, et Auger, triomphant, emmena sa femme légitime au repas de noces qui attendait les mariés et les invités, dans la nouvelle salle à manger de Rétif, ornée d'un papier peint qui représentait les douze travaux d'Hercule, entourés d'attributs, de fruits et de fleurs.

XVI

LE SOIR DES NOCES

Christian, sorti de chez Marat sans trop pouvoir se rendre compte de la scène qui venait de s'y passer, revint chez sa mère.

Là, il eut un motif plausible de sortir seul : c'était une visite à faire à M. le comte d'Artois.

Le prince avait su l'accident qui était arrivé à son page, et, comme c'était un excellent cœur que M. le comte d'Artois, il avait plusieurs fois, et fort affectueusement, fait demander de ses nouvelles.

D'ailleurs, personnellement, le prince avait remarqué Christian, et il l'aimait fort, à cause de son grand air.

A cinq heures, le jeune homme partit pour se rendre chez le prince, résolu, en sortant de chez le prince, à faire tout ce qu'il lui serait possible pour revoir Ingénue ; car, nous l'avons dit, et nous le répétons, il n'avait cessé, dans ses rêves de fièvre, d'adorer l'image de la jeune fille ; cette douce fée avait mille fois versé le baume sur sa plaie, et, à côté du supplice de l'absence, il avait eu les rêves de l'avenir.

Le prince paraissait joyeux ; il fit ses compliments à Christian sur sa convalescence, et promit, de lui-même, de dire un mot de remercîment à Marat sur la belle cure qu'il avait faite.

Avant d'entrer chez le comte d'Artois, Christian avait renvoyé sa voiture en ordonnant au cocher de dire à sa mère que le prince le gardait une partie de la soirée ; de cette façon, la comtesse n'était pas inquiète, et Christian était libre.

Vers sept heures, Christian sortit de chez le prince, prit un fiacre, et se fit conduire jusqu'au quai Saint-Bernard.

C'était, selon le calcul de Christian, l'heure où Rétif, qui sortait tous les soirs avec sa fille, devait rentrer avec elle ; s'ils n'étaient pas rentrés, il la verrait en passant, et lui ferait un signe ; s'ils étaient rentrés, il se hasarderait à monter et à frapper à la porte d'Ingénue.

C'était bien de l'audace ; mais, en apprenant tout ce qu'il avait souffert, Ingénue lui pardonnerait.

Christian sentait battre son cœur plus fort, au fur et

à mesure qu'il avançait dans la rue ; il fixait de loin les yeux sur la fenêtre, qu'il s'attendait à trouver éclairée par la lueur douce et tremblante de la lampe.

La fenêtre était obscure.

— Bon! dit Christian, ils ne sont pas rentrés encore ; car il est impossible qu'ils soient couchés à cette heure ; d'ailleurs, Ingénue ne dort pas sans veilleuse, et, la veilleuse une fois allumée, le rideau de sa chambre en prend une teinte rosée qui la révèle.

Christian se mit à se promener en long et en large.

Il se promena une heure ainsi, à peu près.

Au bout d'une heure, il éprouvait dans sa jambe blessée une fatigue insupportable, en même temps qu'un commencement d'inquiétude s'emparait de lui.

Il regagna le quai, fit signe à son cocher de venir le rejoindre, et, remontant dans le fiacre, lui ordonna de stationner à trois ou quatre portes de celle d'Ingénue.

Dans ce fiacre stationnaire, Christian entendit sonner huit heures, huit heures et demie, et neuf heures.

Il vit la rue devenir de plus en plus déserte, jusqu'à ce qu'elle fût enfin à peu près solitaire.

Alors, il s'inquiéta sérieusement : c'était bien tard — neuf heures et demie venaient de sonner — pour que Rétif et Ingénue rentrassent.

Enfin, il se décida à descendre et à interroger un voisin ; — de portier, il n'en était pas encore question dans les maisons bourgeoises de cette époque.

Ce voisin était un épicier qui fermait sa boutique quand Christian l'interrogea.

— Monsieur, lui demanda le jeune homme, pourrais-je savoir de vous s'il n'est pas arrivé malheur à M. Rétif de la Bretonne, qui demeurait au quatrième dans la maison voisine de la vôtre ?

— Ah! dit l'épicier, n'était-ce pas un imprimeur qui faisait et composait des livres ?

— Justement.
— Qui avait une fille?
— Oui.
— Monsieur, il ne lui est arrivé d'autre malheur que d'avoir déménagé.
— Comment, d'avoir déménagé?
— Avant-hier.
— Savez-vous où il est allé?
— Mais il est allé demeurer au faubourg Saint-Antoine.
— Connaissez-vous son adresse?
— Non; je sais seulement que c'est chez un marchand de papiers peints.
— Ne serait-ce pas chez son ami M. Réveillon?
— M. Réveillon, c'est cela! oui monsieur, c'est chez M. Réveillon.

Christian remercia l'épicier, et remonta dans son fiacre, auquel il donna l'adresse de M. Réveillon, qu'il connaissait pour l'avoir entendu dire dix fois à Ingénue.

Un quart d'heure après, le fiacre s'arrêtait de l'autre côté de la rue, en face de la maison du marchand de papiers peints.

Une file de fiacres se tenaient à la porte, attendant pratique, tandis que les fenêtres du premier étage, ardamment éclairées, jetaient une grande lueur jusque dans la rue.

Christian entendit le bruit des instruments, et vit s'agiter des ombres derrière les rideaux.

Le jeune homme comprit qu'il y avait bal chez Réveillon; mais à quel propos ce bal?

Il chargea son cocher de s'informer.

Le cocher descendit de son siége, alla échanger quelques mots avec un camarade, et revint.

— Eh bien, demanda Christian, qu'y a-t-il?
— Il y a qu'on se marie dans la maison, et voilà.
— Et qui se marie?

— Dame ! une jeune fille.
— Sais-tu son nom ?
— Je ne l'ai pas demandé.
— Informe-toi, et tâche de savoir le nom de la personne qui se marie.

Le cocher retourna aux informations.

Tout ce que Christian avait appris jusque-là était étrange, mais n'était pas inquiétant. M. Réveillon avait deux filles ; c'était au premier étage que l'on dansait, c'est-à-dire chez M. Réveillon ; c'était donc, selon toute probabilité, l'une ou l'autre des demoiselles Réveillon qui se mariait.

Et, cependant, son cœur se serrait malgré lui, tandis que son cocher allait de fiacre en fiacre interroger les autres cochers.

Enfin, le brave homme revint.

— Dame ! monsieur, dit-il, ils prétendent comme cela qu'ils ne savent pas le nom de la mariée : mais, seulement, ainsi que vous le voyez, la noce a lieu chez M. Réveillon.

— Sans doute est-ce la noce d'une de ses filles ?

— Non pas, monsieur, interrompit le cocher ; je me suis informé : la personne qui se marie n'habite que depuis deux jours seulement chez M. Réveillon.

— Que dit donc cet homme ? murmura Christian rapprochant ce que lui avait raconté l'épicier de la rue des Bernardins de ce que lui disait son cocher.

Il leva vers les fenêtres du premier étage un regard plein d'anxiété.

En ce moment, une des fenêtres s'ouvrit : des chants, des cris joyeux, débordèrent aussitôt de la maison dans la rue ; un homme s'accouda à cette fenêtre ; il sembla vaguement à Christian reconnaître cet homme.

C'était trop souffrir d'incertitude : Christian ouvrit la portière de son fiacre pour descendre et s'informer lui-même.

Mais, au même instant, et comme minuit sonnait, un autre fiacre arriva, et, au lieu de prendre la file, se vint placer dans un angle obscur de la rue, à quelques pas de son propre fiacre.

Ce fiacre était habité par un homme qui semblait, ainsi que Christian, être venu là pour attendre quelqu'un, et qui aussi, de même que Christian, paraissait désirer de n'être pas vu ; car, après avoir allongé avec précaution sa tête hors de la portière, voyant deux ou trois convives qui sortaient de la maison, et qui appelaient une voiture, il se rejeta au fond de la sienne.

Derrière ces trois ou quatre danseurs fatigués, un homme sortit précipitamment, et chercha autour de lui dans l'obscurité.

Sans doute, le second fiacre était arrêté à un endroit indiqué d'avance, car l'homme courut vers ce fiacre sans s'inquiéter de celui de Christian.

Christian pensa que, par cet homme, il en apprendrait probablement plus que par les cochers, et, sautant à terre, il s'avança, rasant les maisons, jusqu'à une porte cochère dont l'enfoncement lui offrait un abri.

L'homme qui était sorti de la maison, et qui s'était avancé vers le second fiacre, était vêtu avec une recherche singulière, à la façon d'un bourgeois endimanché.

— Le marié, sans doute, se dit Christian.

En effet, il avait un gros bouquet à la boutonnière de son habit.

Cet homme, en arrivant près du fiacre, ôta son chapeau, et demanda à voix basse :

— Est-ce vous, monseigneur?

La voix la plus basse porte fort loin la nuit, quand tous les atomes de l'air se sont divisés, épanouis, pour laisser mieux glisser le son dans leurs intervalles.

— Ah ! ah ! c'est toi? dit une voix sortant du fiacre.

— Oui, monseigneur.

Christian, retenant son haleine, au *monseigneur*, écouta plus attentivement.

— Eh bien, demanda l'homme à pied, suis-je de parole, et vous ai-je donné un faux avis?

— Ah! par ma foi, j'avoue que je n'y croyais pas!

— Que croyiez-vous donc?

— Mais que tu te ménageais une petite vengeance. Tu étais sorti en menaçant, je ne l'avais pas oublié, et la preuve, c'est que j'ai pris sur mon siége un garde qui a des pistolets... et j'en ai aussi, comme tu peux le voir.

— Inutile précaution, monseigneur! reprit avec amertume l'homme dont on se défiait; je vous ai dit que je me vengerais de vos injustices, c'est vrai; mais, ma vengeance, la voici : ce que vous avez désiré, je vous l'offre; ce que je vous avais promis, je vous le donne. Un honnête homme n'a que sa parole.

— Ainsi la petite est là?

— C'est-à-dire que ma femme est là, oui, monseigneur.

— Ah çà! mais... et toi?...

— Moi, monseigneur, je vais partir; vous demeurerez. Tout le monde est prêt à se retirer, comme vous pouvez le voir. Trois ou quatre acharnés m'attendent encore pour me dire adieu, le bonhomme de père va bénir sa fille; sa fille bénie, se retirer chez lui et se coucher. Je vous apporte une clef de ma chambre; vous prenez mon lieu et ma place, et vous apprenez, par le sacrifice que je vous fais, à mieux traiter à l'avenir le plus fidèle de vos serviteurs.

— Oh! mais c'est sublime, ce que tu fais là!...

— Ne plaisantez pas, monseigneur! c'était une chose plus grave que vous ne croyez, c'était tout simplement une affaire de réhabilitation. Vous avez mis avant moi dans votre estime, des Bontems, des Lebel, des conteurs et des bateleurs : j'ai voulu vous prouver que je pouvais faire ce qu'aucun de ces gens-là n'a jamais fait.

— Où diable l'amour-propre va-t-il se nicher! murmura celui à qui l'on donnait le titre de monseigneur.

— Maintenant, silence, s'il vous plaît. Quand vous aurez vu sortir la famille Santerre, — trois personnes : une femme, un enfant de huit à dix ans, et un gaillard de cinq pieds dix pouces, le fournisseur de bière de tout le quartier, — entrez hardiment, et montez au troisième étage; la porte dont vous aurez la clef est placée juste en face de l'escalier.

— Bien! bien! tu auras de mes nouvelles, et tu verras comment je répare mes torts.

— Les avouer, monseigneur, dit l'homme à pied, d'un ton sentencieux, c'est déjà beaucoup!

— N'importe! tu ne te contenterais pas de cela, en échange de ta nuit de noces, et tu aurais raison... Adieu, Auger!

Christian avait entendu tout ce dialogue, et il lui semblait rêver; car il n'y comprenait rien, et ne pouvait croire qu'il fût mêlé à cette comédie, qui se jouait entre cet homme qu'on appelait monseigneur, cet homme qu'on appelait Auger, et cette jeune mariée que son mari vendait si impudemment à un grand seigneur quelconque, la première nuit de ses noces.

Cependant, au milieu de tout cela, il lui passait des frémissements par tout le corps; la voix de cet homme qui se cachait dans le fiacre ne lui était pas inconnue; le nom d'Auger, il l'avait déjà entendu prononcer.

Il écouta encore, mais le colloque était terminé; cet homme qu'on avait appelé Auger était remonté dans la maison, d'où, peu de temps après, il sortit de nouveau à la suite des trois personnes qu'il avait indiquées, c'est-à-dire de Santerre, de sa femme et de son fils.

— Adieu, monsieur Santerre! dit-il tout haut en fermant la portière du fiacre où celui-ci venait de monter; adieu, madame Santerre! à demain!

Un éclat de voix, suivi d'un gros rire, ferma la conversation.

Le fiacre partit.

Alors, Auger fit un signe : la portière du second fiacre s'ouvrit, un homme enveloppé d'un manteau en descendit ; il gagna, avec précaution, la porte où l'attendait Auger ; celui-ci lui mit dans la main quelque chose que Christian comprit être la clef promise, et, comme s'il eût craint qu'il ne restât encore quelque défiance à l'homme qu'il appelait monseigneur, le nouveau marié tourna le coin de la rue et disparut.

Christian demeura immobile et épouvanté : moins il comprenait, plus il avait peur.

Dès qu'Auger fut parti, l'inconnu entra dans la maison, en referma la porte sur lui, et ce fut tout.

Alors, par la fenêtre restée ouverte, une voix bien connue de Christian retentit jusque dans la rue, et, bien autrement mortelle que la balle qui était venue le frapper à la cuisse, le vint frapper au cœur.

C'était la voix de Rétif, qui disait :

— Allons, mon gendre, fermez bien vos portes, et bonne nuit !... Hymen ! je vous recommande mon Ingénue !

Et la fenêtre se referma.

Christian tomba foudroyé sur une borne.

— Ah ! plus de doute, plus de doute, murmura-t-il, Ingénue est mariée !... Mais, reprit-il tout à coup, qu'est-ce que cet Auger qui dit *ma femme*, et qui fuit de la maison où il fait entrer un homme à sa place ?... Qu'est-ce que celui qu'on appelle monseigneur ? Auquel des deux Rétif recommande-t-il Ingénue ?... Oh ! maison maudite ! s'écria-t-il, pourquoi n'ouvres-tu pas tes flancs pour laisser mon regard pénétrer dans tes recoins les plus sombres ?

Et il étendait vers elle ses deux mains crispées, comme s'il eût voulu l'éventrer de ses ongles.

Mais bientôt il laissa retomber ses bras épuisés, et, ivre de colère, il s'abandonna au flot tout-puissant de son malheur.

— Je saurai demain tout ce mystère, dit-il ; demain, cet homme qui est entré sortira, et je serai là, moi, pour reconnaître son visage.

Il s'adossa au mur afin de ne pas tomber.

Puis, voyant les lumières du salon s'éteindre au premier étage, et, derrière une fenêtre au troisième, la veilleuse seule briller, fatal témoin du bonheur d'un autre, il monta en gémissant dans son fiacre, qu'il conduisit et fit arrêter en travers de la porte même, et, là, sur ses coussins, grelottant et pleurant, il compta les longues heures de cette effroyable nuit en attendant la sortie de cet homme qui lui volait son bonheur.

XVII

LA CHAMBRE DE LA MARIÉE

Plus d'une heure s'écoula ainsi, heure d'angoisses inexprimables et de tortures sans nom pour Christian.

Pendant cette heure, il descendit de son fiacre et y remonta vingt fois.

Vingt fois ses yeux se fixèrent sur la veilleuse, dont l'immobile clarté transparaissait à travers les rideaux de la fenêtre.

Enfin son oreille tendue crut entendre quelque bruit dans l'allée, dont la porte, longtemps secouée vainement, finit par se rouvrir sous les efforts d'une main inexpérimentée.

Par cette porte entr'ouverte, un homme enveloppé d'un manteau s'élança dans la rue.

Mais, prévenu par le bruit, Christian avait eu le temps de descendre de son fiacre, et de se placer sur le chemin de cet homme.

L'inconnu s'arrêta ; Christian comprit que, sous les plis de son manteau, sa main cherchait la garde d'une épée.

Cependant, avant de tirer cette épée, il fit un pas en arrière, et, avec une voix qui indiquait l'habitude du commandement :

— Holà ! monsieur ! dit-il, pour me barrer ainsi le chemin, qui êtes-vous, s'il vous plaît, et que me voulez-vous ?

— Mais je veux savoir qui vous êtes vous-même, vous, monsieur, qui sortez à une telle heure de cette maison ?

— Bon ! dit une voix railleuse, il paraît que j'ai affaire à M. le chevalier du guet ; je ne croyais pas la police de Paris si bien faite !

— Je ne suis pas le chevalier du guet, et vous le savez bien, monsieur, dit Christian.

— Eh bien, alors, si vous n'êtes pas le chevalier du guet, dit l'inconnu, laissez-moi partir.

Et, étendant le bras, il fit un mouvement pour écarter Christian.

Celui-ci saisit de sa main gauche le haut du manteau de l'inconnu, et, tandis qu'il tirait son épée de la main droite, il écarta ce manteau du visage qu'il recouvrait.

Mais, en même temps, il recula avec effroi.

— Monseigneur le comte d'Artois ! s'écria-t-il. Oh ! monseigneur, c'est vous ?

— Mon page Christian ! s'écria le comte d'Artois à son tour, faisant un pas en avant, tandis que le jeune homme en faisait trois en arrière.

— Monseigneur, monseigneur, s'écria Christian, il y a trois heures que j'entends votre voix, que je reconnais votre démarche, et, cependant... oh ! non, oh ! non, je ne voulais pas croire...

— Que ne vouliez-vous pas croire, monsieur ?

— Que Votre Altesse royale eût pu se décider à faire...

— Quoi ?

— Ce qu'elle vient de faire ici, c'est-à-dire de commettre le plus odieux de tous les crimes !

— Plaît-il ! s'écria le prince, et de quel ton me parlez-vous, monsieur Christian ?

— Mais Votre Altesse royale ne sait donc pas une chose terrible ?

— Laquelle ?

— C'est qu'elle occupe la place d'un homme qui s'est marié aujourd'hui.

— Et qui m'avait vendu sa femme... Si fait, monsieur Christian, je sais cela.

— Et Votre Altesse avoue...? Infâme !

Le prince haussa les épaules.

— Ah çà ! dit-il, on est donc bien vertueux dans mes pages ? Que chante donc le peuple de Paris, qui hurle à l'immoralité, quand je passe ?

— Monseigneur, je suis ou non moral, cela ne regarde pas le peuple de Paris ; mais ce qui me regarde, moi, ce que ma conscience me dit, ce que mon honneur me défend, c'est de servir un prince que l'on déshonore par de pareils services ! J'ai, en conséquence, le regret de déposer ma démission aux pieds de Votre Altesse royale.

— Ici ! comme cela ! dans la rue ! fit le prince essayant d'éclater de rire.

— Oui, mon prince, répondit gravement Christian ; et ce n'est pas ma faute si, tombant à vos pieds, elle tombe dans la boue.

— Oh ! par ma foi, voilà un plaisant drôle ! s'écria le comte d'Artois irrité.

— Monseigneur, dit Christian, je suis bon gentilhomme ; je ne suis plus à votre service, et...

— Et?...

— Et vous m'insultez, je crois !

— Oh ! qu'à cela ne tienne, monsieur Christian ; aussi bien, je suis de méchante humeur, ce matin, et je ne serais point fâché, vraiment, de corriger quelqu'un.

— Monseigneur...

— Comprenez-moi, monsieur ; car, moi aussi, je vous parle en gentilhomme. Vous vous trouvez insulté, n'est-ce pas ?

— Monseigneur...

— Vous vous trouvez insulté ! oui ou non ?

— Monseigneur...

— Mais répondez donc, morbleu !

— Monseigneur a prononcé le mot de *drôle ?*

— Eh bien, soit ! Acceptez réparation, je vous l'offre : vous voilà au niveau de monseigneur le duc de Bourbon ; ce n'est pas à dédaigner, j'espère.

Christian hésitait, ne sachant ce que voulait dire le prince ; mais celui-ci continua, le tirant de toute hésitation :

— Voyons, dégainez, mon bel ami ! mais hâtez-vous ; dégainez, tandis qu'il n'y a personne, attendu que, s'il passait quelqu'un, que je fusse reconnu, et que vous fussiez pris, il y va tout bonnement de votre tête.

— Mon prince !

— Eh ! mordieu ! ne criez pas tant, et battez-vous, monsieur le redresseur de torts ! monsieur le défenseur de la morale !

Et, en disant ces mots, le prince mit bravement l'épée à la main.

Christian, emporté par un premier mouvement de haine et de jalousie, avait déjà tiré la sienne à moitié, quand, tout à coup, frappé de l'énormité qu'il allait commettre :

— Non, non, jamais! dit-il.

Et il repoussa son épée dans le fourreau.

— Eh bien, monsieur, dit le prince lui laissant bien achever son mouvement et sa phrase, puisque vous voilà raisonnable, tirez de votre côté, et moi du mien.

Et le prince s'éloigna en mâchonnant quelques mots que Christian ne comprit point, et que, tout abasourdi qu'il était, il ne chercha pas même à comprendre.

Le prince disparut.

Christian rallia ses idées, et regarda autour de lui.

Le prince, en sortant, avait laissé entr'ouverte la porte de l'allée.

Christian s'en aperçut, et jeta un cri, moitié de joie, moitié de douleur.

C'était une voie ouverte à l'explication de toute cette terrible histoire.

Le jeune homme s'élança dans l'escalier, monta les trois étages, trouva la porte en face de l'escalier poussée seulement, ainsi que celle de la rue, entra et aperçut Ingénue, pâle, comme en délire, agenouillée, la tête perdue, en face de son lit.

Elle se retourna au bruit que fit Christian, et, en reconnaissant ce Christian tant attendu, elle poussa un cri, et s'évanouit.

Le jour venait; il blanchissait les vitres de la maison; une fenêtre percée dans un angle de la chambre donnait sur le jardin des demoiselles Réveillon; on entendait les oiseaux chanter, dans ce jardin, de ce petit chant matinal qui ne ressemble en rien aux autres bruits de la journée.

Christian, en voyant tomber Ingénue, avait couru à elle, et, la soulevant dans ses bras, essayait de la rappeler à la vie. Tout à coup, un pas retentit dans la chambre voisine : c'était celui d'Auger.

Il avait vu s'éloigner le prince, et revenait au domicile conjugal.

Ingénue évanouie, Christian penché sur elle, cet homme au seuil de la porte, les premiers rayons d'un jour blafard glissant sur cette scène, formaient un étrange tableau plein de mystérieuse terreur et de froide épouvante.

Christian reconnut l'homme abject, le mari infâme; il ne savait rien encore ou presque rien, sinon qu'Ingénue était victime d'un si lâche calcul.

Il mit l'épée à la main.

Auger, qui avait déjà fait quelques pas dans la chambre, recula jusqu'à la porte en jetant autour de lui des regards effarés.

Il cherchait une arme.

A la vue de cet homme, Ingénue sortit de sa torpeur léthargique; elle écarta ses longs cheveux retombés autour d'elle comme un voile de pudeur.

Elle regarda l'un après l'autre Christian et Auger.

Puis la raison lui revint, et, avec elle, la conscience de la terrible situation où elle se trouvait.

Elle fit signe à Christian de sortir.

Le jeune homme hésitait; Ingénue répéta le signe plus impérativement que la première fois.

Moitié désespéré, moitié attendri par son malheur et par le malheur de cette femme, Christian obéit comme un esclave.

Auger s'écarta devant l'épée nue, dont Christian, en passant, lui fouetta le visage.

Christian s'arrêta un instant sur le palier.

D'abord, dans la crainte d'une surprise, et aussi pour voir une dernière fois le visage de cette charmante femme à jamais perdue pour lui.

Elle, de son côté, le regardait aussi.

Le rayon de leurs yeux se croisa.

Il y avait dans les yeux d'Ingénue tant de candeur, tant de regret, tant d'amour, qu'il s'élança dans l'escalier, déchiré par mille impressions contradictoires.

Ingénue resta seule avec Auger.

La présence de Christian dans cette chambre était inexplicable pour lui, et confondait toutes ses pensées.

Il ne savait rien, ne comprenait rien, et paraissait ivre.

La jeune femme aussi hésitait à penser ; elle tremblait de voir clair dans cet abîme ; elle se sentait prise d'avance du vertige de la honte.

Aussi n'eut-elle que la force de dire ces seuls mots :

— En vérité, vous êtes un infâme !...

Il voulut parler.

— Si vous approchez, dit-elle, j'appelle ici mon père !

Auger frémit.

La scène de famille lui paraissait redoutable.

— Misérable ! dit Ingénue, quand vous avez agi comme vous venez de le faire, avez-vous songé à une chose ? c'est qu'un seul mot de moi, prononcé devant le premier magistrat venu, et vous êtes perdu sans retour !

Auger fit un mouvement ; mais Ingénue, d'une voix plus ferme :

— Perdu sans que le crédit de votre maître puisse vous sauver !

Auger essaya de parler encore.

— Taisez-vous, monsieur, lui dit-elle ; je vous chasse d'auprès de moi !

— Mais, s'écria celui-ci avec effronterie, vous ne savez pas même de quoi vous m'accusez, madame !

— Je vous accuse, monsieur, d'avoir introduit ici, c'est-à-dire chez mon père, c'est-à-dire chez moi, c'est-à-dire dans la chambre nuptiale, votre maître, celui que vous avez renié, M. le comte d'Artois.

— Qui vous l'a dit ?

— Lui-même !

Auger demeura un instant silencieux, et les lèvres crispées par un méchant sourire.

Pendant cet instant de silence, il chercha ce qu'il pouvait répondre : il crut l'avoir trouvé.

— Il vous a dit cela parce que, m'ayant fait arrêter dans la rue au moment où je descendais pour reconduire M. Santerre, et s'étant substitué à moi, il a bien fallu qu'il se défendît comme il pouvait.

Cette raison avait de la vraisemblance; elle étonna Ingénue.

— Alors, dit-elle, vous accusez le prince?

— Sans doute! il a voulu se venger de moi.

— A votre avis, c'est lui qui a tendu le piége où vous êtes tombé?

— N'est-ce pas vraisemblable?

— Soit! j'admets la vraisemblance; eh bien, nous allons appeler mon père.

— Votre père?

— A l'instant même.

— Pourquoi faire?

— Il a une plume qui vaut une épée; il mettra cette arme au service de mon honneur, qui aurait dû être le vôtre, et nous aurons justice du malfaiteur, quoique le malfaiteur soit un prince!

— Oh! ne faites pas cela, s'écria Auger, épouvanté de l'exaltation d'Ingénue.

— Comment! qui vous arrête?

— Le crédit du prince est immense.

— Vous avez peur?

— Dame! je l'avoue, je suis un bien petit monsieur pour me frotter à une Altesse royale!

— L'honneur n'est donc plus rien pour vous? ce n'est donc pas une satisfaction pour vous, que la vengeance à tirer d'un prince dont le premier, et sans que personne vous y forçât, vous avez dit tant de mal?

— Mais, madame, vous voulez donc absolument me perdre?

— Mais, monsieur, vous mentiez donc, quand vous

— Non, non, jamais! dit-il.

Et il repoussa son épée dans le fourreau.

— Eh bien, monsieur, dit le prince lui laissant bien achever son mouvement et sa phrase, puisque vous voilà raisonnable, tirez de votre côté, et moi du mien.

Et le prince s'éloigna en mâchonnant quelques mots que Christian ne comprit point, et que, tout abasourdi qu'il était, il ne chercha pas même à comprendre.

Le prince disparut.

Christian rallia ses idées, et regarda autour de lui.

Le prince, en sortant, avait laissé entr'ouverte la porte de l'allée.

Christian s'en aperçut, et jeta un cri, moitié de joie, moitié de douleur.

C'était une voie ouverte à l'explication de toute cette terrible histoire.

Le jeune homme s'élança dans l'escalier, monta les trois étages, trouva la porte en face de l'escalier poussée seulement, ainsi que celle de la rue, entra et aperçut Ingénue, pâle, comme en délire, agenouillée, la tête perdue, en face de son lit.

Elle se retourna au bruit que fit Christian, et, en reconnaissant ce Christian tant attendu, elle poussa un cri, et s'évanouit.

Le jour venait; il blanchissait les vitres de la maison; une fenêtre percée dans un angle de la chambre donnait sur le jardin des demoiselles Réveillon; on entendait les oiseaux chanter, dans ce jardin, de ce petit chant matinal qui ne ressemble en rien aux autres bruits de la journée.

Christian, en voyant tomber Ingénue, avait couru à elle, et, la soulevant dans ses bras, essayait de la rappeler à la vie. Tout à coup, un pas retentit dans la chambre voisine : c'était celui d'Auger.

Il avait vu s'éloigner le prince, et revenait au domicile conjugal.

Ingénue évanouie, Christian penché sur elle, cet homme au seuil de la porte, les premiers rayons d'un jour blafard glissant sur cette scène, formaient un étrange tableau plein de mystérieuse terreur et de froide épouvante.

Christian reconnut l'homme abject, le mari infâme; il ne savait rien encore ou presque rien, sinon qu'Ingénue était victime d'un si lâche calcul.

Il mit l'épée à la main.

Auger, qui avait déjà fait quelques pas dans la chambre, recula jusqu'à la porte en jetant autour de lui des regards effarés.

Il cherchait une arme.

A la vue de cet homme, Ingénue sortit de sa torpeur léthargique; elle écarta ses longs cheveux retombés autour d'elle comme un voile de pudeur.

Elle regarda l'un après l'autre Christian et Auger.

Puis la raison lui revint, et, avec elle, la conscience de la terrible situation où elle se trouvait.

Elle fit signe à Christian de sortir.

Le jeune homme hésitait; Ingénue répéta le signe plus impérativement que la première fois.

Moitié désespéré, moitié attendri par son malheur et par le malheur de cette femme, Christian obéit comme un esclave.

Auger s'écarta devant l'épée nue, dont Christian, en passant, lui fouetta le visage.

Christian s'arrêta un instant sur le palier.

D'abord, dans la crainte d'une surprise, et aussi pour voir une dernière fois le visage de cette charmante femme à jamais perdue pour lui.

Elle, de son côté, le regardait aussi.

Le rayon de leurs yeux se croisa.

Il y avait dans les yeux d'Ingénue tant de candeur, tant de regret, tant d'amour, qu'il s'élança dans l'escalier, déchiré par mille impressions contradictoires.

Répétition intentionnelle d'une image
NF Z 43-120-4

Ingénue resta seule avec Auger.

La présence de Christian dans cette chambre était inexplicable pour lui, et confondait toutes ses pensées.

Il ne savait rien, ne comprenait rien, et paraissait ivre.

La jeune femme aussi hésitait à penser ; elle tremblait de voir clair dans cet abîme ; elle se sentait prise d'avance du vertige de la honte.

Aussi n'eut-elle que la force de dire ces seuls mots :

— En vérité, vous êtes un infâme!...

Il voulut parler.

— Si vous approchez, dit-elle, j'appelle ici mon père !

Auger frémit.

La scène de famille lui paraissait redoutable.

— Misérable ! dit Ingénue, quand vous avez agi comme vous venez de le faire, avez-vous songé à une chose ? c'est qu'un seul mot de moi, prononcé devant le premier magistrat venu, et vous êtes perdu sans retour !

Auger fit un mouvement ; mais Ingénue, d'une voix plus ferme :

— Perdu sans que le crédit de votre maître puisse vous sauver !

Auger essaya de parler encore.

— Taisez-vous, monsieur, lui dit-elle ; je vous chasse d'auprès de moi !

— Mais, s'écria celui-ci avec effronterie, vous ne savez pas même de quoi vous m'accusez, madame !

— Je vous accuse, monsieur, d'avoir introduit ici, c'est-à-dire chez mon père, c'est-à-dire chez moi, c'est-à-dire dans la chambre nuptiale, votre maître, celui que vous avez renié, M. le comte d'Artois.

— Qui vous l'a dit?

— Lui-même !

Auger demeura un instant silencieux, et les lèvres crispées par un méchant sourire.

Pendant cet instant de silence, il chercha ce qu'il pouvait répondre : il crut l'avoir trouvé.

— Il vous a dit cela parce que, m'ayant fait arrêter dans la rue au moment où je descendais pour reconduire M. Santerre, et s'étant substitué à moi, il a bien fallu qu'il se défendît comme il pouvait.

Cette raison avait de la vraisemblance; elle étonna Ingénue.

— Alors, dit-elle, vous accusez le prince ?

— Sans doute ! il a voulu se venger de moi.

— A votre avis, c'est lui qui a tendu le piége où vous êtes tombé ?

— N'est-ce pas vraisemblable ?

— Soit ! j'admets la vraisemblance ; eh bien, nous allons appeler mon père.

— Votre père ?

— A l'instant même.

— Pourquoi faire ?

— Il a une plume qui vaut une épée; il mettra cette arme au service de mon honneur, qui aurait dû être le vôtre, et nous aurons justice du malfaiteur, quoique le malfaiteur soit un prince !

— Oh ! ne faites pas cela, s'écria Auger, épouvanté de l'exaltation d'Ingénue.

— Comment ! qui vous arrête ?

— Le crédit du prince est immense.

— Vous avez peur ?

— Dame ! je l'avoue, je suis un bien petit monsieur pour me frotter à une Altesse royale !

— L'honneur n'est donc plus rien pour vous ? ce n'est donc pas une satisfaction pour vous, que la vengeance à tirer d'un prince dont le premier, et sans que personne vous y forçât, vous avez dit tant de mal ?

— Mais, madame, vous voulez donc absolument me perdre ?

— Mais, monsieur, vous mentiez donc, quand vous

disiez que rien ne vous coûterait pour redevenir honnête homme?

— Madame!

— Tenez, taisez-vous! Je vous l'ai dit, je vous le répète, vous êtes un infâme!

— Eh bien, soit! la guerre, puisque vous le voulez, madame! Dites que j'ai attiré le prince ici, et je dirai, moi, que vous y avez appelé votre amant.

— Oh! je le veux bien, s'écria généreusement Ingénue; avouez votre infamie, j'avoue mon amour.

— Madame!

— Faites! le monde jugera.

Auger comprit qu'ayant affaire à un caractère comme celui d'Ingénue tout était perdu pour lui.

Il sourit comme le mauvais ange.

— C'est égal, dit-il, nous verrons la fin!

— La fin? Oh! si vous voulez la savoir d'avance, dit Ingénue, c'est facile!

— Oui, voyons.

— Eh bien, la voici : j'avouerai tout à mon père, et, alors, prenez garde, son chagrin vous coûtera cher! ou, ce qui est plus digne d'une honnête femme et d'une chrétienne surtout, je tairai cette horrible histoire au pauvre homme, que vous avez déjà si indignement joué, trompé, abusé! je souffrirai en silence, comprenez-vous bien? pas une plainte contre vous ne sortira de ma bouche; mais, à partir de cette heure, vous n'êtes plus pour moi qu'un objet de dégoût et de mépris!

Auger fit un mouvement de menace; mais Ingénue ne s'en préoccupa point, et continua :

— En un mot, justifiez-vous avant deux jours, par un éclat qui me venge, ou résignez-vous à comprendre, chaque fois que mes lèvres remueront, que je vous appelle lâche et infâme.

— Bien! dit Auger.

Et il sortit, ne comprenant rien à ce qui s'était passé, cherchant dans sa vile imagination mille moyens de comprendre, et se heurtant à mille suppositions plus invraisemblables et surtout plus fausses les unes que les autres.

Ingénue regarda son mari sortir, l'écouta s'éloigner; puis, lorsque le bruit de ses pas eut cessé dans l'escalier, elle se leva, alla soigneusement fermer la porte; après quoi, elle revint tomber près de son lit à genoux, avec des prières qui durent aller toucher Dieu, au fond de son divin royaume, et elle appela Christian, avec une voix si douce, que l'ange de ses rêves, qui n'avait jamais été appelé de cette douce voix, dût en être jaloux !

XVIII

COMMENT M. LE COMTE D'ARTOIS REÇUT AUGER

Malheureusement séparé d'Ingénue par une moitié de Paris, le pauvre Christian ne pouvait entendre cette voix, qui l'eût cependant bien consolé.

Dans ce chaos d'événements, dans ce dédale de pensées, Christian, comme Auger, avait perdu la raison, et succombait sous la douleur, comme Auger sous la peur et sous le mépris.

Il rentra chez sa mère harassé, livide, effrayant à voir, ne repondit rien aux questions pleines de sollicitude qu'elle lui adressa, et se jeta sur son lit, prenant sa tête entre ses deux mains, comme si sa tête eût menacé d'éclater.

Mais bientôt il se releva.

Au milieu de la nuit qui se faisait autour de lui, il distinguait une figure insolente et railleuse.

C'était celle du prince qui lui avait offert le combat qu'il avait eu la force de refuser, tant, à cette époque, une Altesse royale était une chose imposante pour un gentilhomme.

Il venait de prendre une décision : c'était d'écrire au prince.

Sous cette impression, il écrivit une lettre pleine de toute l'amertume de son âme, et l'envoya immédiatement à Versailles, avec ordre de la faire remettre au prince sans aucun délai.

Cette lettre contenait sa démission en bonne forme, et l'assurance que l'honneur d'Ingénue serait bien vengé par la publicité donnée à un si lâche guet-apens.

Puis, n'ayant plus rien à faire désormais, puisque toutes ses espérances et toutes ses amours se trouvaient brisées du même choc, il se remit au lit, afin de donner un peu de repos à sa blessure, que la fatigue et les émotions de la veille avaient envenimée d'une façon alarmante.

Quelque diligence que fît le messager, il ne put arriver à Versailles que vers les neuf heures du matin.

Venant d'un des pages de Son Altesse royale, la missive fut remise au prince aussitôt son réveil.

Le comte d'Artois ouvrit la lettre dans son lit, la lut et commença de la commenter avec une certaine inquiétude, car le temps n'était plus où les peuples gémissaient sans espoir sous la pression de la noblesse ; l'air précurseur des révolutions commençait à souffler ; l'éclair du 14 juillet brillait à l'horizon ; la foudre du 10 août grondait dans le lointain.

Louis XVI, ce bon et digne roi, qui venait d'abolir la torture préparatoire, et qui devait affranchir, ou plutôt laisser affranchir la nation française, avait déjà désappris à sa famille les abus du pouvoir.

Le jeune prince, fatigué de sa course nocturne, revenu au grand galop de ses chevaux à Versailles, pour faire de l'alibi en cas de scandale, réfléchissait donc au danger de cette affaire, et cherchait les moyens de le conjurer, lorsque Auger, qui avait ses entrées franches chez lui, poussa la porte de sa chambre, et apparut au pied de son lit.

Auger croyait avoir tenu, et même au delà, toutes les promesses qu'il avait faites au prince; Auger, par conséquent, radieux, épanoui, portait, sur son visage, à la fois la bouffissure de l'orgueil et celle de la servilité satisfaite : une face boursouflée par l'habitude des soufflets.

Le prince, en apercevant Auger, poussa un *ah!* que celui-ci interpréta d'une façon bien inconsidérée.

— Ah ! voilà maître Auger ! dit le prince.

— Qui espère avoir prouvé à Votre Altesse royale que, si un serviteur comme Zopire est rare, il n'est du moins pas introuvable; seulement, monseigneur voudra bien se rappeler que Zopire avait été comblé de biens par Darius, tandis que, moi...

Le prince l'interrompit.

— Monsieur Auger, lui dit-il, vous êtes fort savant, à ce qu'il paraît, à l'endroit de l'histoire ancienne; mais, croyez-moi, mieux vaudrait pour vous avoir convenablement appris l'histoire de notre maison.

— Je dis cela à monseigneur, reprit Auger avec son sourire le plus gracieux et sa plus charmante voix, parce que ce que j'ai fait pour Son Altesse royale a quelque rapport, a beaucoup de rapport même, avec ce que le satrape Zopire fit pour Darius.

Le comte se taisait en regardant Auger.

— Le satrape Zopire se coupa le nez et les oreilles pour entrer dans Babylone, et, quand il y fut entré, il en ouvrit les portes à Darius... Mais qu'a donc monseigneur? Il semble me regarder avec un air de colère.

En effet, la figure si franche et si ouverte du comte d'Artois s'était considérablement assombrie pendant ce parallèle à la manière de Plutarque, que M. Auger avait fait entre lui-même et le satrape perse.

— A votre avis, monsieur Auger, répondit le prince, ai-je donc sujet d'être content?

— Eh quoi! monseigneur n'est point satisfait? s'écria Auger, qui ne se doutait point qu'il restât au prince quelque chose à désirer.

— Et à quel propos le serais-je, s'il vous plaît?

— Oui, je comprends, monseigneur est mécontent parce qu'il a été reconnu; mais qu'importe, reconnu? c'est un plaisir de plus!

— Ah çà! mais on dirait que vous raillez, maître Auger! fit le prince en se soulevant avec vivacité sur son oreiller.

Auger recula sous la flamme de la colère qui jaillissait des yeux du prince.

— Eh! mais, monseigneur, vous m'épouvantez, dit-il. D'où vous vient cette disposition à mon égard? N'ai-je donc pas religieusement tenu ma promesse?

— Vous avez vendu, monsieur Auger; mais vous n'avez pas livré, voilà tout.

— Plaît-il, monseigneur? fit Auger avec étonnement.

— Je dis que, comme un sot ou comme un traître, vous avez laissé brûler une veilleuse à la lueur de laquelle j'ai été reconnu; qu'il y a eu des cris, des menaces, des larmes. Or, comme je n'ai pas l'habitude de violenter les femmes, j'ai dû battre en retraite.

— Comment, monseigneur?...

— Oh! mais soyez tranquille, monsieur Auger, ce n'a pas été sans dire que vous m'aviez ouvert les chemins.

Le visage d'Auger exprima la plus incroyable stupeur.

— Quoi! dit-il, repoussé! vous, monseigneur?

— Eh! vous le savez en, double face! N'avez-vous donc pas vu mademoiselle votre femme?

Et le comte d'Artois appuya sur ce mot *mademoiselle*.

— Eh bien, reprit Auger espérant que le prince allait descendre jusqu'à la plaisanterie, eh bien, vous avez raison : oui, monseigneur, *mademoiselle ma femme !* car mademoiselle ma femme est d'une telle innocence, qu'elle n'a point soupçonné, j'en suis certain, que vous eussiez autre chose à faire qu'à lui rendre visite ; elle m'a reproché seulement d'avoir aidé Votre Altesse royale à s'introduire chez elle. En vérité, elle fut bien baptisée, et Ingénue est un véritable miracle d'ingénuité.

— Oui, vous trouvez cela charmant, vous.

— Monseigneur...

— Soit ; mais vous permettrez que je ne sois pas de votre avis, car j'ai passé la nuit à me faire jeter à la porte par le miracle d'ingénuité.

— Cependant, monseigneur...

— Taisez-vous ! vous êtes un sot : vous m'avez infligé un affront, vous avez compromis mon honneur.

— Oh ! murmura Auger tout tremblant, monseigneur prendrait-il véritablement au sérieux...?

— Si je le prends au sérieux? Je crois mordieu bien !... Comment ! vous suspendez sur ma tête une affaire qui me conduirait fort loin peut-être, si je ne vous avais là heureusement, pour ma garantie, et vous me demandez, double faquin ! si je prends cette affaire au sérieux?

— L'ai-je bien entendu? s'écria Auger ; monseigneur voudrait faire retomber sur moi...?

— Mais, certainement, monsieur !

— Cependant, à quelle occasion, monseigneur?

— Mais à l'occasion que j'ai trouvé dans la rue un de mes pages, monsieur Christian Obinsky; un paladin, qui m'a cherché noise, et avec lequel j'ai été sur le point de croiser le fer.

— Alors, monseigneur, c'est le même, sans doute, qui était monté chez Ingénue.

— Ah ! vous voyez ! *chez Ingénue !* le miracle d'ingénuité avait un amant !

— Monseigneur peut-il croire...?

— Cette vertu si pure se faisait garder par un remplaçant à vous ! seulement, le remplaçant avait le numéro 1, tandis que vous m'offriez, à moi, le numéro 2. Merci, monsieur Auger !

— Comment, vous supposeriez, monseigneur...?

— Attention délicate, et dont je vous saurai gré, en temps et lieu ; vous pouvez être tranquille, monsieur Auger.

— Mais, monseigneur, j'ignorais le page ! je n'avais aucune idée du Christian ! Comment savait-il...?

— Eh ! monsieur, quand on se compare modestement à Zopire, on doit être mieux renseigné que cela. Vous ne pourriez pas, comme Zopire, vous faire couper le nez : il n'est pas assez long pour cela ; mais, quant aux oreilles, c'est une autre affaire, et, si vous ne déguerpissez pas bien vite, je m'en charge, moi !

— Oh ! monseigneur, épargnez-moi !

— Vous épargner ! pourquoi cela? Non, pardieu ! tout au contraire, je vous écraserai... Tenez, voyez !

Et il montra à Auger la lettre qu'il tenait.

— Le jeune homme numéro 1, mon page, m'écrit des douceurs : voyez, il me menace ! Soit ; la publicité retombera sur vous, monsieur Auger, et d'avance je vous déclare une chose : c'est que je ne la crains pas.

Auger ouvrait des yeux hébétés ; il avait beau chercher, il ne devinait pas où en voulait venir le prince.

— Et, d'abord, continua le comte d'Artois, je vous chasse une seconde fois. Entre nous, je veux bien vous dire pourquoi : c'est parce que vous êtes aussi maladroit que méchant ; mais, aux yeux des gens du monde, des bourgeois, des gazetiers, des publicistes, des philosophes, je vous chasse, parce que vous êtes l'auteur de cette infamie qui consiste à livrer à un homme la femme qu'on a épousée.

— Monseigneur !

— J'ignorais, moi, — et, quand je le dirai, on me croira, — j'ignorais qu'Ingénue fût votre femme ; vous m'avez pris pour dupe : on vous sait si habile, que cela n'étonnera personne ; c'est un rôle dont je me contenterai. Vous étiez mon valet de chambre ; heureux de me plaire, vous m'avez donné une clef de porte : je l'ai prise, c'est vrai ; mais, cordieu ! j'ignorais que cette clef ouvrît la chambre de votre femme, c'est-à-dire d'un ange de pureté. Ah ! maître Auger, vous n'êtes qu'un sot ; je vous tiens, et je ne vous lâcherai pas, soyez tranquille !

— Mais vous me perdez, monseigneur !

— Pardieu ! croyez-vous que j'hésiterai entre vous et moi, par exemple !

— Mais, monseigneur, je vous jure que ce n'est pas ma faute.

— Il serait, en vérité, curieux que vous arrivassiez à me persuader que c'est la mienne.

— Je le demande à Votre Altesse, qui diable pouvait prévoir le Christian ?

— Eh ! oui, cent fois oui, monsieur le drôle ! vous deviez le prévoir.

— Moi !

— C'était votre état de bon serviteur ; car, enfin, si le page, au lieu d'être un galant homme, eût été un de ces vils coquins qui spéculent, ou un de ces bandits qui détroussent, il eût pu m'arracher d'abord ma bourse, puis ma vie, à la pointe d'une épée ; il eût pu me tuer, monsieur Auger ! Qu'en pensez-vous ? Dites.

Un frisson courut par toutes les veines du misérable ; il se représenta, non pas le comte d'Artois mort et gisant sur le pavé, mais la place de Grève, la roue et, près de cette roue, le bourreau, une barre de fer à la main.

— Mon Dieu! mon Dieu! dit-il en se tordant les mains, qu'arrivera-t-il de moi, monseigneur, si Votre Altesse m'abandonne?

— Ce qu'il arrivera de vous? Mais je ne vous apprends pas une nouvelle, je le présume, quand je vous dis que je m'en embarrasse fort peu. Cette lettre me demande justice; je ferai justice : je dirai tout au roi, je demanderai la protection de la reine pour une femme que l'on veut déshonorer, j'irai demander pardon à Ingénue elle-même. — Eh! que diable, maître Auger, il n'y a pas que vous qui sachiez jouer un rôle! — Puis, quand j'aurai fait tout ce qu'il faut pour ma propre conscience, je songerai à vous. On me menace de la publicité! soit : je l'accepte; je la ferai telle, cette publicité, que jamais lumière n'aura lui plus favorable pour moi. Il y aura l'ombre pour vous, monsieur Auger : réfugiez-vous-y, si bon vous semble.

— Ainsi donc, monseigneur, vous m'abandonnez? fit le misérable en se courbant.

— Non-seulement je vous abandonne, mais encore je vous renie.

— Et, cependant, si j'eusse réussi?

— Si vous eussiez réussi?

— Oui.

— Eh bien, il faut que je vous le dise, monsieur Auger, j'en eusse été bien fâché. J'aime le plaisir, sans doute; mais je trouve que c'est, en vérité, l'acheter trop cher, que de faire pleurer une femme aussi chaste, aussi pure, aussi intéressante que madame Ingénue Auger, née Rétif de la Bretonne. Si j'eusse réussi, je crois, Dieu me pardonne, monsieur Auger, que je vous eusse fait tuer comme un chien; car, si j'eusse réussi, j'aurais des remords, tandis qu'aujourd'hui que j'ai échoué, Dieu merci, je n'ai que de la honte.

— Monseigneur! monseigneur! s'écria Auger, serez-vous donc inflexible?

— Monsieur Auger, je serais trop bête vraiment de ne pas saisir cette occasion de me réhabiliter dans l'estime publique, en vous chassant de chez moi.

— Ainsi donc plus d'espoir !

— Aucun, monsieur! Sortez d'ici, et rappelez-vous que chaque bruit du dehors aura son écho dans cette chambre; vous serez l'enclume, et je serai le marteau. Tenez-vous bien, monsieur Auger, tenez-vous bien !

— Oh! l'on me pousse! l'on me pousse! s'écria Auger ; je ne voulais cependant pas aller au crime.

— Vous irez où vous voudrez, répondit le prince ; mais, comme il est probable que c'est à la potence, je désire que vous ne soyez pas pendu chez moi.

Auger poussa un cri sourd, regarda autour de lui d'un air égaré, et disparut avec le sifflement des furies dans les oreilles.

A peine avait-il disparu, que le prince tira violemment le cordon de la sonnette.

— Qu'on m'aille chercher M. Christian Obinsky, dit-il ; je veux le voir sur-le-champ.

XIX

PRINCE ET GENTILHOMME

Christian, la lettre partie, le premier feu de la colère passée, la fièvre un peu calmée, réfléchissait aux conséquences de sa conduite avec le prince, et, sans être alarmé, s'en inquiétait beaucoup, lorsque, vers les onze heures du matin, le messager de Son Altesse royale arriva.

Il avait fait grande diligence, étant venu de Versailles à Paris en une heure, à peu près.

L'annonce de ce messager fut loin de rassurer le jeune homme.

Il s'agissait bien encore un peu de la Bastille en l'an de grâce 1788, c'est-à-dire un an avant qu'elle fût démolie, — et l'on n'avait pas entièrement désappris la tradition qui enjoint à tout Français de respecter un prince du sang, même dans ses erreurs.

Christian, qui était au lit, fit entrer le messager ; puis il l'interrogea.

Le messager ne savait rien ; il n'avait reçu d'autre ordre que de partir de Versailles, de faire la course à franc étrier, et d'inviter Christian à se rendre lui-même à Versailles, sans perdre de temps.

Sans perdre de temps, c'était bref.

Il n'y avait pas de doute sur les intentions du comte d'Artois : elles ne pouvaient être bonnes.

Christian soupira donc à l'idée du sort qui l'attendait ; mais son parti n'en fut pas moins vite pris.

Il annonça au messager du prince qu'il pouvait retourner à Versailles, et dire positivement qu'il le suivait.

Puis il passa chez sa mère.

Il fallait tout prévoir, même le cas où, de Versailles, il reviendrait directement coucher à la Bastille.

— Ma mère, dit-il, Son Altesse royale m'ordonne de me rendre à l'instant même auprès d'elle ; il se pourrait qu'elle m'envoyât, maintenant que je suis dispos, faire un voyage dont autrefois il avait été question.

— Eh bien, dit la comtesse, soit ; avant votre départ, nous nous reverrons.

— Savoir, ma mère.

— Comment, savoir ? dit la comtesse.

— Sans doute, madame : parfois ces sortes d'expéditions sont soudaines.

— Mon fils !

— Oui, ma mère, un messager part aussitôt ses instructions reçues, et il devient difficile de faire des adieux, attendu que le secret serait bien aventuré par la présence du messager à Paris.

— Je comprends, dit la comtesse avec inquiétude, je comprends ; ainsi vous partez ?

— Oui, ma mère.

— Mais votre santé ?

— J'avais surtout besoin de distraction, et le voyage que je vais entreprendre, si toutefois je l'entreprends, m'en donnera.

— Je n'ai plus d'objections à faire, dit la comtesse.

Puis, regardant le jeune homme avec un indicible amour :

— Aurai-je seulement la facilité de vous voir, dit-elle, avant que vous vous mettiez en route, fût-ce à une barrière de Paris où vous me diriez de vous attendre ?

— Je ne sais, madame, fit Christian avec hésitation.

— Quelque voyage que vous entrepreniez, on ne peut vous refuser cela ; sinon, je vous dirais même de diriger mon voyage du côté où l'on vous enverra.

Christian ne répondit point ; la tendresse de cette mère avait des yeux d'Argus, et nul mensonge ne pouvait durer avec elle au delà d'une heure.

Pendant ce temps, Christian encore trop faible pour entreprendre une longue route à cheval, avait fait mettre les chevaux à la voiture.

Il prit congé de la comtesse, qui ne put obtenir de lui autre chose que ce qu'il lui avait déjà dit, et il se rendit chez Son Altesse royale.

Il trouva le prince tout habillé, tout imposant ; il se promenait dans son cabinet, presque rêveur, — ce qui était rare, — lorsqu'on annonça Christian.

Celui-ci parut sur le seuil, baissant les yeux, humble de mine, mais résolu de cœur.

— Entrez, monsieur, entrez ! dit le prince ; on a dû vous prévenir que je vous attendais.

— Oui, prince, répondit Christian, je sais que Votre Altesse Royale veut bien me faire cet honneur.

Le prince fit signe au valet de pied qui avait introduit Christian de se retirer et de fermer la porte.

Le valet obéit ; le prince et le jeune homme se trouvèrent seuls.

Le prince fit encore quelques pas en silence, tandis que Christian se tenait debout, muet, immobile.

— Monsieur, lui dit le prince en s'arrêtant tout à coup, il se passe entre nous des choses étranges ! et, d'abord, pour ne parler que de cette lettre que j'ai reçue de vous ce matin, vous avouerez qu'elle ne ressemble guère à celles que l'on écrit aux princes.

— Pardon, monseigneur, répondit Christian, cela tient à une chose : c'est que ce qui m'arrive, à moi, ne ressemble guère à ce qui arrive aux hommes.

— Je vous arrête, monsieur, et ne veux point d'explication avant de vous avoir fait connaître ma volonté.

Christian se crut arrivé au terme du voyage, et il apprêtait déjà son épée pour la rendre au prince.

— Monsieur, continua celui-ci, qui comprit sans doute ce qui se passait dans l'esprit du jeune homme, j'ai été induit en erreur de la façon la plus déplorable par un de mes valets ! cette erreur m'a conduit à une démarche dont j'ai bien du regret, puisqu'elle a déplu à une femme. Mais, enfin, toute faute se répare...

— Oh ! non, monseigneur, non, s'écria Christian cachant son visage entre ses mains, non, malheureusement, celle qu'à commise Votre Altesse est irréparable !

— Irréparable ! et en quoi donc, je vous prie ?

— L'honneur d'une femme, monseigneur, est bien autrement délicat, vous le savez, que celui d'un homme ; à la perte de la chasteté, il n'y a pas de remède.

— Ah çà ! mais, monsieur, dit le prince en regardant Christian d'un air interrogateur, en quoi donc, s'il vous plaît, madame Auger a-t-elle perdu sa chasteté ? A moins toutefois que ce ne soit avec vous !

Christian releva la tête.

— Quoi ! monseigneur, dit-il, une femme que son mari vous a livrée...

— Vendue, vous voulez dire, monsieur.

— Oh ! monseigneur, monseigneur, Ingénue est déshonorée !

— Mais pas le moins du monde, monsieur, et vous êtes, à ce qu'il paraît, dans la plus profonde erreur.

— Pardon, je ne comprends pas.

— Vous allez comprendre : le soir de l'émeute, ce même soir où vous avez été blessé, j'avais eu le bonheur de rencontrer mademoiselle Ingénue seule, séparée de son père; sans qu'elle sût qui j'étais, je la reconduisis chez elle; donc, elle m'avait vu et me connaissait. Cette nuit, en me revoyant, elle a trouvé tout naturellement, entre mon visage et celui de son mari, cette bienheureuse différence que le ciel y a mise. Elle eût pu en être flattée, n'est-ce pas ? Eh bien, non, tout au contraire : elle a crié, elle s'est effrayée, elle a supplié, s'est jetée à mes genoux. J'ai dit tout ce que la politesse me suggérait de lieux communs : elle a persisté; j'ai pris mon chapeau et mon épée, je lui ai adressé un compliment suivi d'un profond salut, et, enchanté de voir que je m'étais trompé, ou plutôt que j'avais été trompé, j'ai gagné la rue, — comme vous le savez, monsieur, puisque vous m'y avez rencontré.

— Est-ce bien vrai, cela? murmura Christian au comble de l'étonnement; est-ce bien vrai, cela, monseigneur?

— Plaît-il? fit le prince avec tout l'orgueil de sa race, qui se souleva en face de ce doute infligé à sa parole.

— Ah! oui, monseigneur, c'est vrai! s'écria Christian; votre bouche, la bouche d'un grand prince, d'un loyal gentilhomme ne peut mentir... Monseigneur, je vous crois et je vous bénis. Ingénue est donc pure? Bonté du ciel ! mais j'en mourrai de joie, monseigneur !

— Alors, vous êtes donc son amant, vous, mon cher?

— Moi, son amant? Oh ! monseigneur, si pour adorer une femme ; si pour la respecter à mains jointes ; si pour idolâtrer son regard, sa voix, le charme enivrant de son moindre geste ; si pour avoir envie de baiser la trace de ses pas, et pour mourir des palpitations que cause le frôlement de sa robe ; si pour tout cela, monseigneur, on peut-être appelé son amant... oh ! oui, oui, je suis bien l'amant d'Ingénue !

— En vérité, dit le prince souriant et tombé tout à coup dans la familiarité de la jeunesse, vous me ravivez avec votre histoire, mon cher Christian !

Alors, Christian, joyeux à son tour, et rendu confiant par sa joie, se mit à raconter au prince toute la série de ses aventures : cette vie charmante et malheureuse à la fois qu'il menait près d'Ingénue, quand, habitant sur le même palier qu'elle, il se faisait passer pour un ouvrier ciseleur ; puis il arriva aux sermons du père Rétif, à son expulsion, à sa blessure, à ses souffrances pendant sa maladie, à la longueur de cette maladie, à l'impossibilité dans laquelle il avait été de faire parvenir à Ingénue de ses nouvelles ; enfin, il dit comment, à son retour chez sa mère, sa première sortie avait été pour la rue des Bernardins ; il raconta de quelle façon il avait été renvoyé de la rue des Bernardins à celle du Faubourg-Saint-Antoine ; puis il passa à ce qu'il avait vu et entendu jusqu'au moment où, exaspéré par les plus cruelles tortures de la jalousie, il avait barré le chemin au prince.

Enfin, il se tut ; c'était le tour du comte d'Artois.

— Eh bien, mon cher Christian, lui dit celui-ci, maintenant que je suis au courant de vos aventures, à vous, il est juste que vous soyez instruit des miennes.

Voici donc ce que vous ne savez pas. J'avais, ainsi que je vous l'ai dit, rencontré cette petite fille, qui est adorable; elle m'avait frappé comme un de ces types que l'on voit peuple, et que Dieu eût dû faire duchesse ou reine. Auger, mon... factotum, me la promit.

— Ah! voilà!

— Que voulez-vous! j'acceptai, et c'est là que fut mon tort! Il paraît que le drôle voulut l'enlever comme un Vandale : il se fit rouer de coups, lui et un compagnon qu'il s'était associé; moi restant en dehors, comme vous pensez bien, et ignorant même ce qui se passait. La chose manqua donc; aussitôt je chassai Auger, qui avait été assez niais pour compromettre ma livrée dans toute cette bagarre.

— Et vous fîtes noblement, monseigneur! dit Christian.

— Oui, mais attendez donc, nous ne sommes pas au bout.

— J'écoute, monseigneur.

— Ne voilà-t-il pas mon coquin qui imagine de se venger à sa manière! Savez-vous en quoi consistait cette vengeance? Le drôle se convertit, ou plutôt, pour l'honneur de la religion, il fit semblant; il séduisit, par ses belles paroles, je ne sais quel bonhomme de curé, ou quel curé Bonhomme. Bref, il se fait recommander par lui, se remue, devient maçon, peintre en bâtiments, je ne sais plus quoi! gagne trente sous par jour, fait la cour au père Rétif, enjôle sa fille, et l'épouse mystérieusement. La femme épousée, voici comment il s'y prit avec moi, qui songeais peut-être encore un peu à Ingénue, mais qui ne songeais plus du tout à lui. Il est bon de vous dire qu'en le chassant, je l'avais comparé — pour lui faire sentir leur supériorité sur lui, bien entendu, — à Lebel, à Bachelier et à je ne sais combien de frontins illustres dont il déparait la collection. Hier matin, je reçus cette lettre :

« Monseigneur,

» Ingénue ne demeure plus au quatrième étage, rue des Bernardins; elle demeure au troisième, rue du Faubourg-Saint-Antoine, dans la maison de Réveillon, le marchand de papiers peints. Un petit changement s'est fait, en outre, dans sa position : au lieu d'être fille, elle est femme : au lieu d'être soumise à un père, elle dépend d'elle seule.

» Trouvez-vous ce soir dans un fiacre, de minuit à une heure du matin, dans ladite rue du Faubourg-Saint-Antoine, et en face de ladite maison. Votre Altesse y trouvera un homme qui lui en ouvrira la porte, et qui lui en expliquera les localités. »

— Comment, monseigneur, s'écria Christian, il a écrit cela?

— Pardieu! dit le prince, voici la lettre.

— Oh! quel bonheur que Votre Altesse l'ait conservée.

— Peste! je n'avais garde de m'en dessaisir : je croyais à un guet-apens.

— Oui, je comprends... Alors, Votre Altesse se trouva au rendez-vous?

— Et lui aussi... Il me donna une clef, m'expliqua la façon d'entrer, et, ma foi, sans une veilleuse qui m'éclaira mal à propos, mon cher Christian, ce malheureux vous perdait votre maîtresse.

— L'infâme!

— N'est-ce pas?

— Mais, maintenant, il reste un coupable, monseigneur...

— Oh! celui-là, j'en fais mon affaire, dit le prince en riant, et sa punition me regarde.

— Votre Altesse me pardonnera-t-elle jamais?

— C'est tout pardonné : vous êtes un brave jeune

homme, Christian. Voyons, que faut-il faire de cet Auger?

— Ah! monseigneur, un exemple.

— D'accord; mais prenons-y garde, l'honneur des femmes reçoit de terribles accrocs quand les hommes font des exemples, et j'ai pour principe que mieux vaut une étoffe sans accrocs, fût-elle moins précieuse, qu'une plus riche avec une reprise, si bien faite qu'elle soit.

— Vous avez raison, monseigneur; d'ailleurs, j'oubliais, fou que je suis! que le nom de Votre Altesse royale ne doit pas être mis en jeu, et que ce serait bien mal reconnaître votre noblesse et votre bonté, que de vous faire descendre en ce débat.

— Oh! fit le prince, qui, grâce aux précautions qu'il avait prises, était assuré de sortir pur et blanc de cette affaire, je risquerais pour votre satisfaction bien des choses; mais réfléchissez : cette jeune fille à qui vous faisiez la cour, sans lumière, chez le père Rétif absent; votre expulsion de chez elle, alors qu'on vous a reconnu gentilhomme, tandis que vous affectiez les dehors d'un ouvrier, le mariage d'Auger, ma présence dans la chambre nuptiale, puis votre présence, à vous... enfin, voyons, n'est-ce pas un peu obscène, un peu embrouillé, un peu *Mariage de Figaro*, pour tous ceux qui n'ont pas, comme nous, pénétré rue des Bernardins, au quatrième, et, au troisième, rue du Faubourg-Saint-Antoine, avec le flambeau de l'initiation? Le monde, voyez-vous, mon cher Christian, le monde n'est pas charitable : cette pauvre fille tant de fois menacée, tant de fois sauvée; cette pudeur attaquée jusque dans le sanctuaire de la conjugalité, par deux hommes, dont l'un est le comte d'Artois, et l'autre son page, tout cela ne fera-t-il pas un peu ressembler Ingénue à la fiancée du roi de Garbe?

Christian pâlit.

— Ah! vous l'aimez bien! dit le comte.

Christian soupira et leva les yeux au ciel.

— Çà, voyons, qu'en allez-vous faire? reprit le prince.

— Monseigneur, dit Christian, c'est bien simple : je l'enlèverai!

— Aïe aïe aïe! mon cher ami!

— Quoi donc! monseigneur, n'enlève-t-on plus, maintenant?

— Si fait, parbleu! mais prenez garde à Ingénue : elle est mariée. Si vous lui enlevez sa femme, Auger criera comme un aigle; la publicité, que nous cherchons à éviter, il nous l'appliquera. Le beau rôle, que nous avons à prendre, c'est lui, au contraire, qui le prendra.

— Mais, monseigneur,..

— Ah! c'est que vous ne savez pas ce que c'est que cet Auger! Eh bien, croyez-moi, c'est un scélérat très-redoutable; je le ferais bien mettre dans quelque cul de basse-fosse; mais, de méprisable qu'il est, il deviendrait intéressant. Ah! mon cher Christian, rendre M. Auger intéressant, gardez-vous-en comme de la peste!

— Que faire alors, monseigneur?

— Mon cher, il faut attendre : Auger n'a pas le moyen de rester longtemps tranquille; d'ailleurs, il en aurait la possibilité, la chose n'est pas dans son caractère; il faut que, d'ici à quelque temps, il devienne un scélérat consommé, croyez-en mon expérience. Cela vous fait sourire, me voyant, à sept ou huit ans près, du même âge que vous; mais les princes naissent de dix ans plus vieux que les autres hommes : j'ai donc le double juste de votre âge.

— Ainsi, monseigneur, vous me conseillez d'attendre?

— Oui.

— Mais l'attente, c'est la mort. Ce misérable la possède, il est son maître.

— Ah! voilà où nous allons parler raison, et où, sans contredit, vous allez me trouver supérieur à vous. Voulez-vous parler raison?

— Monseigneur, je vous jure que je ne demande pas mieux.

— Eh bien, asseyez-vous.

— Monseigneur...

— Vous avez une jambe malade.

— Monseigneur, j'obéis.

Et Christian prit une chaise.

Le comte d'Artois tira un fauteuil comme on fait à la Comédie-Française, quand on va jouer une scène posée.

— Et, maintenant, m'écoutez-vous? demanda le prince.

— Je vous écoute, monseigneur, répondit Christian.

XX

OU LE COMTE D'ARTOIS ET CHRISTIAN PARLENT RAISON

— Vous dites donc, mon cher Christian, continua le prince, qu'Ingénue est au pouvoir de cet homme?

— Oui.

— Et qu'il la possède?

— J'en ai peur.

— Une question!

— Parlez, mon prince.

— Vous aime-t-elle?

— Monseigneur, je ne sais.

— Comment cela?

— Non, puisqu'elle a consenti à se marier; mais, cependant...

— Bon! vous le croyez?

— Mon Dieu, monseigneur, Votre Altesse comprend que, quand je regarde ce misérable souillé de crimes qu'il reflète sur son visage, et que je me regarde moi-même, eh bien, je l'avoue, il me paraît probable qu'Ingénue me préfère à son mari.

— Mon cher, il faut vous en accuser, cela est de première nécessité; si elle vous aime, elle ne sera jamais à cet homme-là.

— Monseigneur !

— Dame ! je comprends, ce n'est point suffisant pour vous.

— Non.

— Il faudrait qu'elle vous appartînt, n'est-ce pas ?

— Hélas ! oui, monseigneur.

— Cela, mon cher, c'est une affaire entre vous et elle, et je ne puis rien vous conseiller à cet égard.

— Est-ce que, demanda en hésitant le jeune homme, est-ce que Votre Altesse royale ne pourrait pas user de son influence pour faire casser le mariage ?

— J'y ai pensé, parbleu ! mais sous quel prétexte ? Réfléchissez-y ! Le monde est, à cette heure, aux alliances de vertu; Ingénue est du peuple, Auger aussi; le drôle — vous savez cela — se pose comme un transfuge de nos rangs, il fuit notre corruption. Son mariage avec une plébéienne l'a retrempé dans l'esprit public; si nous attaquons ce mariage, si nous obtenons qu'il soit rompu, je vois d'ici tous les écrivailleurs tremper leurs plumes dans le venin ! Prenons garde !

— Enfin, monseigneur, cet homme habitera-t-il ou non avec elle ?

— Je vous l'ai dit, allez tout droit vous en informer, mon cher ! Vous devez une explication à cette enfant. Choisissez bien votre temps surtout; n'allez pas vous trouver dans le domicile conjugal pour fournir au mari le prétexte d'un léger assassinat sous couleur de jalousie. On ne roue plus, on ne pend presque pas, et mon frère parle de supprimer tout à fait la peine de mort : ce gaillard d'Auger vous tuerait, au grand contentement des patriotes, qui verraient la morale vengée par votre mort. Prenez garde, mon cher ! prenez garde !

— Je vous l'ai dit, monseigneur, il ne me reste d'autre moyen que l'enlèvement.

— Oui, mais vous partez, vous ; et moi, je reste. C'est donc sur moi que tombera l'orage... Après tout, si cela peut vous être utile, laissez-moi sous la gouttière, et ne vous inquiétez de rien.

— Oh ! monseigneur, vous le comprenez, n'est-ce pas ? plutôt mourir de chagrin que de vous causer l'ombre d'un déplaisir !

— Merci !... En vérité, vous me rendez service ; on m'a fait si impopulaire depuis quelque temps, qu'au lieu de servir de bouc émissaire, je crois qu'il me serait fort utile d'en trouver un pour moi-même. Laissez-moi donc à l'écart ; ce sera même très-bien joué, je vous le jure. Sorti de cette affaire, je vous serai d'un secours bien plus grand comme allié que comme complice. Comptez sur moi le jour comme la nuit ; guettez une bonne occasion, et, quand elle se présentera, venez me chercher pour que je vous aide à en profiter. Eh ! mon Dieu, il y a tant d'événements dans la vie d'une femme !

— Enfin, monseigneur, une dernière idée : si j'insultais, ou si je me faisais insulter, et que j'appelasse ce coquin en duel, je le tuerais !

— Peuh ! fit le comte ; l'idée, permettez-moi de vous le dire, me paraît médiocre. D'abord, vous, bon gentilhomme, vous va-t-il de provoquer un laquais ? puis ce laquais provoqué acceptera-t-il ? Maintenant, supposons qu'il accepte, ce sera toujours du bruit ; et puis le drôle a déjà pris ses précautions, ou je ne le connais point. Je vous parie, comme dirait M. le duc d'Orléans, que maître Auger, en ce moment-ci, fait assurer sa vie pardevant notaire, et dépose, sous forme de testament, quelque affreux libelle dont nous serions menacés en cas de mort.

— Hélas! monseigneur, je suis forcé d'avouer que vous avez toujours raison.

— Alors, vous n'avez plus d'idées à me donner?

— Aucune, monseigneur.

— Cherchez bien!

— Je ne trouve pas.

— Vous ne voyez donc plus absolument rien à faire?

— Rien.

— Eh bien, à mon tour, je vais voir si je ne serai pas plus heureux que vous.

— Oh! monseigneur!

— Je n'ai qu'une idée, moi.

— Qu'importe, si elle est bonne?

— J'espère que vous en serez content.

— Merci!

— Je vous dois bien cela, pardieu!... J'ai failli vous prendre très-innocemment cette petite femme; je vais vous la rendre, voilà tout.

— Ah! monseigneur que vous y réussissiez ou non, je vous jure une reconnaissance éternelle!

— Bah! vous êtes à moi, n'est-ce pas?

— De corps et d'âme, mon prince.

— Un jour ou l'autre, vous me donnerez une portion de votre sang, peut-être tout même! Eh bien, ce jour-là, vous m'aurez beaucoup trop payé; prenez des à-compte!

Christian, sans prononcer une parole, fit du geste et de la pensée un serment qui éclata sur sa physionomie loyale.

— Oh! je suis sûr de vous, dit le comte d'Artois en souriant; maintenant, écoutez-moi.

Christian redoubla d'attention.

— Vous vous donnez un mal de tous les diables à

combiner un enlèvement, un divorce, un assassinat, un duel, — appelez cela comme vous voudrez, — pour arriver à quoi? A posséder à vous, bien à vous, la petite femme.

— Hé! c'est vrai, monseigneur.

— Seulement, vous ne vous donnez tant de mal que parce que vous essayez de trouver un moyen vertueux d'ôter cette femme à son mari.

— Oui, le plus vertueux, en effet; c'est peut-être risible, mais, enfin, c'est ainsi.

— Eh bien, analysez... Vous m'avez d'abord parlé d'un enlèvement : ici, vous privez la fille de son père, le père de sa fille. Je ne parle plus du scandale, la question est vidée entre nous. Oh! ne venez point me dire que le père Rétif s'en ira vivre avec vous; j'estime que, fît-il cela, ce ne serait pas précisément vertueux de sa part. Vous me direz que cette morale est celle de ses livres, et qu'il pourra bien se croire autorisé à faire ce qu'il écrit; mais, disons-le, et j'ai là quelques volumes de lui derrière mes placards, cette morale du père Rétif n'est pas la plus pure morale. J'ai lu à peu près tout ce qu'il a fait : c'est un peu moins spirituel que Crébillon fils, mais c'est bien plus déshonnête encore; vous comprenez que je ne veux pas maltraiter la littérature de notre beau-père. Je dis *notre beau-père*, vous comprenez, Christian, parce que, moi aussi, j'ai failli épouser sa fille.

Et cette intarissable gaieté du jeune prince, cette gaieté qui lui conciliait tous les cœurs se donna enfin carrière.

On avait été sérieux trop longtemps.

— Je reprends, dit-il. Vous avez reconnu l'immoralité du premier moyen, qui est l'enlèvement?

— Hélas! oui.

— Passons au divorce. Le divorce ou séparation est un composé de chicanes, d'avocasseries et de grimoires, sous le nom de mémoires. Vous ferez imprimer un mémoire dans lequel, pour blanchir Ingénue, vous salirez son mari ; le mari fera imprimer un mémoire dans lequel, pour se blanchir lui-même, il vous salira ; la femme fera imprimer un mémoire dans lequel elle se salira toute seule, assez pour que jamais un honnête homme ne veuille d'elle. Oh ! c'est forcé !... Là où quatre avocats ont mordu, Christian, il ne reste plus que la gangrène. Est-ce moral, dites-moi, ce moyen légal, qui aboutira à salir tout le monde certainement, et à consolider peut-être les droits de M. Auger sur sa femme ?

Christian baissa la tête.

Le prince continua.

— Passons au troisième moyen, qui est le duel, dit-il. Eh bien, c'est, à mon avis, le moins raisonnable de tous. Vous appelez cet homme en duel, n'est-ce pas ? et, cela, parce que vous êtes sûr de le tuer !

Christian fit un mouvement.

Le prince répondit par un signe qui réclamait le silence, et poursuivit :

— J'aime à croire que vous n'agiriez pas ainsi avec l'idée qu'il vous tuerait : lui laisser la libre disposition de sa femme par votre mort, mais, songez-y donc, ce serait énormément absurde ! Donc, vous pensez que vous le tuerez. Eh bien, permettez-moi de vous dire, mon cher, — et je ne suis point cagot, Dieu merci ! — permettez-moi de vous dire que le moyen n'est pas religieux ; mon frère vous ferait poursuivre et trancher la tête pour l'honneur de la morale. Si j'obtenais votre grâce, — et vous comprenez que, si vous vous obstinez à ce moyen, tout défectueux qu'il est, je me fais fort de vous obtenir cette grâce par l'entremise de ma sœur la reine, — il devient impossible que vous viviez publiquement avec une femme dont vous aurez tué le mari, et qui s'appellera veuve Auger. Ces choses-là ne se font pas. Il faudrait qu'à la mode italienne ou espagnole, vous fissiez occire M. Auger dans une rixe, par quelque gourdin infaillible ; alors, nous qui avons parlé morale tout à l'heure, nous allons parler, maintenant, cas de conscience. Vous ne serez pas poursuivi, c'est vrai ; décapité, c'est vrai ; déshonoré, c'est encore vrai ; mais vous aurez des remords ; vous serez comme Oreste : vous verrez remuer les rideaux de votre lit, et vous coucherez avec un sabre sous le chevet. Qui sait si, devenant somnambule comme les adeptes de M. Mesmer, vous ne tuerez pas votre maîtresse, une belle nuit, en croyant tuer le fantôme du mort ! Cela s'est vu ! si bien que les médecins m'ont défendu, à moi, par exemple, qui rêve tout haut la nuit, d'avoir jamais une arme sous la main quand je dors... Hein ! que pensez-vous de ma logique, Christian ? Si j'ai eu des torts, il me semble, mon ami, que je les répare furieusement à coups d'éloquence morale et religieuse, et que MM. Fénelon, Bossuet, Fléchier et Bourdaloue sont de bien petits théologiens près de moi !

— Hélas ! ce n'est que trop sensé, monseigneur, tout ce que vous m'avez fait observer là, et vous m'effrayez. Cependant, il me semblait tout à l'heure vous avoir entendu me dire qu'une idée vous était venue.

— Oh ! oui, une excellente idée !

— Eh bien ?...

— Eh bien, je ne vous l'ai pas encore dite, voilà tout.

— Mais vous allez me la dire, monseigneur ?

— Parbleu ! suivez bien, je vous prie, mon raisonnement.

— De toutes mes oreilles, monseigneur.

— A force de voir ce qu'il ne faut pas faire, on arrive à deviner la chose faisable. Voici mon idée ; elle se compose de trois parties : 1° Laisser Ingénue à Paris, près de son père...

— Et de son mari, alors ? interrompit vivement le pauvre amoureux.

— Oh! ne m'interrompez pas! j'ai déjà tant dévié, que je ne m'y reconnaîtrais plus. Je disais donc : 1° Laisser Ingénue avec son père, dans notre bonne ville de Paris. 2° Assoupir, étouffer, éteindre tous les bruits que l'on a faits, et que l'on voudrait faire de cette aventure ; — ce qui implique la négation de tout procès, demande en séparation, et instance quelconque. — 3° Ménager, comme un trésor précieux, la misérable vie de cet infâme M. Auger... Ne sautez pas ainsi, je m'explique.

Christian étouffa un soupir de rage.

— Si pareille chose me fût arrivée, reprit le comte, voici ce que j'aurais fait. J'ai quelques maisons par-ci par-là dans Paris : les unes ont des arbres, les autres n'en ont pas ; les unes sont dans les quartiers les plus écartés, les autres dans les quartiers les plus populeux... Ah! j'oubliais, je me serais assuré, avant toute chose, de l'amour de mademoiselle Ingénue ; je dis *mademoiselle*, et vous devez m'en savoir gré.

— Monseigneur, est-ce bien sûr ?

— Je tiens le secret de son mari lui-même.

— Ah! fit le jeune homme respirant.

— Y êtes-vous ?

— Oui, monseigneur.

— Certain d'être aimé d'elle, ce qui ne serait pas difficile, encore moins impossible, — je parle de vous, bien entendu, — je lui eusse inspiré un violent désir de se venger de son mari. C'est encore là, si je ne me trompe, la plus aisée des choses du monde : les femmes les plus heureuses ont si naturellement besoin de vengeance, même à l'égard de ceux qui les rendent heureuses, que mademoiselle Ingénue se vengera de son mari avec une rage proportionnée aux supplices que son mari lui fait endurer. — Je reviens à mes maisons. Vous choisiriez quelque part une demeure isolée, calme, charmante ; vous y conduiriez Ingénue ; vous vous maririez avec elle de cœur, en attendant les événements ultérieurs, et vous l'installeriez, pour deux ou trois heures par jour, — davantage si elle le voulait, — dans le nid que votre mariage se serait choisi. Ici, j'entre dans la plus exquise philosophie; tâchez de me bien comprendre, mon cher Christian.

Le jeune homme, qui trouvait tout ce que disait le prince assez logique, redoubla d'attention.

Le prince continua :

— Il arrivera deux choses, alors : ou que vous serez entièrement heureux, ou que vous ne le serez pas. J'écarte la dernière supposition comme impossible et inimaginable, parce que vous avez la jeunesse, l'amour et la patience; parce que mademoiselle Ingénue n'a rien à vous refuser, et que, vous, de votre côté, vous vous garderez bien de pousser la barbarie jusqu'à lui refuser ce qu'elle vous accorderait. Donc, mon cher Christian, vous serez parfaitement heureux. Vous êtes riche, ou, si vous ne l'êtes pas, vous avez ma bourse à votre disposition. Maintenant, en effet, nous sommes amis : comptez sur moi jusqu'à la concurrence de trois cents louis, dont je vous gratifie annuellement à partir d'aujourd'hui : ce sont des honoraires que vous avez parfaitement gagnés. — L'argent rend tout possible en amour : je ne suis pas de ceux qui disent qu'avec de l'argent on achète toutes les femmes; non, j'ai trop d'expérience pour cela. Mais, quand une fois on a la femme que l'on désire, l'argent est d'une singulière utilité pour la conserver. Ainsi vous faites à Ingénue un intérieur de fée; vous lui donnez une toilette de duchesse; elle a, à elle, autour d'elle, tout ce qui peut la rendre heureuse; vous vous arrangez de façon à ce que vos dons soient entièrement pour elle, à ce que le mari crève de faim et de soif auprès du bien-être de sa femme. Rien de plus aisé : quand Ingénue aura bien dîné avec vous, à votre ménage particulier, elle supportera volontiers toutes les privations du ménage de M. Auger. Celui-ci, voyant qu'il n'a rien de sa femme, et qu'il ne peut la vendre, déguerpira; il se rendra coupable envers elle de quelque mauvaise action ; alors, sans perdre une minute, nous le ferons, par jugement, coffrer en lieu sûr. Il n'aura rien à reprocher qu'à lui; c'est sur lui que roulera le procès, s'il y en a un, et ces sortes de jugements ne transpirent pas hors de l'enceinte du prétoire.

Christian approuva de la tête; le prince continua.

— Ou bien M. Auger volera, et il en est plus que capable! Autre procès, autre moyen de l'envoyer par delà les mers, comme grâce. Cependant, vous aurez vécu très-heureux avec sa femme, trois ou quatre heures par jour, ce qui suffit à un homme occupé de quelque bonne ou noble œuvre. Vous aurez rendu heureuse la femme, heureux le père Rétif. Cette femme sera parfaitement à vous, à vous seul, et vous n'aurez de frais d'imagination à dépenser que pour assurer le mystère et l'inviolabilité de vos rendez-vous. J'ai, je vous le répète, des maisons faites pour cela, — vous choisirez celle qu'il vous plaira, — une surtout dans laquelle les femmes vont travailler en journée : admirable ressource pour une pauvre ouvrière comme Ingénue, qui ne veut rien recevoir de son mari, et qui, ainsi, ne devra son bien-être qu'à elle-même. — J'ouvre une parenthèse pour ma philosophie. Vous êtes heureux, parfaitement heureux, et vous n'avez plus rien à désirer au monde. Est-ce assez joli? Notez que c'est beaucoup plus moral et moins nuisible à la société que tous vos moyens de tout à l'heure. Donc, vous nagez dans la béatitude, n'est-ce pas?

Christian fit un signe qui voulait dire que si, en effet, il en arrivait là, il se trouverait parfaitement heureux.

— Cherchez, continua le prince, choisissez vous-même le lieu, l'heure, et comptez le temps... Combien voulez-vous que cela dure ainsi? — Ah! beaucoup, n'est-ce pas? immensément! — Eh bien, soit; je suis généreux, moi, quand il s'agit de mes amis. Vous demandez l'impossible, je vous l'accorde : vous avez un an.

— Oh! fit Christian, moi qui veux toute la vie!

— Nous parlons raison, vous voulez être fou! Soit, mettons deux ans... Vous avez la rage, et vous entrez en délire! Mettons trois ans. Voilà trois ans que cela dure; bien! Alors, vous commencez à réfléchir. L'âge a marché. Ingénue, toujours Ingénue, c'est bien quelque chose; mais, enfin, c'est toujours la même chose! Vous avez dépensé beaucoup d'argent pour rien; M. Auger s'est donné plusieurs enfants; vous réfléchissez, disons-nous, et la réflexion en amour, c'est la mort de l'amour. L'amour est mort! vous prenez une année de vos honoraires, vous la donnez à mademoiselle Ingénue, c'est-à-dire à madame Auger; vous faites des rentes aux enfants de M. Auger, vous retournez chez madame votre mère, et vous épousez une femme que je vous tiens en réserve avec cinq ou six cent mille livres; vous obtenez un régiment, je vous fais faire une campagne, vous avez la croix de Saint-Louis, et j'érige en marquisat une de vos terres. Comment trouvez-vous que je fasse les romans, moi? Est-ce que je ne méritais pas d'entrer dans la famille Rétif?

Et le prince ponctua toute cette étourdissante folie par un éclat de rire cordial.

Christian sourit et baissa la tête.

— Votre Altesse oublie, dit-il, qu'elle a bien voulu parler à un amoureux, et que les amoureux sont des malades.

— Qui ne veulent pas être guéris. Pardieu! à qui le dites-vous? Mais vous croyez que j'ai plaisanté? Sur ma vie, — excepté les trois années, les enfants, la fin de votre épopée aboutissant à un mariage de cinq cent mille livres, — vrai comme je suis gentilhomme, j'ai pensé ce que j'ai dit, et je ferais ce que j'ai pensé, si j'étais à votre place !

— Eh bien, mon prince, s'écria Christian, je vais essayer.

— A la bonne heure... Allez, et que Dieu vous assiste ! — le dieu Cupidon, bien entendu ; car, pour l'autre, peste ! ne jouons pas avec celui-là ! mon grand frère ne plaisante jamais sur ce chapitre.

Le comte d'Artois reconduisit Christian jusqu'à la porte de son cabinet, lui frappa amicalement sur l'épaule, et rentra chez lui, enchanté de tout ce qu'il venait de conseiller à ce pauvre fou à la façon de Werther, dont il voulait faire un sage à sa façon, à lui !

XXI

SYMPATHIE

Christian avait été frappé de la logique de M. le comte d'Artois.

Aussi, à peine rentré chez lui, suivit-il le conseil du prince.

Il écrivit à Ingénue.

Voici la lettre de l'amoureux jeune homme :

« Madame,

» Il est impossible que vous n'ayez pas quelque chose d'important à me dire ; j'ai, de mon côté, toutes sortes de secrets à vous apprendre. Soyez assez bonne, si ma prière a quelque puissance sur vous, pour sortir demain, à trois heures ; marchez jusqu'aux fiacres qui stationnent à l'entrée de la rue Saint-Antoine, et, arrivée là, choisissez-en un dans lequel, sur un signe de vous, je monterai avec vous.

» Si vous préférez que je me rende directement chez vous, vous êtes assez libre pour me recevoir. Je me tiens à votre disposition.

» Ordonnez, madame, et permettez-moi de me dire votre plus tendre et plus sincère ami.

» CHRISTIAN, comte OBINSKY. »

Christian venait de donner cette lettre à un commissionnaire avec des instructions détaillées, lorsqu'un messager lui arriva, porteur lui-même d'une lettre d'Ingénue.

Le jeune homme ouvrit la lettre en tremblant, et lut les lignes suivantes :

« Monsieur,

» Vous n'étiez pas venu près de moi dans l'unique but de m'expliquer, soit votre conduite, soit celle d'un autre. J'ai besoin d'un appui solide, vous êtes homme de cœur : venez, et conseillez-moi. Je sortirai demain de chez moi à deux heures, et j'irai prendre un fiacre à l'entrée de la rue Saint-Antoine ; le fiacre me conduira rue des Bernardins en apparence, mais, en réalité, je m'arrêterai au jardin du Roi. Trouvez-vous là, devant les grilles. J'ai à vous parler.

» INGÉNUE. »

Christian bondit de joie ; il sentit l'influence mystérieuse de l'amour, dans cette double détermination qui anime d'un même sentiment deux esprits séparés.

Bien qu'il fût sûr de voir Ingénue le lendemain, puisqu'elle-même lui donnait un rendez-vous ; bien que la lettre d'Ingénue fût pour lui une consolation et une promesse, Christian voulut veiller sur son bien ;

car, après cette lettre d'Ingénue, il regardait la jeune femme comme à lui.

Il commença, d'abord, par rassurer sa mère sur le prétendu voyage commandé par M. le comte d'Artois. Il raconta la bienveillance gracieuse du prince, et ses offres pour l'avenir.

D'Ingénue et du roman entamé, pas un mot ne fut dit, bien entendu.

Sa joie était trop grande pour qu'il la heurtât à des remontrances, pour qu'il l'usât contre des commentaires : tous les rêves qu'il faisait, dans son avarice de bonheur, il les voulait garder pour lui.

Pas plus qu'auparavant, Christian n'abusa la comtesse ; seulement, cette fois, elle fit semblant de ne se douter de rien, résolue qu'elle était à lutter de subtilité avec son fils.

Une mère a droit de surveillance, comme elle a droit de contrôle : la surveillance lui sert à prévenir, le contrôle, à réprimer.

La comtesse organisa un système d'éclaireurs et de préservatifs pour son fils.

Christian était parti pour la rue du Faubourg-Saint-Antoine ; il voulait étudier la vie conjugale d'Ingénue.

Ce jeune homme à l'imagination ardente était un homme doué d'une résolution si ferme, qu'il eût fait le sacrifice de son amour à la moindre indignité de sa maîtresse.

Et c'est pour cela qu'avant de se précipiter en aveugle dans une passion dont il savait la portée, connaissant bien son cœur, il tenait à se convaincre que l'objet de cette passion valait qu'on mourût pour lui.

Christian prit un habit gris, et s'enveloppa d'un large manteau ; puis il s'en alla faire le guet devant la porte d'Ingénue, à cette heure où l'on sait que, d'habitude, les amants et les maris obtiennent leur pardon.

Auger était sorti ; à sept heures, il rentra dans la maison.

A sa vue, le cœur de Christian battit à rompre sa poitrine. La lumière alla d'abord chez le père Rétif, où elle séjourna quelque temps; Christian devina qu'un colloque s'établissait entre le père et le gendre.

Cette même lumière se dédoubla au bout d'une demi-heure : Auger passait, avec son bougeoir, dans la chambre de sa femme.

Cette fois, le cœur de Christian cessa presque de battre, sa respiration s'arrêta, ses yeux se fixèrent sur la fenêtre d'Ingénue.

Aussitôt l'apparition du mari, Christian vit une ombre qui se levait.

Cette ombre, c'était Ingénue, sans aucun doute.

L'autre ombre — celle qui venait d'arriver — s'exprimait chaudement, on le voyait aux mouvements rapides de ses bras.

Enfin, cette ombre s'inclina.

C'était évidemment Auger qui s'était jeté à genoux pour demander son pardon.

Christian éprouvait dans la poitrine une douleur telle, qu'il ne put s'empêcher de pousser un cri qui ressemblait à un rugissement.

A la démonstration de son mari, Ingénue fit un mouvement brusque, et s'approcha de la fenêtre, qu'elle ouvrit. Le bruit de sa voix arriva alors jusqu'à Christian; elle articula des mots énergiques dont le jeune homme n'entendit que le son, mais au sens desquels il lui était impossible de se méprendre.

L'ombre d'Auger se releva alors; elle fit deux ou trois gestes brusques et menaçants, mais l'ombre d'Ingénue ne bougea point de la fenêtre, sur laquelle elle était appuyée.

Enfin, après une heure de pourparlers, de pantomimes et de séductions, la double lumière disparut encore de cette chambre.

Christian éprouva comme une terreur qui lui figea le sang dans les veines.

Avait-on éteint ou emporté les bougies? un traité de paix allait-il succéder à des hostilités si froidement subies, si vigoureusement repoussées de la part d'Ingénue?

Mais le bonheur du jeune homme fut grand quand la porte de l'allée s'ouvrit tout à coup, et qu'en s'effaçant dans le coin d'une porte profonde, il vit sortir Auger, qui regardait tout autour de lui avec défiance.

Le misérable marcha vers le boulevard, puis revint pour voir les fenêtres de sa femme, et explorer la rue encore une fois.

Cet examen fait, il disparut dans les ténèbres.

Défiant dans sa joie comme il avait été courageux dans sa douleur, Christian voulut attendre une heure encore pour bien savoir à quoi s'en tenir.

Mais vingt minutes ne s'étaient pas écoulées, que la lampe d'Ingénue pâlit et se transforma en une simple veilleuse dont la bleuâtre lueur teignit à peine les rideaux et les vitres.

L'enfant s'était couchée; elle allait remercier Dieu, et dormir.

Christian adressa au ciel ses plus ardentes actions de grâces, et revint chez sa mère, qui l'attendait impatiemment.

— Grâce à Dieu! se dit-il, j'ai une tendre amie et une vaillante femme, et je ne combattrai pas seul quand il me faudra combattre!

Il avait besoin de sommeil, car il avait passé sans interruption par bien des fatigues; il dormit, et son sommeil fut accompagné de doux rêves : c'était la première fois que cela lui arrivait depuis trois mois.

Et, dans ces rêves, toujours et invariablement revenaient les maisons isolées et ombreuses, les portes secrètes de M. le comte d'Artois.

Et, maintenant que, purs tous deux, Ingénue et Christian dorment de ce doux sommeil qui fait la paix de l'âme et la fraîcheur du visage, il faudrait peut-être savoir comment ce bon Rétif de la Bretonne avait pris le mariage de sa fille, et les étranges événements qui avaient été la suite de ce mariage.

Nous lui devons bien, on l'avouera, l'honneur de quelques détails.

Nul père, disons-le, ne porta jamais si fièrement la tête à l'église, lorsqu'il alla présenter aux autels une vierge de sa façon, un spécimen de son éducation physique et morale, une élève de la philosophie et de l'hygiène du philosophe de Genève.

A son retour de l'église, il avait pris Ingénue à part, et lui avait fait, touchant ses devoirs d'épouse et de mère, un long discours qui plus d'une fois avait amené sur les joues de la jeune fille une vive rougeur. Le soir des noces, attendri par le bon vin, il avait fait des vers, composé des chapitres, trouvé des sommaires; et, lui qui s'était fait fête d'ausculter quelquefois, comme historien de la nature, les mystères de la chambre nuptiale, lui, Rétif, endormi, terrassé par Bacchus, frustra Apollon d'une de ses plus curieuses pages.

Il s'endormit donc, et assez profondément pour ne point entendre un mot de la scène qui se passa entre monseigneur le comte d'Artois et Ingénue.

En effet, comment l'eût-il entendu ? En père expérimenté qui ne veut pas livrer au hasard des conflits le bonheur de la vie intime, Rétif avait élevé entre lui et les nouveaux mariés, le rempart d'un mur assez épais pour que rien de ce qui se faisait ou se disait dans une chambre ne pût être perçu de l'autre.

Il eût fallu, pour attirer, même en plein jour, l'attention de Rétif, frapper dans ce mur avec une bûche, et c'est ce que ne firent — et cela se comprend — ni Ingénue ni M. le comte d'Artois.

Quant à l'entrée de Christian, elle avait été mystérieuse et furtive comme celle d'un amant; en l'apercevant, on se le rappelle, Ingénue s'était évanouie, et le faible cri qu'elle avait poussé alors n'avait pu percer un mur de dix-huit pouces.

Enfin, quant aux explications qui avaient eu lieu le matin, entre Ingénue et son mari, elles étaient d'une nature assez grave pour commander aux deux époux la plus grande circonspection de paroles tant qu'elles duraient, le plus grand silence dès qu'elles étaient terminées.

Néanmoins, la surprise de Rétif fut grande lorsque, après avoir préalablement écouté à la porte d'Ingénue, et n'ayant entendu aucun bruit, il entra chez sa fille, à neuf heures du matin, et la trouva levée, habillée et seule.

Il chercha d'abord, moitié en père goguenard, moitié en historien licencieux, les traces de cette douce fatigue qu'il espérait trouver sur les traits d'Ingénue, et crut avoir rencontré ce qu'il cherchait, lorsqu'il vit cette pâleur nacrée, ces yeux frangés de noir et *les violettes unies aux églantines* sur les lèvres de la jeune femme.

Telle fut du moins l'expression dont il se servit plus tard, et qu'en romancier consciencieux, il avoua lui avoir été inspirée par la circonstance et la situation.

En apercevant son père, Ingénue accourut à lui, et se jeta dans ses bras.

Dans ses bras, elle fondit en larmes.

— Eh quoi ! eh quoi ! mon enfant ! dit Rétif tout à la suite de ses idées, nous pleurons?

— Oh ! mon père ! mon père ! s'écria Ingénue.

— Eh bien, reprit Rétif, c'est fini... la ! et, après le mari, vient le père.

Ingénue essuya ses larmes, et regarda gravement Rétif; elle avait senti, sous les paroles qu'il venait de prononcer, l'intention d'une plaisanterie, et rien ne lui paraissait plus insupportable qu'une plaisanterie répondant à sa profonde douleur.

Ce fut alors que son père, l'examinant de plus près, vit sur ce charmant visage les traces d'une tristesse à l'origine de laquelle il était impossible de se méprendre ; cette tristesse dénotait une cruelle souffrance et une lugubre insomnie.

Et ce n'était ni d'une souffrance ni d'une insomnie pareilles, que le graveleux auteur de *la Paysanne pervertie* cherchait la trace.

— Mon Dieu ! dit-il, mais tu es toute défaite, ma pauvre enfant !

— Oui, c'est possible, mon père, répondit Ingénue.

— Où donc est Auger ?

Et Rétif regarda autour de lui, étonné qu'un lendemain de noces, un mari eût quitté sa femme de si bon matin.

— Monsieur Auger est parti, dit Ingénue.

— Parti ! Et où cela ?

— Mais à son travail, je suppose.

— Oh ! l'enragé travailleur ! dit Rétif, qui commençait à se rassurer ; qu'il se repose au moins pendant le jour !

Pensée égrillarde que ne comprit pas Ingénue, ou qu'Ingénue laissa passer sans lui faire l'honneur de s'y arrêter.

— Eh quoi ! continua Rétif, il ne déjeune pas avec sa femme ?... Oh ! oh ! oh !

— Peut-être déjeunera-t-il.

Tous ces mots avaient été prononcés par Ingénue de ce ton glacial qui dénote une sombre préoccupation.

Rétif s'en effraya de plus en plus.

— Enfin, voyons, mon enfant, dit-il en prenant la charmante statue sur ses genoux, et en la réchauffant dans ses bras et sous ses baisers, dis cela à ton père : tu parais mécontente ? Ne mens pas !

— Je le suis, en effet, mon père, répondit Ingénue.

Rétif essaya encore de croire à toute autre chose qu'à ce qui existait.

— Allons, allons, dit-il, toujours emporté par ce fil conducteur qui, au lieu de lui indiquer la bonne voie, l'égarait de plus en plus dans le labyrinthe de ses pensées, — un homme amoureux perd facilement l'esprit, et puis...

Et Rétif fit entendre un petit rire chevrotant et graveleux.

— Et puis, il est ton mari ! et un mari... eh ! eh ! eh ! a toujours certains droits qui étonnent les jeunes filles !

Ingénue resta froide, immobile, muette.

— Ainsi donc, Ingénue, mon cher amour ! continua Rétif, c'est convenu, il n'y a plus d'enfant ici ; et il s'agit de prendre les idées et la patience d'une femme. Dame ! je ne sais comment te dire cela, moi ! si j'avais encore là ta pauvre mère, oh ! comme tu soulagerais ton cœur ! comme tu verrais qu'il faut qu'un jour ou l'autre, toutes les femmes en passent par là ! Console-toi donc, raffermis-toi donc, et souris-moi.

Mais Ingénue, au lieu de se consoler, au lieu de se raffermir, au lieu de sourire à son père, leva au ciel ses deux beaux yeux tout noyés de larmes.

— C'est qu'elle est sublime ainsi ! s'écria Rétif. Quelle pudeur ! que c'est beau, mon Dieu, la pudeur ! et comme ce coquin d'Auger doit être fier !

Mais Ingénue se leva, et, s'essuyant les yeux, elle dit à son père :

— Mon père, occupons-nous de votre déjeuner.

— Comment, de mon déjeuner ? Eh bien, et le tien ? et celui de ton mari ? Ne déjeunez-vous donc pas, ou plutôt ne déjeunons-nous donc pas ensemble ?

— Je n'ai pas faim, et M. Auger, s'il a faim, saura qu'il faut arriver à l'heure.

— Peste ! comme tu le mènes !

— Tenez, mon père, ne parlons plus de cela, je vous en supplie.

— Comment, ne parlons plus de cela? Ne parlons plus de ton mari?

— Non, mon père! et, croyez-moi, cela vaudra mieux.

— Parlons-en, au contraire! Ingénue, prends garde! tu es femme mariée, et tu dois à ton mari des égards, des soins...

— Je ne suis ni femme, ni mariée, ni obligée à des égards envers M. Auger. Qu'il se contente de ce qu'on lui donnera ; ce sera toujours assez bon pour lui.

— Comment?

— Vous me connaissez, mon père, et vous savez que, lorsque je dis une chose comme celle-là, c'est que j'ai le droit, plus que le droit de la dire.

Cette rigueur, poussée presqu'à la férocité, étonna Rétif; mais il savait que les femmes sont quelquefois impitoyables envers ceux qui ont trop osé, comme envers ceux qui n'ont pas osé assez.

On voit que Rétif tournait toujours dans le même cercle.

Il connaissait assez la vierge son élève, pour deviner que sa rigueur ne venait pas du second des deux griefs ; il sourit en pensant qu'elle s'humaniserait plus tard.

Quant à l'absence d'Auger, il l'attribua au dépit qu'éprouvait le jeune époux d'avoir été peut-être éconduit sans mesure de la couche nuptiale.

Et, en lui-même :

— C'est un sot, dit-il, de n'avoir pas su apprivoiser cette biche sauvage! Ah! si j'eusse été à sa place, Ingénue ne pleurerait pas, ce matin !

Et, le temps de sa jeunesse lui apparaissant dans tout son charme et dans toute sa gloire, il se prit à sourire aux songes du passé. Temps heureux des soupirs dans la rue, des baisers d'une fenêtre à l'autre! temps heureux des rencontres, des compliments sur l'élégance d'un pied, des sourires adressés en remerciment d'une galanterie opportune ! temps divin des rendez-vous à la brune, des promenades faites en compagnie de vierges timides qui, parties rougissantes et rieuses, revenaient pâles et tendres, accrochées au bras qu'elles avaient effleuré à peine deux heures auparavant !

Toutes ces choses, que Rétif repassa dans sa tête, vinrent défiler devant lui au clair de toutes les lueurs qui les avaient illuminées, au feu de tous les soleils qui les avaient mûries.

Cette procession de charmants visages, de doux et provoquants sourires, de pieds mutins, de bras rebelles, de mains égratignantes ou amoureuses, dura pour le bonhomme l'espace d'une seconde, — temps heureux comme tous les heureux temps qui tenaient dans le verre de son optique !

Et Rétif, avec un gros soupir qui n'était pas assez triste pour lui obstruer l'estomac, s'en alla, dans la salle à manger neuve, déjeuner avec Ingénue, dont la servante avait préparé le repas.

XXII

CE QUI SE PASSAIT DANS LA CHAMBRE D'INGÉNUE PENDANT QUE CHRISTIAN GUETTAIT DANS LA RUE

Le déjeuner fut silencieux ; Ingénue, préoccupée, ne donnait rien à l'aventure. Rétif mangeait, réfléchissant.

La journée se passa de même. Ingénue se mit à travailler comme elle faisait étant jeune fille ; pour Rétif, elle continuait sa vie passée ; pour tout autre, elle eût semblé se rattacher à une vie nouvelle, tant il y avait en elle de résignation et de douce rêverie.

Nous serions étonnés de voir la réserve de Rétif, si cette idée, qu'Auger avait un peu abusé, ne lui eût fermé la bouche. Il se promit de faire à son gendre une remontrance paternelle, aussitôt qu'il le verrait.

Auger rentra, comme on l'a vu, vers les sept heures du soir ; son absence dans la journée parut être à Rétif un résultat de la petite bouderie du matin ; mais le dieu d'hymen, pensa Rétif, fait des raccommodements aussi bien que le dieu d'amour.

L'un et l'autre, si ennemis qu'ils soient, usent du même moyen ; moyen unique, mais infaillible.

Le romancier compta sur la nuit pour amener ce raccommodement-là.

Une fois en présence d'Auger, il remarqua la mine basse, repentante et inquiète de ce gendre — qui, selon lui, se fût présenté avec la plainte à la bouche, l'amertume au cœur, et certaines velléités de faire le maître, comme la loi française lui en donnait le droit, s'il n'avait pas eu, vis-à-vis d'Ingénue, des torts qu'il savait difficiles à pardonner, puisqu'il n'en sollicitait pas le pardon.

En un mot, Rétif s'attendait à être attaqué par Auger ; mais il ne savait pas, le bonhomme, à quel secret Auger devait sa faiblesse.

— Quoi ! si tard, vagabond ? lui dit en riant Rétif. Vous avez donc erré loin du toit conjugal ?

— Loin du toit conjugal ? répéta tout haut Auger. Mais j'ai fait des courses que M. Réveillon m'avait ordonné de faire.

Puis, tout bas :

— Est-ce que réellement Ingénue n'aurait rien dit à son père ? pensa-t-il. C'est impossible !

Et il attendit avec anxiété une nouvelle attaque.

— Allons, avancez ! contez vos chagrins, et confessez vos péchés, continua le vieillard.

— S'il sait tout, il ne prend pas trop mal les choses, dit le misérable. Au fait, c'est possible : ces pamphlétaires qui prêchent sans cesse la morale sont, au fond, les hommes les plus corrompus de la terre !

Et il s'approcha, prêt à sourire de ce sourire bas et vil qu'il avait appris dans les degrés inférieurs de la valetaille princière.

— Vous avez donc déjà de la brouille en ménage, mon gendre? demanda Rétif attaquant plus directement la question.

— Mais je ne sais...

— Ne rougissez pas... Vous avez peut-être effarouché les Grâces, malheureux!

— Oh! oh! se dit Auger, rien n'est su!

Et il s'en réjouit en même temps qu'il s'en affligea. Le lâche était bien aise de ne pas voir ses turpitudes révélées; mais la révélation l'en menaçait toujours, et, ce calice, il eût voulu l'avoir déjà bu.

— Si je parlais moi-même! pensa-t-il; si je contais l'histoire à ma façon!

Mais il réfléchit.

— Non, se dit-il; du moment où Ingénue n'a pas parlé, elle ne parlera pas. Ingénue cachera mon comte d'Artois, pour que je cache son page : rhubarbe et séné que nous nous passerons mutuellement. Eh bien, soit ; essayons de la paix avec la fille sur ces bases.

Et, après s'être laissé sermonner par le père au sujet de ses audaces pétulantes, qui avaient effarouché les Grâces ; après avoir essuyé tout ce qu'il plut à Rétif d'entourer de fleurs de rhétorique et de synonymie, d'allégories et d'allusions sur cette malheureuse nuit de noces, il baissa la tête, et passa chez sa femme.

Elle l'attendait : elle l'avait vu venir.

Il débuta de la bonne façon; elle lui répondit de la belle manière.

Tombant à ses genoux :

— Pardonnez-moi! dit-il : je ne suis pas coupable. Pouvez-vous m'en vouloir d'avoir cédé aux menaces? Élevé dans la peur des grands, j'ai cru que nous étions tous perdus, si l'un des plus puissants seigneurs de ce royaume nous couvrait de sa colère ; M. le comte d'Artois m'a enjoint d'agir comme j'ai fait ; il a déployé contre moi l'arsenal de ses vengeances ; il m'a fait envisager la Bastille, la mort pour moi ! la prison pour vous et pour votre père ! il m'a laissé le choix entre la misère pour notre existence, et la fortune avec la liberté.

Ingénue plissa ses lèvres sous le plus profond mépris. Ce fut sa seule réponse.

— Ne me conservez pas rancune, reprit Auger, puisque Dieu vous a sauvée ! J'avais pensé à venir tuer ce lâche prince dans vos bras ; mais je ne sauvais pas votre honneur, et je perdais votre vie, la mienne, celle de tous ceux qui vous sont chers. Un procès mortel suivait ce meurtre, la honte et l'échafaud nous dévoraient tous. Comprenez-moi, Ingénue : dans mes calculs, inspirés, je l'avoue, par la peur, vous ignoriez à jamais le crime qui vous eût abusée ; le prince disparaissait sans avoir été connu de vous ; le lendemain, vous étiez à moi, et sans que jamais le passé eût affligé votre mémoire...

— Assez ! dit-elle en frémissant de colère, assez ! vous me dégoûtez ! Vous croyez atténuer votre crime en invoquant l'excuse de la peur ?

— Mais il me semble...

— Oh ! je vous le répète, taisez-vous !

— Ingénue !

— Ainsi, j'ai épousé un lâche ! ainsi, j'ai pris devant Dieu un homme qui, au lieu de me défendre au péril de sa vie, comme c'est enjoint aux maris de le faire par les Écritures, me livre et me déshonore pour sauver sa vie ! Vous êtes un lâche, et vous me demandez que je vous pardonne ? Non, c'est parce que vous êtes un lâche que je vous chasse ! c'est parce que vous êtes un lâche que je ne vous pardonne pas ! c'est parce que vous êtes un lâche que je ne vous pardonnerai jamais !

Auger demeura prosterné.

Seulement, il releva la tête et joignit les mains.

Mais le mépris d'Ingénue pour cet homme sembla s'augmenter encore, s'il est possible.

— Relevez-vous, si vous voulez, dit-elle ; restez vautré dans votre honte, si cela vous plaît : je ne m'en inquiéterai pas.

— Accordez-moi, du moins, l'espoir !

— L'espoir de quoi ?

— Du pardon.

— Jamais !

— Enfin, quelle sera notre existence ?

— Celle que nous menions avant notre mariage.

— Séparés ?

— Absolument.

— Mais le monde ?

— Peu m'importe !

— On soupçonnera...

— Je dirai tout.

— Ingénue, vous me perdriez ?

— Si vous m'approchez, oui.

— Enfin, dictez...

— Séparation !

— Mais votre père ?

— Je fais de mon père ce que je veux : je dirai à mon père que vous m'avez inspiré une horreur invincible, et je ne mentirai point, car c'est vrai.

— Et, moi, je lui dirai que vous avez un amant !

— Vous pourrez bien ne pas vous tromper.

— Je suis votre mari, et je tuerai votre amant !

— Je m'arrangerai de façon à ce que ce soit lui qui vous tue.

Auger frissonna et recula devant cet œil étincelant du feu de la colère et de la vertu.

— Elle le ferait, pensa-t-il.

— Ainsi, vous m'avez menacée de tuer ou de faire tuer M. Christian ?

— Il est votre amant, donc?

— Cela ne vous regarde pas... Avez-vous menacé, oui ou non? Ayez donc une fois du cœur en votre vie !

— Je ne menace pas; je demande grâce !

— Relevez-vous; vous ne valez pas la peine que je prendrais à m'irriter.

— Que ferai-je ici ?

— Ce que vous voudrez.

— Pour vivre ?

— Vous mangerez à table, comme nous.

— Pour habiter ?

— Il y a une chambre en haut, parmi les mansardes des domestiques, vous la prendrez.

— Mais c'est impossible !

— Si vous n'en voulez pas, allez loger ailleurs.

— Je logerai ici, comme c'est mon droit.

— Essayez ! je frappe au mur et j'appelle mon père.

Auger grinça des dents.

Mais Ingénue, sans s'inquiéter :

— Vous êtes bien séparé de moi à jamais, dit-elle. N'essayez pas de la surprise, n'essayez pas des breuvages, n'essayez pas de quelqu'un de vos infâmes moyens; car à tout rêve il y a un réveil, et, réveillée, je vous tuerais comme un chien.

— Quelle ingénue vous faites! dit Auger avec son affreux sourire.

— Oui, n'est-ce pas?... Ingénue et vraie, vous en aurez la preuve.

— Ainsi, vous me chassez ?

— Pas du tout : vous avez tous les droits extérieurs; habiter ici, sous mon toit, c'en est un.

— Je refuse.

— Comme vous voudrez.

— Plus tard, j'aurai réfléchi.

— Moi aussi; mais je n'aurai pas changé.

— Adieu, madame.

— Adieu, monsieur.

Voilà comment Auger sortait de la maison lorsque Christian le vit, du coin où il s'était caché ; voilà où en étaient les choses, quand Christian se dirigea vers le Jardin du Roi, où rendez-vous lui avait été donné par Ingénue.

XXIII

LE JARDIN DU ROI

Le Jardin du Roi, qui, à l'époque de la révolution, je crois, a pris le nom de Jardin des Plantes, était beaucoup moins fréquenté alors qu'il ne l'est de nos jours.

D'abord, Paris avait un tiers de moins d'habitants, ce qui serait déjà une raison pour qu'il y eût un tiers de promeneurs de moins.

Ensuite, les animaux étaient moins nombreux, et, par conséquent, n'attiraient pas l'attention comme aujourd'hui.

Peut-être y avait-il, comme aujourd'hui, un ours nommé Martin, montant à un arbre, et mangeant des gâteaux et des invalides : il y a eu de tout temps des ours nommés Martin.

Mais il n'y avait pas cette magnifique collection d'hyènes et de chacals que nous devons à notre conquête d'Afrique, et qui menace de remplacer, par ses curieuses variétés, non-seulement toutes les variétés des autres espèces, mais encore toutes les autres espèces elles-mêmes.

Il n'y avait pas non plus cette poétique, langoureuse et mélancolique girafe, dont la mort, quoiqu'elle ait plusieurs années de date, est encore un malheur récent pour les habitués du Jardin du Roi de nos jours. Non-seulement elle n'y était pas, mais encore les savants, ces grands négateurs de toutes choses, qui ont été jusqu'à nier Dieu, niaient la girafe, et rangeaient le caméléopard au nombre des animaux fabuleux d'Hérodote ou de Pline, tels que le griffon, la licorne et le basilic!

Il y avait donc moins de curieux, de visiteurs et de promeneurs au Jardin du Roi de cette époque qu'il n'y en a au Jardin des Plantes de nos jours.

Depuis le matin de cette bienheureuse journée qui devait réunir les deux amants, il tombait une de ces jolies petites pluies douces et fines qui suffisent à empêcher les flâneurs d'obstruer les allées des jardins publics, mais qui sont heureusement insuffisantes à empêcher les amoureux de causer, les chasseurs de marcher, et les pêcheurs de jeter leurs lignes.

Temps charmant au printemps, en ce qu'à cette époque du réveil de la nature, il envoie à tous les sens des émanations et des souvenirs ; temps qui rend le parfum aux feuillages, et qui relève les gazons verts sous le pied léger des passants. Temps triste et maussade en automne, en ce qu'il ne rappelle en rien la blonde déesse des moissons, et l'ardeur du soleil de juillet, mais qu'il annonce, au contraire, les futures tristesses de l'hiver ; temps triste et maussade en ce qu'il arrache de leurs branches les dernières feuilles jaunes, et détrempe la terre, dans laquelle s'enfonce la grasse et lourde empreinte du pied des passants.

Ingénue sortit à l'heure dite, prit son fiacre à l'heure dite ; mais, si ponctuelle qu'elle fût, Christian avait, lui, été plus que ponctuel, attendant déjà depuis deux heures quand elle arriva.

Il était sorti à onze heures, n'ayant point la force de rester étouffant dans sa chambre jusqu'à ce que sa pendule eût la complaisance de lui sonner l'heure à laquelle il devait partir ; et, quoique son fiacre, selon l'habitude de ces estimables véhicules, eût mis plus d'une heure à aller du faubourg Saint-Honoré au Jardin du Roi, il n'en était pas moins arrivé à midi douze minutes, ce qui lui constituait une heure quarante-huit minutes d'attente, jusqu'au moment où devait paraître Ingénue.

Et, cela, en supposant qu'Ingénue parût à deux heures précises; — chose à peu près impossible, puisque, à deux heures précises seulement, elle devait sortir de la maison de M. Réveillon.

Arrivé au terme de son voyage, et bien convaincu qu'il en avait pour deux heures à attendre, Christian avait gagné les quinconces solitaires, sous l'ombre desquels cette petite pluie fine, presque imperceptible, ne pouvait se faire passage; elle tombait donc sur les feuilles, plus touffues sur les marronniers que sur les autres arbres, parce que ces arbres, pressés les uns contre les autres, se prêtaient un mutuel appui, concentrant par en bas tous leurs aromes, et ne laissaient échapper aucune molécule humide.

Et c'est tout au plus si une goutte d'eau grossie par cent autres se faisait assez lourde pour glisser de la voûte opaque, et tomber sur le sable, où elle faisait son trou, image du temps qui creuse les âges.

Christian regardait de loin, à travers les grilles, tout fiacre qui s'arrêtait devant ces marchands de gâteaux, de fruits et de sirop, devenus très-nombreux depuis qu'ils avaient acheté des concessions au suisse de Sa Majesté, seul propriétaire du droit de vendre des rafraîchissements à l'intérieur.

Enfin, le fiacre désiré apparut : il était vert comme une pomme de Normandie, d'un vert à faire frémir un coloriste, d'un de ces verts qu'on apercevrait d'une lieue parmi les arbres du mois de juin, qui, cependant, ont et doivent avoir la prétention de passer pour de la verdure.

Ingénue descendit de ce fiacre, pareille à la rose déesse qui ouvre les portes de l'Orient; elle avait une robe fraîche, fraîchement tirée de son trousseau. Cette robe était de taffetas noir tout plein de ruches et de frisures de soie; elle était coiffée d'un petit chapeau gris-perle avec des rubans noirs et aurores; elle avait des souliers à hauts talons, et, avec tout cela, une de ces tournures qui attirent l'œil des jeunes gens par espérance, des vieillards par souvenir.

Et, quand elle prit sa course pour gagner le quinconce, où elle avait déjà aperçu son amant, bien qu'elle tînt, ou plutôt qu'elle eût l'air de tenir les yeux baissés, elle ressemblait à ces belles divinités bocagères que la mythologie n'a jamais aussi voluptueusement habillées de leur nudité que Boucher, Vanloo et Watteau de leurs habits bouffants et chiffonnés.

Christian, la voyant accourir au-devant de lui, courut au-devant d'elle.

Tous deux se rencontrèrent et se prirent par la main; personne n'était là pour leur contester ce droit : il pleuvait assez, avons-nous dit, pour écarter les oisifs.

Mais à peine se furent-ils donné la main, que Christian s'aperçut du changement qui s'était fait dans les traits d'Ingénue, et Ingénue de celui qui s'était fait dans les traits de Christian.

Christian, pâle de son émotion, pâle encore de sa blessure; Ingénue, pâle et crispée par cette nécessité de se faire femme, femme et maîtresse de ménage, sans avoir cessé d'être jeune fille ; — triste nécessité éclose depuis la veille sous ce vent brûlant de la tempête conjugale !

Aussi, après s'être regardés vivement, amoureusement, ardemment, détournèrent-ils à l'instant même leur regard l'un de l'autre.

Leur histoire les effrayait autant que leur visage.

Christian, qui était arrivé avec toutes les folâtreries de M. le comte d'Artois dans la tête, fut tout surpris de ne voir en cette jeune femme qu'un sujet à lugubres réflexions.

Et, elle, malgré sa toilette gaie, son air de femme, et l'audace de ce rendez-vous en plein air donné à son amant, elle s'arrêta tout à coup, indécise, muette, tremblante et ne sachant par où commencer.

Christian lui prit la main, avons-nous dit, et l'emmena au plus noir de l'ombre.

Là, il crut qu'elle serait encore mieux à lui, parce que nul ne la pouvait voir.

Tous deux s'assirent sur un banc, ou plutôt Ingénue se laissa tomber sur ce banc, et Christian s'assit près d'elle.

Comme dans la *Françoise de Rimini* de Dante, où c'est la femme qui raconte, et où c'est l'homme qui pleure, Christian, n'osant point entamer la conversation, laissa Ingénue prendre la parole la première.

— Vous voilà, monsieur Christian ! dit-elle du ton le plus significatif ; et ce ton participait à la fois du reproche et du bonjour.

— Ah ! que ne m'avez-vous appelé plus tôt, madame ! dit Christian.

— Et quand cela ?

— Avant-hier, par exemple.

— Avant-hier ? répondit Ingénue. C'était comme il y a une semaine, comme il y a un mois... Hélas ! M. Christian m'avait oubliée, abandonnée !

Ce fut au jeune homme à jeter sur Ingénue un regard de reproche.

— Oh ! dit-il, vous l'avez pu croire ?

— Mais, reprit la jeune fille, les larmes aux yeux, je l'ai bien vu, ce me semble.

— Comment ! lui demanda-t-il, ne savez-vous donc point ce qui m'éloignait de vous ?

— Votre volonté probablement, ou pis que cela, votre caprice.

— Mon Dieu ! suis-je assez malheureux ! s'écria le page.

Puis, se retournant vers Ingénue :

— Mais voyez ma pâleur ! dit-il. Ne vous êtes-vous donc pas aperçue que je boite encore, et, que, sans cette canne, à peine si je pourrais marcher ?

— Oh ! mon Dieu ! dit Ingénue, que vous est-il donc arrivé ?

— Il m'est arrivé que j'ai reçu une balle dans la cuisse, et que j'ai failli en mourir ! Un pied plus haut, j'étais bien heureux, car je l'eusse reçue dans la poitrine, et j'étais mort.

— Quoi ! s'écria-t-elle, ce jeune page blessé dont ont parlé les gazettes...?

— C'était moi, mademoiselle.

— Oh ! et mon père qui me l'a caché ! qui non-seulement me l'a caché, mais encore m'a soutenu le contraire !

— Il le savait bien, cependant, lui qui m'a vu tomber, dit Christian ; lui que mon dernier regard a imploré avant que j'eusse perdu connaissance ; car je l'ai vu en tombant, car j'ai failli lui dire : « Assurez-la que je meurs en l'aimant ! »

— Mon Dieu ! fit Ingénue.

— Car, dans ce moment, ajouta Christian, j'espérais bien être assez grièvement blessé pour en mourir !

Et il se détourna en disant ces mots, pour cacher à Ingénue les larmes qui roulaient dans ses yeux.

— Mais, alors, dit Ingénue, une fois revenu à vous, comment ne m'avez-vous pas écrit ? comment n'avez-vous pas trouvé moyen de me donner de vos nouvelles ?

— D'abord, fit Christian, parce que je n'osais, après ce qui s'était passé entre votre père et moi, confier à personne notre secret ; parce que, de huit jours, je n'ai pu parler ; parce que, d'un mois, je n'ai pu écrire ; mais, aussitôt que je l'ai pu, je l'ai fait.

— Je n'ai pas reçu de lettre, dit Ingénue avec un soupir, et en secouant la tête.

— Je le conçois, dit Christian, car, les deux lettres que je vous ai écrites, les voici.

Et, tirant les deux lettres de sa veste de soie, il les présenta à Ingénue.

Ingénue interrogea Christian du regard.

— Je n'ai point osé les mettre à la poste, je n'ai point osé les donner à un commissionnaire, je n'ai point osé les confier à un ami. Je craignais qu'elles ne tombassent entre les mains de votre père, ou ne vous compromissent en face d'un étranger. Vous voyez bien que, si je suis coupable, je l'ai été de trop de respect pour vous.

Et Christian continuait de tendre à Ingénue ces deux lettres, qu'elle n'osait prendre.

— Lisez, dit Christian, et vous verrez si je suis coupable.

Mais Ingénue comprit que, si elle lisait, le jeune homme ne manquerait point de lire, lui, de son côté, sur son visage les différentes impressions qu'elle allait éprouver, et elle ne se sentait pas assez sûre d'elle pour subir cette épreuve.

Elle repoussa doucement la main de Christian.

— C'est inutile, dit-elle.

— Non pas, dit Christian : vous avez douté de moi, vous en pouvez douter encore... Si ce malheur m'arrivait jamais, ouvrez ces lettres, et lisez-les, vous serez convaincue.

Ingénue avait grande envie de lire ces lettres ; seulement, il lui fallait une raison de les prendre : cette raison lui étant donnée, elle en profita.

En conséquence, la jeune femme les prit de la main de Christian, et les plaça dans son corset avec un soupir.

— Ah ! je m'en doutais bien ! dit Ingénue.

— Comment cela ? demanda Christian joyeux.

— Je m'en doutais si bien, qu'ayant entendu dire à M. Santerre que ce page blessé avait été transporté aux écuries d'Artois, j'ai voulu moi-même aller demander de ses nouvelles.

Et, alors, à son tour, sur les instances de Christian, la jeune femme raconta comment elle était sortie, un soir, à quatre heures, de la maison de la rue des Bernardins ; comment elle avait été suivie par un homme au visage hideux ; comment elle s'était perdue en le fuyant, et comment, au moment où il étendait le bras sur elle, elle avait été secourue et défendue par une fière jeune fille nommée Charlotte de Corday.

— Ah ! murmura Christian avec un soupir, c'était écrit là-haut !

— Mais tout cela, reprit alors Ingénue, ne me dit pas pourquoi je ne vous ai revu que dans cette terrible nuit.

— Oh ! dit Christian, c'est bien simple : je n'ai pu sortir que le jour même de votre mariage. J'ignorais tous ces événements qui se pressaient autour de vous, tandis que j'étais étendu sur mon lit de douleur. J'ai été droit à la rue des Bernardins : vous n'y étiez plus. Je me suis informé ; on m'a dit que vous demeuriez au faubourg Saint-Antoine ; renseigné sur la maison, je suis arrivé en face de la porte. Il était onze heures du soir ; les fenêtres étaient éclairées. J'ai demandé à quel propos ce bruit d'instruments et cet air de fête ; c'est alors que j'ai appris votre mariage... Ah ! Ingénue ! la foudre sur ma tête, un abîme à mes pieds, m'eussent moins épouvanté !... J'attendis, je vis sortir Auger, je le vis causer avec un inconnu, je vis tout s'éteindre, je vis entrer l'inconnu, je le vis sortir, je me jetai au-devant de lui, je voulus le tuer, je lui arrachai son manteau, je le reconnus : c'était le comte d'Artois !

— Prince indigne ! murmura Ingénue.

— Oh ! non, non, Ingénue, n'en croyez rien : le prince, au contraire, est le plus généreux de tous les hommes !

— Ah ! vous le défendez ?

— Oui, Ingénue, car c'est lui qui m'a appris cette bienheureuse nouvelle qui fait qu'à cette heure je ne suis pas mort ou insensé : c'est-à-dire qu'aujourd'hui vous êtes aussi libre qu'hier, qu'avant-hier, qu'il y a un mois. Oh ! bon et cher prince, je le bénis pour cela autant que je l'ai maudit ; oui, je le bénis, car il m'a dit que vous étiez toujours ma fiancée, et non la femme de ce misérable, le seul que vous deviez mépriser, que vous deviez haïr, — de cet infâme Auger !

Ingénue rougit et devint si belle, que Christian faillit se proterner devant elle.

— Ah ! s'écria-t-il, Ingénue ! Ingénue ! comment se fait-il que vous m'ayez méconnu, que vous m'ayez cru capable de vous oublier, moi qui n'ai, pendant mes longues nuits de souffrances, pensé qu'à vous ; moi qui ai mêlé votre nom à chacun des cris que m'arrachait la douleur ?... A qui pensiez-vous pendant ce temps, vous ? Vous pensiez à votre mari futur, n'est-ce pas ? Mais pourquoi vous adresserais-je des reproches ? Oh ! j'en suis sûr, vous vous blâmez bien assez vous-même.

— Mais que pouvais-je faire, moi ? s'écria Ingénue. Mon père ordonnait, et la colère conseillait.

— La colère ? la colère contre moi, bon Dieu ?

— Contre vous, blessé, presque mort ! Oh ! funeste orgueil des jeunes filles !... Aujourd'hui, vous êtes revenu...

— Vous le voyez, Ingénue.

— Oui ; mais, aujourd'hui, vous m'aimez moins.

— Pouvez-vous dire cela, Ingénue ? Non, non, je vous aime toujours autant ! je vous aime plus que jamais !

— Vous m'aimez, vous m'aimez, s'écria Ingénue, et je ne suis plus libre !

Christian la regarda tendrement, appuya le bras de la jeune fille contre son cœur, et, avec une effusion d'amour qui entraîna l'âme d'Ingénue :

— Vous n'êtes plus libre ? dit-il.
— Mais non.
— Et qui donc vous enchaîne ?
— Mon mari.
— Ce que vous dites là n'est point sérieux.
— Comment?
— Vous n'aimez pas cet homme, vous ne pouvez pas l'aimer : quand on s'appelle Ingénue, et qu'on a votre cœur, on n'aime pas ce que l'on méprise.
— Oh ! murmura-t-elle.
— Eh bien, si vous ne l'aimez pas, si vous m'aimez...
— Monsieur Christian, quand je vous ai vu, l'autre jour, dans ma chambre, j'ai senti contre vous un sentiment de colère et de rage.
— Et pourquoi cela, mon Dieu ?
— Pourquoi cela? Ne le comprenez-vous point ? Je me disais : « Cet homme qui revient ici par caprice, comme il m'avait quittée ; cet homme, c'est lui qui a fait le malheur de ma vie ! »
— Moi ?
— Oui, le malheur de ma vie; car, sans le dépit que m'a causé votre absence, je ne fusse jamais tombée au pouvoir de ce...
— De votre *mari*, acheva Christian en appuyant sur le mot.

Ingénue rougit.

— Eh bien, sérieusement, reprit Christian, pouvez-vous, dites, vous croire enchaînée à un homme dont le dégoût vous empêche de prononcer le nom ?
— Je suis enchaînée, non pas à cet homme, dit Ingénue, mais à Dieu, qui a entendu mon serment.
— Dieu délie au ciel tout ce qui est mal lié sur la terre, dit Christian.
— Non, non, dit-elle, vous vous trompez, monsieur.
— Ingénue, vous n'êtes point mariée à ce coquin; c'est impossible !

— Mais à qui suis-je mariée, alors?
— A celui qui vous aime.
— Non, non; subtilités que tout cela! Le mal est fait : je le subirai courageusement.
— Je ne saurais vous entendre parler ainsi, Ingénue : vous ne pouvez venir me dire, à moi, que vous êtes la femme d'un homme qui vous a vendue la nuit de vos noces; d'un homme que je tuerais si son lâche calcul n'eût pas été déjoué par le hasard; d'un homme, enfin, dont le premier tribunal venu vous séparerait, si la crainte du scandale ne vous empêchait de parler! Vrai, vous n'êtes pas mariée, Ingénue, ou bien, alors, je le suis aussi, et il n'y a plus sur la terre ni loyauté, ni justice, ni espoir à mettre en Dieu!

Et Christian avait parlé avec tant de véhémence, qu'Ingénue ne put refuser de lui donner la main pour le calmer.

— Madame, lui dit-il, si je savais que vous dussiez vous regarder comme mariée, j'ai là, à mon côté, une épée avec laquelle je délierais le lien qui vous attache; mais, comme vous n'avez qu'à vouloir pour être libre... comme cent moyens vous sont offerts...

— Cent, dites-vous, Christian? Citez-en un seul qui me permette de renoncer au mari sans instruire le père, de quitter le mari sans faire parler le monde, d'effacer le crime de cet homme sans supprimer cet homme, et, alors, je vous demanderai, je vous prierai, je vous supplierai de me donner ce moyen, et de l'appliquer si je n'en ai pas la force.

A l'autre extrémité de la société, Ingénue raisonnait exactement comme le comte d'Artois.

Christian n'eut rien à dire.

Ingénue attendit un instant que Christian lui répondit; mais, voyant qu'il se taisait :

— Demander une rupture quelconque, c'est demander un scandale; la demandez-vous toujours, cette rupture?

— Non, dit le jeune homme, je ne vous demande que de l'amour.

— De l'amour? Mais vous avez tout le mien, Christian! répliqua-t-elle avec cette terrible naïveté qui embarrassait les hommes les plus hardis ou les plus retors.

— Ah! s'écria Christian, oui, je le crois, je l'espère du moins; mais qu'est-ce que cet amour que vous m'offrez? Un amour stérile!

— Qu'appelez-vous un amour stérile? demanda Ingénue.

Christian baissa la tête.

— Me recevrez-vous chez vous? dit-il.

— Impossible!

— Pourquoi?

— Parce que mon père vous verrait.

— Vous avez peur de votre mari, Ingénue!

— Moi? Non.

— Vous ne voulez pas qu'il sache que je vous aime!

— Il le sait.

— Par qui l'a-t-il appris?

— Par moi-même.

— Comment cela?

— Je le lui ai dit.

— Mon Dieu!

— Et, s'il en doutait, je le lui dirais encore.

— Alors, je comprends pourquoi vous ne me laissez point aller chez vous.

— Je vous l'ai dit.

— Non, vous avez peur que votre mari ne se cache derrière quelque porte, ne m'attende dans quelque corridor, et ne me tue.

— Vous vous trompez, je n'ai point cette peur-là.

— Vous n'avez point cette peur-là?

— Non, j'ai pris mes précautions avec lui.

— De quelle façon?

— En lui disant mon plan.

— Votre plan, Ingénue ? fit Christian surpris.

— Oui ; au cas où il essayerait de quelque violence sur vous...

— Eh bien ?

— Eh bien, je le tuerais !

— Oh ! ma brave Judith !

— Et, comme il sait que je dis vrai, il a peur.

— Alors, puisque nous n'avons rien à craindre, recevez-moi chez vous.

— Pourquoi faire? demanda Ingénue de sa voix claire et pénétrante.

— Mais...

— Dites.

— Pour... causer, fit Christian.

— Pour causer de quoi ? Ne nous sommes-nous pas tout dit ?

— Ne nous étions-nous pas vus souvent avant votre mariage, Ingénue ?

— Avant mon mariage, oui.

— Eh bien, nous ne nous étions donc pas tout dit, puisque j'ai reçu une lettre de vous qui me disait que vous désiriez me voir.

— Eh bien, nous nous sommes vus.

— Nous nous sommes vus, soit ; mais pas assez... Nous nous sommes tout dit ? Ah ! peut-être m'avez-vous tout dit, vous ; mais, moi, il me reste bien des choses à vous dire.

— Dites ces choses.

— Mais je n'ai pas besoin de vous les dire : vous les devinez bien.

— Non, je vous jure.

— Ne savez-vous donc pas que, ce que je veux de vous, c'est vous ?

— Impossible que je me donne, puisque je ne suis plus à moi.

— Voyons, Ingénue, ne subtilisons pas, comme vous

disiez tout à l'heure. Vous n'ignorez pas que la femme est destinée au bonheur de l'homme.

— On le dit.

— De l'homme qu'elle aime, bien entendu.

— Et je vous aime, dit Ingénue.

— Eh bien ?...

Christian hésita un instant ; mais, arrêté par l'air extrêmement naïf d'Ingénue :

— Eh bien, alors, faites mon bonheur ! dit-il.

— De quelle façon ?

Christian la regarda.

Elle était délicieuse avec ses grappes de cheveux pendant sur son cou et sur ses épaules.

— En venant vous ensevelir avec moi, dit le jeune homme, dans un pays inconnu où vous serez ma femme, et où je serai votre mari.

— Et mon père ?

— On le lui dira quand nous serons en sûreté.

— Vous êtes fou !

— Mais vous êtes donc d'acier ?

— Non, je vous aime, et même quelque chose me dit que je vous aimerai toute la vie.

— Alors, cette vie, donnez-la moi !

— Je vous ai répondu déjà qu'elle ne m'appartenait plus.

— Alors, que vous servira de m'aimer ? que me servira, à moi, misérable, d'aimer et d'être aimé ?

— A attendre.

— A attendre quoi ? demanda Christian d'un ton d'impatience.

— Que je sois veuve, répondit l'enfant avec tranquillité.

— Ingénue, vous m'épouvantez ! s'écria le jeune homme ; on ne sait si vous riez ou si vous dites de bonne foi ces terribles choses.

— Il n'y a rien de terrible dans ce que je dis, répliqua Ingénue en secouant doucement la tête. Dieu, qui ne fait rien de mal, et qui ne saurait agir sans raison, Dieu ne m'a point fait épouser un scélérat pour que cette union dure.

— Mais pourquoi cette certitude? pourquoi cette confiance?

— Parce que ce serait un malheur que je n'ai point mérité. Dieu me fait subir ce temps d'épreuve pour deux raisons : la première, pour me montrer à moi-même que je vous aime profondément ; la seconde, pour me faire plus libre et plus heureuse par la comparaison.

— Heureuse ! quand cela?

— Quand je vous épouserai, répondit simplement Ingénue.

— Ah! s'écria Christian, sur mon honneur, cet homme me rendra fou !

— Attendons, mon ami! dit-elle. Autrefois, je chantais toute la journée, comme ces petits oiseaux qui venaient becqueter le pain sur ma fenêtre, et jamais mes chansons n'offensaient Dieu ; pourquoi Dieu voudrait-il que je ne chantasse plus jamais ? Dieu m'aime, je mérite son amour, et il fera quelque chose pour moi.

— Mais je vous offre ce quelque chose tout fait, moi! s'écria Christian.

— Non, vous m'offrez de ne pas tenir au serment dont la mort seule peut me délier.

— Je tuerai votre mari !

— Prenez garde, Christian, si vous le tuez, vous ne pouvez plus m'épouser.

— Ah! oui, vous épouser toujours !... Orgueil !

— Mais, dit Ingénue, vous qui prétendez m'aimer plus que M. Auger, vous ne ferez pas moins pour moi qu'il n'a fait lui-même.

— Eh! mon Dieu! est-ce que je vous conteste quelque chose? s'écria Christian ; est-ce que je ne vous supplie pas, au contraire, de me tout donner en échange de toute ma vie ? Tenez, Ingénue, vous êtes trop froide, et vous calculez trop pour aimer : Ingénue, vous n'aimez pas !

Ingénue ne parut pas s'émouvoir le moins du monde de ce désespoir de Christian.

— Chacun aime comme il peut, répondit-elle ; je vous ai attendu plus de deux mois : vous ne m'avez pas donné de vos nouvelles, et, aujourd'hui que vous êtes revenu, à peine revenu, vous me demandez de tout oublier pour vous !

— Eh bien donc, n'oubliez rien ! s'écria Christian entrant dans un véritable désespoir ; en vérité, Ingénue, vous marchandez jusqu'à vos sourires ! C'est donc là ce que l'on appelle la vertu ? c'est donc là ce que votre père vous a enseigné de morale ? Que comptez-vous me prouver ? que prouvez-vous avec cette vertu farouche ?

— Que je me défie, dit tout simplement Ingénue, et il me semble que vous devez me comprendre.

— Moi ?

— Sans doute.

Le jeune homme fit un mouvement.

— N'est-ce pas plutôt à moi de me défier ? dit-il ; ne m'avez-vous pas trompé ?

— Involontairement, je le sais ; et, cependant, vous m'avez bien aussi trompée un peu, sciemment !

— Quand cela ?

— Quand vous vous appeliez l'ouvrier Christian, au lieu de vous appeler le page Christian.

— Vous en plaignez-vous, Ingénue ?

— Non, dit-elle avec un charmant sourire, et en caressant de ses doigts effilés la main lisse et fine du jeune homme ; mais, enfin, vous m'avez trompée... Donc, trompée par vous ! — trompée par mon père, qui m'a caché l'accident qui vous était arrivé, qui a nié que vous fussiez blessé, quand M. Santerre l'a dit devant moi !

trompée dans une bonne intention, je le sais bien, mais, enfin trompée ! — trompée par M. le comte d'Artois, qui s'est présenté à moi comme un protecteur désintéressé, et qui, dès le même soir, en me quittant, a dit à un homme : « Livrez-moi cette femme, je la veux ! » — trompée par cet Auger, qui annonçait sa conversion, et qui n'avait d'autre but, en devenant mon mari, que d'acquitter je ne sais quelle infâme promesse qu'il avait faite au comte ! — trompée toujours, enfin !... Et je n'ai connu dans toute ma vie que quatre hommes : mon père, vous, M. le comte d'Artois et cet infâme, — et tous quatre m'ont trompée !

— Cher ange ! dit Christian avec un sourire, vous avez tort de donner le nom d'homme aux quatre personnes que vous venez de nommer : l'un, c'est votre père, et, par conséquent, ce n'est pas un homme pour vous ; l'autre est un prince, et est au-dessus des hommes ; l'autre, comme vous l'avez dit, est un infâme, et est au-dessous ; le dernier est votre amant, et celui-là non plus n'est pas un homme.

— Mais, enfin, dit Ingénue avec une curiosité inquiète, et se rapprochant de Christian, quelle était la folie de ce misérable ? Expliquez-moi cela.

— Que voulez-vous que je vous explique, Ingénue ?

— Il me donnait à M. le comte d'Artois ?

— Oui.

— Mais pourquoi me donnait-il à lui ?

— Comment cela ?

— Puisque je n'aimais pas le prince.

Si habitué que fût déjà Christian aux ingénuités de la jeune fille, celle-ci lui causa quelque embarras.

Il sourit.

— Mais, dit-il, il vous livrait au prince... pour...

— Pour être sa femme, n'est-ce pas ? demanda-t-elle sans baisser ses beaux yeux ; ce qui indiquait que, sous cette locution, elle ne cachait aucune idée.

— Oui, pour être sa femme, répéta Christian.

— Eh bien, après? M. le comte d'Artois eût été mon mari pendant toute l'obscurité, s'il y avait eu obscurité?

— Hélas! fit le jeune homme, assurément.

— Bon! mais, une fois le jour venu, j'eusse bien vu que ce n'était point Auger qui était près de moi, et, alors, M. le comte d'Artois ne pouvait plus être mon mari! A quoi donc eût servi ce qu'avait fait M. Auger?

Christian joignit les mains devant cette étrange candeur.

— Mon Dieu! dit-il, Ingénue, au nom du ciel, ne me questionnez pas ainsi!

— Et pourquoi cela?

— Mais parce que vous enflammez les gens de curiosité.

— En quoi?

— En ce que chaque homme qui vous entendrait parler ainsi voudrait vous apprendre ce que vous ignorez.

Et, comme ils étaient seuls sous l'ombre la plus épaisse, et que la nuit approchait, il la prit dans ses bras, et l'appuya doucement contre son cœur.

Elle rougit; une chaleur inconnue avait tout à coup embrasé ses sens, et fait tournoyer ses yeux.

Christian, moins naïf qu'Ingénue, s'aperçut de l'impression que venait de ressentir la jeune femme.

— Écoutez, Ingénue, dit-il, ce que vous venez d'éprouver ne vous avertit-il point qu'il y a dans l'amour encore autre chose que ce que vous en savez?

— Oui, car vous m'avez déjà embrassée, Christian, mais sans jamais me donner ce feu qui m'égare et qui m'effraye!

— Oh! c'est qu'autrefois je n'étais pour vous qu'un frère.

— Et qu'aujourd'hui...?

— Et qu'aujourd'hui, je vous désire comme un tendre époux.

— Eh bien, vous serez tant que vous voudrez mon frère ; mais mon époux, oh! non.

— Vous refuseriez de me voir si je vous le demandais?

— Je ne suis venue aujourd'hui que pour vous dire que je ne vous verrais plus.

Christian recula d'un pas.

— Mais dites donc tout de suite que vous ne m'aimez pas, Ingénue ! dites-le bravement.

— Non, Christian, au contraire, je dis bravement que je vous aime; que, la nuit, je pense à vous; que, le jour, je vous guette et vous cherche; que, hormis ce que je dois à Dieu et à mon père, je n'ai pas une idée qui ne soit vous! Je ne sais pas comment aiment les autres femmes ; mais, enfin, on me disait toujours que je verrais ce qu'est l'amour quand je serais mariée : eh bien, me voilà mariée, et je vous aime comme avant mon mariage. Ainsi, puisque cela n'a point changé, cela ne changera point; seulement, avant mon mariage, j'avais le droit de vous aimer et de vous le dire : aujourd'hui, je commets un crime en vous aimant, puisque je ne m'appartiens plus.

Christian ne put dissimuler l'amertume de son sourire.

— Mais, répéta-t-il, pour la dixième fois, pour la vingtième fois, vous n'êtes pas mariée, Ingénue!

— Non, je le sais bien, puisque je chasse mon mari ; mais je le chasse parce qu'il a commis un crime. Ce crime, qui me délie vis-à-vis de lui, ne me délie pas vis-à-vis d'un autre.

— Ainsi donc, si M. Auger n'eût pas commis ce crime, vous seriez... sa femme?

— Sans doute.

—Oh! ne vous calomniez donc pas, Ingénue! ne calomniez donc pas l'amour! Mais vous êtes comme un pauvre aveugle qui nierait le jour, et qui dirait : « Je n'y vois pas ; donc, tout est noir et obscur dans la création...» Ingénue! Ingénue! je n'ai plus qu'une chose à vous dire...

— Oh! dites, dites, Christian!

— Eh bien, ne me donnez pas tout votre temps, toute votre vie; donnez-moi deux ou trois heures par jour, dans une maison que j'ai. Vous ne quitterez point pour cela votre père, et, cependant, vous vous serez donnée à moi.

— Ah! fit Ingénue, vous devez me proposer quelque chose de mal, Christian.

— Pourquoi cela, Ingénue?

— Parce que vous avez rougi, parce que vous tremblez, parce que vous ne me regardez pas en face! Oh! si vous devez m'apprendre des secrets qui fassent de moi une femme que l'on méprise, prenez garde, Christian, je ne vous aimerai plus!

— Eh bien, s'écria Christian, soit! vous m'inspirez l'amour le plus étrange pour la vertu! seulement, je suis meilleur que vous, car j'en sais le prix, et vous l'ignorez; vous êtes vertueuse comme une fleur est odorante; vous n'avez aucun mérite à cela, ou plutôt, je me trompe, vous avez le mérite de la fleur elle-même: vous embaumez sans savoir pourquoi, et sans pouvoir vous en empêcher. Eh bien, Ingénue, vous m'avez vaincu; je n'ai plus aucun désir pour vous; je redeviens votre frère, je ne toucherai pas à cette couronne de candeur et d'innocence; seulement, vous allez me faire un serment.

— Lequel?

Christian sourit et prit la jeune fille dans ses bras; non-seulement elle ne recula point, mais, souriant aussi comme un enfant, elle passa au cou du jeune homme ses deux bras charmants, qui se posèrent en cercle moelleux sur les épaules de Christian.

— Eh bien, dit-il, jurez-moi que nul homme, excepté votre père, ne vous touchera de ses lèvres, et ne vous embrassera comme je le fais en ce moment.

— Oh! je le jure, dit-elle, cent fois!

— Jurez-moi que jamais Auger n'entrera dans votre chambre.

— Je vous le jure! Et comment voulez-vous qu'il y entre, puisque je le déteste?

— Jurez-moi, enfin, que, tous les jours, vous m'écrirez une lettre que j'irai chercher moi-même dans votre rue, le soir, et qui pendra au bout d'un fil auquel, à mon tour, j'attacherai la mienne.

— Je le jure! Mais si l'on nous voit?...

— Cela me regarde.

— Et, maintenant, adieu!

— Oui, adieu, adieu, Ingénue! puisque nous nous disons adieu sans nous quitter de cœur, adieu! mais encore un baiser...

Ingénue sourit, mais sans refuser.

Ce baiser dura si longtemps, qu'Ingénue fut obligée de se pendre au cou de Christian; sans quoi, elle fût tombée évanouie, foudroyée, sur les gazons du roi.

Enfin, elle jeta un cri, rendit le baiser de Christian, se dégagea de ses bras, et disparut.

— Encore trois baisers pareils, dit Christian ivre de joie, et Ingénue verra bien qu'elle n'a jamais été mariée! Mais, à partir de ce moment, Ingénue, tu es ma femme; seulement, il faut attendre... Eh bien, je m'en sens le courage, j'attendrai!...

XXIV

OU L'AUTEUR EST OBLIGÉ DE FAIRE UN PEU DE POLITIQUE

Pendant que Christian conspirait ainsi, avec sa complice Ingénue, contre les droits matrimoniaux de M. Auger, celui-ci, chassé de tous les côtés, ne ressemblait pas mal à ces bêtes fauves qui, après avoir bien fui et bien rusé, sentant qu'elles commencent à se fatiguer, regardent autour d'elles, afin de mesurer l'ennemi auquel elles ont affaire, et conçoivent lentement l'idée de revenir sur le chasseur et sur les chiens.

Auger sentait qu'il n'avait plus rien à faire du côté du prince : celui-ci l'avait renié avec éclat, chassé avec menaces; et, du moment où il était sûr d'avoir un appui et un panégyriste dans Christian, le comte d'Artois s'inquiétait peu de tout ce que pouvait faire Auger.

En effet, le comte d'Artois n'avait, en réalité, que deux choses à craindre : la première, d'avoir lésé la noblesse dans un de ses membres; la seconde, d'avoir insulté le peuple dans la personne d'Ingénue; ce qui, à l'époque du XVIIIe siècle où nous sommes arrivés, mettait le prince dans cette désagréable position du fer entre l'enclume et le marteau.

Avec Christian contre lui, éclat, scandale, attaque des gentilshommes! — fort mal disposés en ce moment pour la royauté, au service de laquelle la plupart s'étaient ruinés dans les guerres soutenues au profit des rois depuis cent ans, et qui ne trouvaient plus ni un Louis XIV, ni un Régent, ni même un M. de Fleury pour les indemniser.

Avec Ingénue contre lui, éclat, scandale, attaque de Rétif de la Bretonne! — plume encore à demi populaire, et qui trouverait assez d'éloquence dans sa larmoyante paternité pour soulever des haines nouvelles, comme s'il n'y en avait pas déjà assez d'anciennes.

Mais, avec Christian pour allié, avec Ingénue pour auxiliaire, sympathie de la noblesse, éloge du peuple!

M. le comte d'Artois pouvait donc, après avoir chassé Auger de sa chambre à coucher, se rendormir tranquillement sur les deux oreilles.

Auger, qui ne manquait pas de sens, avait parfaitement compris la tactique du prince. Il la trouvait si bonne, qu'il en bondissait de rage, et, vaincu pour le moment, il cherchait l'occasion de reprendre le dessus; ce qui n'est point facile quand on est grain de sable, et que le géant vous écrase..

Il ne faut rien de moins, en ce cas, qu'une tempête pour que le grain de sable s'élève dans quelque trombe au-dessus de la tête du géant.

En ce moment, pour les péchés des grands et pour le bonheur d'Auger, quelque chose de pareil à une tempête se préparait.

Une force nouvelle et inconnue se créait rapidement autour du peuple opprimé : c'était une vaste conspiration, une conspiration générale qui devait bientôt s'élever à la hauteur du succès, et s'appeler la *révolution*.

La révolution n'était nulle part encore à l'état de matière, mais la révolution était partout.

Elle avait été tout récemment dans l'affaire du collier : les juges du parlement, harcelés depuis cent cinquante ans par les rois, s'étaient vengés sur la royauté.

Les juges, voyant que le roi voulait faire condamner Cagliostro, avaient absous Cagliostro.

Les juges, voyant que la reine voulait faire condamner M. le cardinal de Rohan, avaient absous M. le cardinal de Rohan.

Les juges, voyant aussi que le roi, que la reine avaient intérêt à faire absoudre madame de Lamothe, qui semblait dépositaire de scandaleux secrets, les juges avaient condamné madame de Lamothe; —et encore, peut-être l'avaient-ils moins condamnée comme madame de Lamothe, que comme Jeanne de Valois, c'est-à-dire comme descendante d'un bâtard de Henri II.

Ainsi le procès s'était fait, en apparence contre Cagliostro, contre le cardinal de Rohan et contre madame de Lamothe, mais, en réalité, contre la reine.

Et, comme le nom de Marie-Antoinette n'avait pas été à cause de l'étiquette, mis sur le sac des procédures, on avait conspiré de toutes façons pour le mettre au procès.

Il y avait conspiration alors pour déshonorer la reine sans la condamner.

Il y eut conspiration plus tard pour la condamner.

Seulement, cette fois, la peine que la pauvre femme encourait pour ses péchés était si cruelle, qu'on la condamna, mais qu'on ne la déshonora pas.

Ce fut une conspiration du ministre Calonne qui entraîna la France plus avant dans le déficit connu, prévu, avéré, patent.

Ce fut une conspiration qui renversa le ministre Calonne pour lui substituer Lamoignon et Brienne.

Ce fut une conspiration du peuple qui brûla en place publique les mannequins de ces deux ministres, après qu'une conspiration de cour les eut réduits à l'état de mannequins.

Maintenant, au-dessus et au-dessous de ces sphères vivaient une foule de conspirations plus ou moins petites, plus ou moins grandes, plus ou moins effrayantes :

La conspiration des maîtres contre les valets ;

La conspiration des valets contre les maîtres ;

La conspiration des soldats contre leurs officiers ;

La conspiration des administrés contre leurs chefs ;

La conspiration de la cour contre le roi ;

La conspiration de la noblesse contre elle-même ;

La conspiration des philosophes contre l'autel ;

La conspiration des illuminés contre la monarchie ;

La conspiration des autres nations contre la France ;

Enfin, et surtout, la conspiration du ciel contre la terre !

Toutes les autres conspirations avaient déjà éclaté, plus ou moins grandes, quand cette dernière éclata.

La peste se déclara en France ; peste singulière, inconnue, nouvelle, innommée jusqu'alors, et à laquelle le peuple donna immédiatement le nom du fléau à la mode : cette peste s'appela la *brienne*.

Puis, après cette peste, une grêle en juillet 1778, laquelle se promena comme la main vengeresse du Seigneur par toute la France, et acheva ce que Versailles, madame de Pompadour, madame du Barry, madame de Coigny, madame de Polignac, MM. de Calonne, de Brienne et Lamoignon avaient si bien commencé.

La peste avait amené la maladie ; mais, enfin, de la maladie, on guérit parfois. La grêle amena la famine, dont on ne guérit pas.

Alors, on vit des spectres humains se lever de toutes les provinces comme d'autant de nécropoles, et venir, de leurs mains décharnées, frapper aux portes de la capitale, demandant au roi le pain que leur refusait Dieu.

Ce fut bien pis lorsque l'hiver commença, et qu'il étendit son manteau de neige sur les moissons ruinées ! ce ne fut pas un hiver comme les autres ; non, il rappela ce terrible hiver dans lequel s'était exercée la charité de madame la dauphine et du dauphin, sous Louis XV, et cet autre hiver encore de 1754, où, pendant des jours entiers, les communications furent interceptées d'un côté à l'autre des rues de Paris.

La mer gela ; les maisons se fendirent ; le roi fit couper tous les bois qu'il avait autour de la capitale, et les donna aux Parisiens transis, pour les réchauffer, ne pouvant les nourrir.

Telle était la conspiration du ciel contre la terre, et l'on en conviendra, celle-là en valait bien une autre.

Nous avons oublié une dernière conspiration, qui, cependant, mérite aussi d'être citée en première ligne.

Nous avons oublié la conspiration de la famille du roi contre le roi.

Le duc d'Orléans avait choisi, en effet, ce moment pour se rendre populaire.

Le roi avait fait donner du bois à ceux qui avaient froid.

Le duc d'Orléans fit donner du pain et de la viande à ceux qui avaient faim.

Du pain et de la viande, c'était bien autre chose que du bois !

Et notez que le duc d'Orléans, qui avait presque autant de forêts que le roi, faisait faire ses distributions de pain et de viande autour d'excellents feux.

Avec cela — et c'est triste de mêler un mauvais calembour à une politique aussi sombre que celle qui se brassait à cette terrible date de 1788 ! — avec cela que ces deux mots : *Du bois,* formaient un nom d'homme qui, depuis le cardinal Dubois, jouissait d'une singulière impopularité.

On faisait allusion au chevalier Dubois, qui avait tiré sur le peuple.

« Le roi nous a donné *du bois,* disait-on, mais Dubois qui fait feu sur le peuple ! »

Il n'en fallait pas davantage au pauvre Louis XVI, né mal chanceux, pour lui ôter tout le mérite de son acte de générosité.

Telle était donc la situation des esprits quand arrivèrent les événements que nous avons racontés, et quand, à la suite de ces événements-là, M. le comte d'Artois abandonna Auger.

Auger, en tombant de si haut, demeura longtemps étourdi ; puis il regarda autour de lui, se remit sur ses jambes, et voici ce qu'il aperçut en suivant des yeux les différents cercles de la société, dont il se faisait le centre, et qui allaient s'élargissant jusqu'à l'horizon, comme font les cercles produits par une pierre jetée au milieu d'un lac, et qui vont s'élargissant jusqu'au bord.

Il vit toutes ces conspirations que nous avons dites ; — conspirations invisibles aux puissants, qui regardent de trop haut pour distinguer les détails, et auxquels, faute de détails, l'ensemble échappe.

Il vit les clubs, les affiliations, les confréries.

Il vit le monde partagé en deux sociétés bien différentes : celle des affamés et celle des gloutons.

Il vit que, depuis qu'il y avait un peuple, le peuple était affamé sans jamais avoir été rassasié.

Il vit que, depuis qu'il y avait des nobles, des traitants, des prêtres, ceux-là avaient toujours mangé sans jamais être repus.

Il vit que, de la cime à la base de cette immense spirale qui commence par le roi et par la reine et finit par le peuple, il y avait une rage inouïe de mouvement.

Il vit que tous ces mouvements étaient bien plus intéressés qu'intelligents.

Il vit que la reine s'était donné beaucoup de mouvement pour faire jouer *le Mariage de Figaro*.

Il vit que M. Necker s'était donné beaucoup de mouvement pour réunir les états généraux.

Il vit que le peuple s'était donné beaucoup de mouvement, non simplement pour se mouvoir, mais pour donner un but à son activité.

Et, comme le but indiqué par le roi lui-même, comme la prochaine assemblée des états généraux formait un excellent prétexte à l'agitation, Auger vit qu'un homme d'esprit pouvait trouver à s'occuper très-agréablement dans l'élection des électeurs destinés à élire les députés aux états généraux.

La situation était véritablement nouvelle; en même temps qu'elle était nouvelle, elle était grande. Pour la première fois, le *peuple*, cet être inconnu jusqu'alors, — non, pas inconnu, mais méconnu; — le peuple allait pouvoir exprimer ses craintes, faire entendre ses vœux, réclamer ses droits.

L'élection n'était pas encore déférée au suffrage universel; mais c'était déjà la participation de tous aux affaires publiques.

En effet, si, ne vous en rapportant pas aux quelques lignes que nous écrivons ici, en dissimulant, autant qu'il est en notre pouvoir, l'histoire sous le roman, vous voulez jeter les yeux sur les actes insérés au premier volume du *Moniteur* d'alors, vous verrez que les imposés *âgés de plus de vingt-cinq ans* devaient élire les électeurs qui nommaient les députés, et concourir à la rédaction des cahiers. Or, comme l'impôt atteignait à peu près tout le monde, par la capitation au moins, c'était la population entière que l'on appelait au vote,— excepté les domestiques et serviteurs à gages.

On calculait que cinq millions d'hommes pourraient participer à l'élection.

Cinq millions de Français très-remuants, puisqu'ils étaient pris parmi ceux qui avaient plus de vingt-cinq ans, se remuèrent donc pour cette élection.

Ce fut dans ces mobilités, plus ou moins dangereuses, qu'Auger se jeta à corps perdu, et commença ses manœuvres.

Comment le roi et surtout la reine avaient-ils consenti à l'appel de ces comparses de la monarchie qui, jusqu'à ce jour, dans les tragédies royales, n'avaient joué qu'un rôle muet et au-dessous de celui du chœur antique, lequel, du moins, chantait sa joie ou ses infortunes?

Le peuple avait bien chanté aussi sous le Mazarin; mais on se rappelle le mot du ministre italien : il avait payé pour cela!

Ah! c'est qu'on ne croyait le peuple ni aussi avancé, ni aussi capable qu'il l'était.

Les parlementaires, qui réclamèrent les états généraux; les ministres, qui les promirent; M. Necker, qui les convoqua; le roi et la reine, qui permirent cette convocation, tout cela croyait, par l'évocation de cette masse gigantesque, faire peur à la cour, — laquelle, de son côté, commençait à faire peur à la reine et au roi, et qui, depuis longtemps, faisait peur aux ministres et au parlement.

Qu'était-ce que la cour? C'était la noblesse et le clergé, c'est-à-dire deux corps qui puisaient sans cesse dans les coffres de la royauté, et qui n'y remettaient jamais rien en échange de ce qu'ils y prenaient ; de sorte qu'il fallait que le vide produit par eux fût comblé par le peuple, comme, après une sanglante guerre, ce même peuple comblait les vides de l'armée.

Or, grâce aux états généraux, nobles et prêtres seraient probablement obligés, non plus de prendre leur part de l'impôt, mais de prendre part à l'impôt.

C'était une petite vengeance que le roi et la reine se permettaient.

Et voilà pourquoi on avait accordé au tiers état autant de députés qu'en avaient la noblesse et le clergé réunis.

Il est vrai que, plus ou moins nombreux, le tiers n'avait toujours qu'une voix contre deux : on comptait bien — et M. Necker tout le premier — maintenir le vote par ordres.

D'ailleurs, le tiers, ignorant, inhabile comme il l'était, ne connaissait d'autre chemin que celui qui mène chez le tondeur ou chez le boucher, trop respectueux, enfin, pour choisir des hommes de son ordre, nommerait des nobles, nommerait des prêtres, et, par conséquent, renforcerait les rangs de ses ennemis, c'est-à-dire de la noblesse et du clergé.

Et puis les nobles étaient tous électeurs, tandis que, dans le peuple, il fallait que les électeurs fussent élus.

Puis encore, les assemblées populaires devaient élire à haute voix, et le peuple n'oserait jamais — du moins, c'était probable — dire tout haut ce qu'il voulait, si ce qu'il voulait était contraire à ce que voulaient le clergé, la noblesse, les ministres, la reine et le roi.

Puis, enfin, sur les cinq millions d'électeurs, près de quatre millions appartiendraient aux campagnes ; or, l'esprit démocratique des villes — on l'espérait encore

— n'avait point pénétré dans les campagnes, dominées par les nobles, soumises au clergé, intimidées par les premiers, influencées par les seconds.

La Suisse n'avait-elle pas donné cette preuve, que le suffrage universel est l'appui de l'aristocratie ?

M. Necker, on s'en souvient, était Suisse. — Suisse et banquier, il comparait son ministère à une banque sur une grande échelle : à son avis, par conséquent, la Suisse était une petite France, ou la France une grande Suisse.

Calculs humains ! que Dieu allait effacer d'une parole, par la voix de ce peuple, qui est la voix de Dieu !...

XXV

AUGER SE REMUE

Ce fut donc, nous l'avons dit, au milieu de ces mobilités, plus au moins dangereuses, que M. Auger commença ses manœuvres.

A lui aussi, le prétexte — et même un prétexte des plus spécieux — ne manquait pas.

Employé chez M. Réveillon, il voyait son patron dévoré de la soif d'être électeur.

Réveillon, le fabricant de papiers peints, le type de cette ambitieuse bourgeoisie qui voulait succéder à la noblesse, mais qui ne voulait pas que le peuple succédât à la bourgeoisie, était loin de voir clair dans les rouages compliqués de la machine que faisait, à cette grande époque, tourner la Providence ; — et nous disons la *Providence*, afin qu'on sache, une fois pour toutes, que nous substituons ce mot chrétien au mot païen de fatalité ; — mais cela importait peu à Réveillon, et, pour faire sa partie dans le grand drame qui se jouait, il agitait ses bras et sa langue tout comme les autres, et même plus que les autres.

Il ne voyait pas qu'au-dessous de ces cinq millions d'électeurs, — nombre qui paraissait fabuleux à une nation sans habitude de l'exercice de ses droits, — il ne voyait pas, disons-nous, qu'au-dessous de ces nouveaux privilégiés s'agitait bien plus énergiquement encore une masse plus nombreuse, plus active, une masse que l'on ne comptait pas encore, et qui, au moment où elle se compta elle-même, fit pencher la balance révolutionnaire de son côté.

Mais Réveillon, avec sa courte vue, ne se doutait pas qu'il y eût en France autre chose que le roi, la reine, les ministres, les nobles, le clergé, les magistrats, le tiers état élu et le tiers état électeur.

Erreur profonde, qui fut celle de tant d'autres, ayant, cependant, la prétention d'avoir la vue plus longue qu'un marchand de papiers peints, et qui opéra ce changement des conspirations que nous avons énumérées tout à l'heure en révolution.

Auger s'employa donc au service de Réveillon; mais, comme il voyait plus loin que lui, et que cette classe inférieure dont nous avons parlé n'échappait point à ses yeux perçants, Auger, qui ne pouvait plus manger au râtelier de la cour, fort bien garni, s'arrangea de manière à manger, par compensation, à deux râteliers à la fois : celui du peuple et celui de la bourgeoisie.

Aussi eût-on pu le voir — si l'on eût suivi cet homme dans l'emploi étrange de ses soirées, dont le travail terminé à cinq heures lui laissait la jouissance, et de ses nuits, dont le mépris d'Ingénue lui laissait la disposition, — trempant à tous les complots, et s'inspirant à toutes les sociétés secrètes, illuminés et maçons; un jour, écoutant Malouet et la Fayette au club du Palais-Royal; une autre fois, écoutant Marat au club populaire de la rue de Valois, et donnant une sanglante réplique aux diatribes sanglantes de Jourdan, qui fut, depuis, surnommé *Coupe-Tête*, et de Fournier l'Américain.

En voyant la grandeur des événements qui se préparaient, et qui, d'un moment à l'autre, allaient éclater, il avait fini par prendre en pitié sa femme, et ne la tourmentait plus.

Il dédaignait surtout le bonhomme Rétif, dont les vues philosophiques si avancées, à ce que croyait celui-ci, étaient, en réalité, si éloignées de la vérité, à ce que savait Auger, qu'elles semblaient à ce dernier à la fois et la plus puérile et la plus stérile des occupations.

L'orage, qui grondait dans ces régions souterraines dont nous avons parlé, prenait, tous les jours, une plus terrible importance.

En ce moment, par exemple, Réveillon, au plus fort de ses affaires, occupait sept ou huit cents ouvriers ; sa fabrique prospérait; sa fortune grossissait ; peu d'années encore lui eussent suffi pour se retirer avec un bien considérable.

Cet honnête homme, — vous savez ce que, dans le commerce, on appelle un honnête homme? c'est celui qui, en faisant les plus petites avances, arrive aux plus grandes rentrées ; qui paye scrupuleusement ses billets à heure fixe, et fait exproprier sans pitié celui qui ne les paye pas ; — cet honnête homme, disons-nous, avait la conscience satisfaite : ouvrier sorti des derniers rangs du peuple, il s'était élevé, par son travail et son économie, au rang où il était parvenu.

Selon les traditions du vieux commerce français, il croyait avoir rempli tous ses devoirs d'homme et de citoyen quand il avait caressé ses enfants.

Ce but tout paternel, mais tout égoïste, Réveillon l'avait atteint.

Maintenant, une chose s'était révélée à lui tout à coup : c'est qu'à sa fortune il pouvait joindre un peu de gloire, et cette gloire, s'il pouvait l'obtenir, lui paraissait être l'apogée des félicités humaines.

Supposez un bonnetier de la rue Rambuteau, ou un épicier de la rue Saint-Denis, qui ne voit dans l'avenir aucune raison pour qu'un gouvernement, si débonnaire ou si insensé qu'il soit, lui donne jamais la croix de la Légion d'honneur, et qui se réveille un beau matin capitaine, et qui se dit qu'après un certain nombre de patrouilles faites la nuit, et de revues passées le jour, cette croix d'honneur inespérée ne peut lui manquer, pourvu qu'il fasse parade de zèle ; — tel était Réveillon.

Il voyait dans son élection comme électeur — et, en cela, son esprit intelligent l'emportait de beaucoup sur l'esprit des deux modernes industriels que nous venons de citer ; — il voyait dans son élection comme électeur, avons-nous dit, la plus grande gloire à laquelle il pût jamais parvenir.

Car, en effet, il voyait ainsi consacrer, par le suffrage de ses concitoyens, cette renommée d'*honnête homme* qu'il s'était acquise dans le commerce.

La tentation fut si forte, que Réveillon s'en ouvrit un jour à Auger, comme il s'en était déjà ouvert à Rétif.

Quant à Santerre, il avait aisément deviné les projets de son riche voisin.

Si l'amant est clairvoyant à l'égard de sa maîtresse, l'ambitieux, de son côté, voit clair dans toutes les ambitions qui rivalisent avec la sienne.

Cependant, Réveillon n'osa point aborder franchement la question ; il prit un détour.

— Auger, dit-il à son commis, vous faites la paye tous les samedis, n'est-ce pas ?

— Oui, monsieur.

— Exactement ?... C'est l'habitude de la maison.

— Exactement.

— Que disent tous nos hommes en recevant leur argent ?

— Monsieur, ils chantent les louanges du patron qui,

par ses talents et son administration paternelle, leur a fait ce bonheur.

— Ah! voilà que vous me flattez, Auger! dit Réveillon ravi au fond du cœur.

— Je dis la vérité, répondit Auger affectant la rigide froideur de Caton.

— Eh bien, voyons, mon cher Auger, si vous dites la vérité, dites-la tout entière.

— Interrogez-moi.

— Ai-je des chances pour arriver à l'électorat?

Auger sourit.

— Monsieur, dit-il, je travaille à cela nuit et jour.

Et Auger sonda, d'un regard habile, le regard de son maître, pour voir l'effet que produirait sur lui sa déclaration.

— Comment! s'écria Réveillon au comble de la joie, vous travaillez à mon élection, Auger?

— C'est-à-dire que je parle à tous en votre faveur; je suis en relation avec bien du monde, et les ouvriers ont tous une influence plus ou moins grande sur quelques électeurs.

— Et m'appuie-t-on?

— Oui, certainement; mais...

— Mais?... fit Réveillon inquiet. Mais quoi?

— Vous n'êtes pas assez répandu.

— Dame! je suis un homme d'intérieur, moi, dit Réveillon; je vis en famille.

— Il ne suffit pas de représenter les vertus de famille aux états généraux : on suppose que vous nommeriez un député de famille aussi.

— Qui faudrait-il nommer?

— Ah! monsieur, voilà! dit Auger avec une réserve grosse de mystère.

— Eh bien, parlez, mon cher Auger.

— Monsieur, il faut au peuple des députés du peuple.

— Qu'appelez-vous des députés du peuple? dit Réveillon avec fermeté ; car il était bien entier dans ses opinions, et nous le voyons se dessiner dans l'histoire peu soucieux de popularité à l'endroit des émeutes.

Auger sentit qu'il allait trop loin ; il avait espéré que l'ambition modifierait la nuance de son maître.

Réveillon répéta sa question.

— Voyons, dit-il, encore une fois, qu'appelez-vous un député du peuple? Expliquez-vous.

— Monsieur, répliqua humblement Auger, je ne fais pas de politique, moi ; je ne suis pas électeur.

— Eh bien, je vais vous dire, moi, fit Réveillon en s'animant, je vais vous dire qui ferait, à mon avis, un excellent député pour les états généraux.

Ici, le brave fabricant de papiers peints prit une pose d'orateur, et se cambra comme s'il était déjà à la tribune.

— J'écoute respectueusement, monsieur, dit Auger.

— D'abord, reprit Réveillon, j'appelle le roi mon maître.

Auger s'inclina en souriant ; jusque-là, Réveillon ne se compromettait pas.

— J'appelle la loi souveraine maîtresse de tous les Français, et la constitution que nous aurons, je l'appelle la loi.

Auger s'inclina encore.

— Maintenant, continua Réveillon, les rouages qui feront fonctionner ces rouages principaux, j'entends qu'ils soient entretenus et respectés comme il convient. Chez un grand peuple, je veux qu'un ministre et un commis puissent tous deux vivre de la nation française, comme mes ouvriers vivent de moi en travaillant.

Auger approuva, toujours avec son rire narquois et dissimulé.

— Quant aux prêtres, quant aux nobles, je les fais simples citoyens comme moi ; seulement, j'admets que les uns, tant qu'ils sont à l'église, représentent Dieu, et je ne veux pas qu'on oublie que les pères des autres sont morts pour la patrie.

Nouveau sourire d'Auger.

Encouragé par ce sourire, l'orateur souffla un moment, pour laisser à sa brûlante improvisation le temps de se refroidir.

Il reprit haleine par la même occasion.

— Quant au peuple, continua-t-il en appuyant sur le mot avec précision, quant au peuple, c'est quelque chose qui mérite une définition à part, et je vais vous le définir.

Auger s'apprêtait à écouter de toutes ses oreilles ; car le point principal était celui-là.

— Le peuple, dit Réveillon, c'est la matière qui sert à faire, dans un temps donné, les imposés, comme les imposés servent à faire les électeurs, et les électeurs les députés. Le peuple ! ce n'est rien, et c'est tout ; mais, pour arriver à être tout, il lui faut des siècles. Cela sommeille encore, heureusement ! c'est une foule inintelligente, et qu'il faut maintenir inintelligente.

Auger sourit.

Réveillon s'arrêta ; il voulait bien consulter Auger, mais il ne voulait pas qu'Auger eût un avis.

— Avez-vous une objection ? fit-il.

— Dieu m'en garde ! répondit Auger.

— Ah ! dit le marchand de papiers peints, c'est que je l'eusse combattue, voyez-vous, en homme qui a étudié la question... car je l'ai étudiée.

— Je le vois bien.

— Je dis donc qu'il faut maintenir le peuple inintelligent, ignorant, et voici ma raison...

— J'écoute, dit humblement Auger.

— On n'émancipe le peuple qu'avec de l'instruction ; cette instruction tombe inégalement sur le peuple : elle fait ici des clartés, là des obscurités plus profondes ; enfin, elle occasionne le désordre que les liqueurs fortes produisent sur les sauvages : ayant bu, ils sont ivres; ils détruisent et tuent. Je ne crois donc pas qu'il soit possible à des administrateurs honnêtes d'assumer sur eux la responsabilité des premiers désordres qui résulteraient de l'émancipation des peuples, désordres qui peuvent être tels, que Dieu seul en connaisse le résultat possible !

Réveillon s'arrêta épuisé, terminant sa péroraison par un geste qui implorait le ciel.

Auger prit un air froid.

— Vous n'approuvez pas, monsieur? dit Réveillon d'un air étonné.

— Pas entièrement, monsieur.

— Vos raisons?

Auger laissa se dessiner sur ses lèvres un sourire dont un interlocuteur plus fort que ne l'était Réveillon eût pu comprendre la signification réelle.

— Monsieur, dit-il, loin d'être d'un avis contraire au vôtre, j'abonde dans votre sens. Le peuple, à mon avis... Vous me direz que ce n'est point à moi à donner un avis à un homme comme vous.

— Pourquoi non, monsieur Auger? Je crois que vous êtes d'excellent conseil.

— Eh bien, reprit Auger, selon moi, le peuple a besoin non-seulement d'être arrêté, mais encore d'être comprimé.

— Ah! fit Réveillon, et pourquoi cela?

— Parce que le peuple est ingrat, oublieux et avide.

— C'est bien vrai ! dit Réveillon, frappé de cette vérité comme si elle était nouvelle.

— Parce que, continua Auger, le peuple brise, le lendemain, les idoles qu'il s'était élevées la veille, et que la popularité est, à mon avis, un des plus rapides chemins que l'on puisse choisir pour aller à la ruine ou à la mort.

— Ah! ah! fit Réveillon, voyons, expliquez-vous...

Cela s'applique à quelqu'un ou à quelque chose, et n'est point une théorie générale.

— Justement! s'écria Auger. Un exemple : voyez M. Santerre!

— Eh bien ?...

— Qu'a-t-il fait cet hiver, en voyant le froid et la famine faire rage? Eh bien, il a augmenté ses ouvriers.

— Eh! mais Santerre en a vingt-cinq ou trente tout au plus, et, moi, j'en ai huit cents!

— Il en eût eu huit cents, qu'il les eût augmentés de même. M. Santerre, je suis fâché pour lui d'être obligé de le dire, M. Santerre sacrifie à la popularité ; — ce qui, je crois, n'est pas dans vos intentions, à vous, monsieur Réveillon.

— Non, certes! Santerre s'est mis contre la cour et les ministres.

— Tandis que vous êtes pour eux...

— Tandis que je suis et serai toujours pour eux..., appuya Réveillon.

— Aussi M. Santerre aurait-il des voix... oui, si la populace votait, tandis que vous, qui avez fait tout l'opposé de M. Santerre, qui avez diminué vos ouvriers, qui avez l'intention de les diminuer encore...

— Oui, certainement! Un ouvrier peut vivre et doit vivre avec quinze sous par jour.

— Tandis que vous, en récompense de ce que vous avez fait, vous aurez les voix de tous les bourgeois.

— Pardieu! s'écria Réveillon, je l'espère bien! Cependant, je n'ai point refusé l'augmentation pour flatter les bourgeois : je l'ai refusée parce que, conséquent avec mes théories de tout à l'heure, j'estime que le peuple n'a pas besoin d'être élevé au-dessus de lui-même, et que l'argent est un levier puissant pour la paresse et la démoralisation.

— Très-bien! très-bien! s'écria Auger, voilà une brave profession de foi, et qui vous donnera des voix.

Réveillon, enchanté, serra la main de son caissier, se promettant d'augmenter les gages d'un homme qui comprenait si bien que l'on n'eût pas besoin d'augmenter les gages des autres.

Auger s'éloigna en admirant ce pauvre devenu riche, cet ouvrier devenu maître, qui jugeait incapables et dangereux les pauvres et les ouvriers.

L'élection se fit; elle donna dans toute la France une vie inconnue à cet élément, inerte jusque-là, que l'on appelait le peuple; l'élection se fit, et, comme toutes les choses qui sont dans les desseins de Dieu, elle trompa les calculs des hommes.

Et cependant, à Paris, on avait pris de grandes précautions.

Un règlement spécial appelait aux élections primaires, non pas même tous les imposés, mais ceux-là seulement qui payaient six livres d'impôts.

Les rues furent encombrées de patrouilles, les centres d'élection entourés de soldats.

On chargea les fusils devant les électeurs écrivant les votes; ce qui donna aux électeurs une fermeté qui ressemblait à de l'entêtement.

Sur soixante districts, trois seulement renommèrent les présidents désignés par le roi, tous les autres furent remplacés : — encore, les trois présidents maintenus furent-ils sommés de déclarer qu'ils présideraient comme élus du peuple, et non comme représentants de la royauté.

Les campagnes aussi firent de leur mieux; on avait compté sur elles comme élément aristocratique; elles nommèrent deux cents et quelques pauvres curés, ennemis naturels du haut clergé.

Auger chauffa, comme on dit aujourd'hui, l'élection de Réveillon, par tous les moyens qui peuvent développer le calorique de l'opinion.

Seulement, pour faire élire Réveillon par la bourgeoisie, Auger avait été obligé de rapporter les paroles prononcées par le fabricant de papiers peints : à savoir que le peuple devait être maintenu dans son inintelligence, et que quinze sous par jour suffisaient à un ouvrier pour vivre.

Les bourgeois furent enchantés de trouver cette énergie dans un homme qui répudiait les moyens vulgaires de popularité, moyens que sa fortune lui eût rendus plus faciles qu'à tout autre; dans un homme qui, sorti du peuple, était le premier à renier le peuple.

Réveillon fut nommé électeur.

XXVI

RÉVEILLON EST INGRAT

Réveillon était donc arrivé au comble de la joie et de la prospérité.

Mais il arriva à Réveillon ce qui arrive à tous les hommes qui montent trop haut.

De ce faîte d'honneurs où il était parvenu, il ne vit plus Auger.

Auger avait rendu ses services, Réveillon ne les lui paya point. — Auger se jura qu'on les lui payerait, ou qu'il se les payerait lui-même.

Tout le monde sait quelle fièvre turbulente agita la France au moment de ces élections; le bruit ou plutôt la secousse en fut ressentie jusqu'aux extrémités de l'Europe, et cependant, au centre de la France, il y eut des gens que cette secousse ne réveilla point.

Dans ses excursions nocturnes, Auger s'était fort lié avec le citoyen Marat, et lui avait demandé conseil. Marat, consulté, donna la consultation en conscience.

— Ce Réveillon, dit-il, est un aristocrate pire que ceux de la noblesse; il n'a pas les vices des nobles, qui faisaient vivre le peuple, et il a les vertus des bourgeois, c'est-à-dire la lésinerie, la surveillance, la défiance, barrières que le tiers état sait jeter entre lui et la démocratie. L'ennemi le plus cruel du peuple aujourd'hui, c'est le bourgeois. Le bourgeois aidera le peuple à saper les trônes, à briser les armoiries, à brûler les parchemins ; plus grand que le peuple, c'est lui qui montera sur les escabeaux pour gratter les fleurs de lis et écraser les perles des couronnes ; mais, quand il aura détruit, il réédifiera : les blasons du noble, ôtés au noble, il se les appliquera ; il transformera en armoiries les enseignes de ses boutiques : le lion rouge deviendra de gueules ! la croix blanche sera la croix d'argent ! A la place de l'aristocratie, de la noblesse et de la royauté, poussera la bourgeoisie ; le bourgeois se fera aristocrate, le bourgeois se fera noble, le bourgeois se fera roi.

— Comment empêcher cela, alors ? demanda Auger.

— C'est bien simple : détruire cette semence qui sera le bourgeois.

— Mais, dit Auger, ce n'est pas chose facile ! il y a en France cinq millions d'électeurs bourgeois, tous hommes faits ou jeunes gens ; ils ont dans leur famille autant de louveteaux tout prêts à passer loups... A qui faut-il confier le soin de les détruire ?

— Au peuple ! dit Marat ; au peuple, qui est assez fort pour tout broyer, soit qu'il y mette le temps, soit qu'il se lève d'un seul bond ; au peuple, qui peut être patient parce qu'il est éternel, et qui est invincible, dès qu'il ne veut plus être patient !

— Diable ! diable ! dit Auger. Savez-vous, cher ami, comment cela s'appelle, ce que vous proposez là ?

— Cela s'appelle la guerre civile.

— Et le lieutenant de police ? et le chevalier du guet ?

— Bon ! dit Marat, croyez-vous donc qu'il soit nécessaire d'aller crier dans les rues : « A bas les bourgeois ! » Ce serait sot et inutile ; le premier bourgeois que vous rencontreriez vous arrêterait. Fort, plus fort est celui qui vit dans un souterrain, et qui lance de là des paraboles comme les anciens prophètes.

— Dans un souterrain? fit Auger surpris. Est-ce qu'il y a encore des souterrains?

— Parbleu! répliqua Marat.

— Où cela?

— Partout! Moi, par exemple, je vis dans un souterrain; mais vous n'oseriez pas, vous autres! Moi, je suis un homme de travail et d'imagination; je me passe du soleil, moi, parce qu'il y a une flamme dans ma tête: celle de ma lampe suffit alors à mes yeux. J'aime la solitude parce qu'elle ne ment pas, et qu'on y travaille; je hais la société parce que tous les hommes y sont laids et bêtes!

Auger regarda son ami, et s'étonna de l'entendre parler avec cet aplomb, étant si laid et si méchant.

Marat continua.

— Les clubs où l'on s'enferme, où l'on conspire à huis clos, — souterrains! les journaux anonymes qu'on répand sur la France ébahie, — souterrains! les paroles vagues qu'on lance adroitement au fond des foules, et que tout le monde répète sans savoir qui les a prononcées, — souterrains! Vous voyez donc, mon cher confrère, que tout le monde peut avoir son souterrain comme moi, pour élaborer à l'aise l'œuvre révolutionnaire. Mais à cette œuvre, c'est moi qui vous le dis, fou qui ne s'attelle pas de toutes ses forces! fou qui ne court pas en avant du char! Celui-là sera broyé sous les roues en voulant faire reculer la machine.

— De sorte que, pour conclure...? fit Auger.

— Vous en voulez à Réveillon?

— Oui.

— Et vous voulez vous venger de lui?

— Parbleu!

— Eh bien, pour conclure, perdez Réveillon dans le peuple, et vous verrez!

Auger n'avait pas calculé toute la puissance du mot que lui avait jeté comme par hasard cet infernal génie du mal que l'on appelait Marat.

En y réfléchissant, Auger s'épouvanta de la lumière que ce mot laissait sur sa route tortueuse.

Perdre Réveillon dans le peuple, à quoi cela conduisait-il Auger, et surtout Réveillon ?

Alors, il se pencha sur l'abîme, et entrevit, au fond, cette mine sombre que pratiquait sous la société la sape des conspirateurs ; il se dit que, du moment où la mine jouerait, par une loi naturelle, ce qui se trouvait en haut s'abaisserait, et ce qui se trouvait en bas s'élèverait.

A partir de ce jour, que fit Auger ?

Dieu seul le sait.

Seulement, dans le faubourg, officine toujours ouverte aux beaux diseurs, fournaise toujours brûlante pour chauffer les creusets démagogiques ; dans le faubourg, on entendit bientôt répéter que Réveillon était un mauvais riche ; que, depuis son élection, la tête lui avait tourné, et qu'il aspirait aux honneurs.

On répéta surtout, avec une haine profonde, ces deux axiomes, lesquels n'étaient pas plus les siens que ceux du reste de la bourgeoisie, qui aujourd'hui peut-être ne le dit pas, mais le pense toujours :

« Il faut garder le peuple inintelligent. »

Et :

« Un homme peut vivre avec quinze sous par jour. »

Ces propos, échappés à Réveillon, qui ne croyait pas avoir à se défier d'Auger, et répétés par celui-ci, ces propos, l'indignation populaire les accueillit avec frénésie, et les rangea au catalogue des vengeances avec le mot d'un autre aristocrate qui avait été plus célèbre, et qui fut plus malheureux que Réveillon.

Ce mot était celui de Foulon :

« Je ferai manger aux Parisiens le foin de la plaine Saint-Denis. »

. Ces mots-là, le jour où ils éclatent, font mourir les imprudents qui les ont prononcés, ou les malheureux auxquels on les attribue.

Réveillon, cependant, calme au milieu de ces orages, ne s'enivrait que de sa gloire, et s'étourdissait comme font les papillons au tambour de leurs ailes.

Il ne remarquait pas ce que tout le monde avait remarqué autour de lui : que ses ouvriers, tout en touchant le salaire accoutumé, lançaient au caissier un regard farouche ; que, parmi ces gens, qui, en général, recevaient deux livres par jour, quelques-uns, fanatiques de l'opinion, et incapables de garder en eux l'ivresse de la colère, faisaient deux parts de ces quarante sous, et disaient :

— A quoi donc pense M. Réveillon ? est-ce qu'il veut nous engraisser ? Nous n'avons besoin que de quinze sous, dit-il ; c'est vingt-cinq sous de trop !

Et, là-dessus, les yeux flamboyaient, et les dents blanches se montraient sous les lèvres pâles.

Auger n'avait, pour faire tomber toute cette rage, qu'à souffler un mot de démenti ; il n'avait qu'à nier que Réveillon eût jamais tenu ce propos, et, bon serviteur, il eût ramené tous les esprits au fabricant : le peuple de Paris est emporté ; mais, au fond, il a un bon naturel ; il pense vite, et oublie vite.

Mais Auger se garda bien de rien dire.

Il accueillit, pendant un ou deux mois, tous ces bruits avec la bonhommie d'un confrère qui plaint ses confrères, avec la mansuétude de l'exécuteur, qui semble toujours dire au patient, même en lui faisant la toilette de l'échafaud : « Juges féroces ! »

En sorte que, grâce au silence d'Auger, les bruits acquirent de la consistance ; en sorte que les colères prirent des racines si profondes, que Dieu lui-même, qui change les cœurs, et qui modifie les corps, ne se donna plus la peine de désherber ce mauvais champ de France, semé d'ivraie et de chardons aux pointes envenimées.

— Est-il vrai, demanda-t-on un jour à Auger, que la cour, pour récompenser Réveillon, lui ait envoyé le cordon de Saint-Michel?

Cette nouvelle absurde, que l'honnête homme le plus niais eût accueillie par un rire de bon aloi, et démolie d'un seul mot, comme elle méritait de l'être, Auger la reçut par un : « Vraiment? » si admirablement accentué, qu'il fut impossible de deviner si la nouvelle était vraie ou fausse, si Auger la savait ou ne la savait pas.

Alors, tous ceux qui avaient douté jusque-là ne doutèrent plus.

Et l'on se répéta, en sortant de la caisse d'Auger, que le caissier lui-même avait certifié l'envoi du cordon de Saint-Michel à M. Réveillon.

Maintenant, peut-être serait-il nécessaire d'expliquer en quelques mots à nos lecteurs pourquoi M. Auger s'était fait un politique si confiant, et un si facile approbateur du peuple.

Étaient-ce seulement la haine et la vengeance qui faisaient agir Auger comme nous avons vu qu'il agissait?

C'était un peu cela; il y a des gens qui ne peuvent pardonner le bien qu'on leur fait, et Réveillon avait, malheureusement pour lui, fait du bien à Auger.

Mais la haine et la vengeance n'étaient pas les seuls mobiles d'Auger : il y avait encore l'intérêt.

Auger travaillait pour lui-même dans cette bagarre qui menaçait d'engloutir le crédit de Réveillon.

Certains hommes aiment le désordre comme les oiseaux de proie aiment le carnage et la mort.

Ne pouvant vivre des corps vivants, contre lesquels ils auraient à disputer leur nourriture, ils souhaitent la destruction, qui leur assure un lambeau de chair facilement obtenu.

Auger avait formé le plan de ruiner purement et simplement son maître, pour lui enlever, dans le désastre, un bon morceau de sa fortune.

Cette œuvre hideuse, devenue sa préoccupation incessante, Auger la poursuivit à la fois ouvertement et invisiblement : ouvertement, en achevant d'égarer Réveillon par ses récits et ses confidences fausses ; invisiblement, en entretenant et fomentant toute la haine qu'un riche commerçant éveille toujours autour de lui.

Au moment où les événements que nous allons décrire se préparaient, Réveillon commençait à sentir, sans pouvoir se rendre compte de l'oppression qu'il éprouvait, le poids de tous ces regards envenimés qui pesaient sur lui ; il entendait, sans le comprendre, le murmure de ces mots, de ces phrases qui grondaient autour de lui.

Mais tous ces présages, airs défiants, regards haineux, bruits sinistres, se traduisirent, pour lui commerçant, par ces mots : *le crédit de la maison.*

Réveillon appela auprès de lui tous ses fonds, comme un général qui pressent une attaque appelle ses soldats et ses conseillers.

Les fonds de Réveillon étaient considérables ; il n'y avait alors d'autres placements solides que l'achat de propriétés ou le roulement de capitaux dans le commerce.

Rentes et actions n'avaient plus aucune valeur depuis que l'État était chancelant.

Réveillon ordonna à son caissier de faire le relevé exact de son actif, et lui commanda de tenir disponibles — sans cependant les réaliser en numéraire — tous ses fonds libres.

Réveillon se proposait de faire, un beau matin, argent de tout, et, sans crier gare, de sortir de son commerce en triomphateur par une porte honorablement mais soudainement ouverte.

Il se représentait la joie de ses enfants alors qu'ils pourraient vivre hors de cette atmosphère déjà viciée, alors que, dans un bien de campagne, ou dans un hôtel des quartiers paisibles, l'électeur Réveillon pourrait faire le bourgeois et le notable, sans rencontrer jamais d'autres visages que ceux de ses amis.

Calcul bien simple ! De même que — pour continuer la comparaison qui précède — le général tient à sa portée les troupes dont il aura besoin au moment de l'action, mais, en attendant, utilise à couvrir le pays ces mêmes soldats, qu'il aura sous les drapeaux au premier coup de tambour, — de même Réveillon s'était assuré, par la réunion de son papier, une réalisation facile en un mois : ses effets dormaient dans des portefeuilles sûrs, ou dans le sien propre, effets convertissables en argent aussitôt qu'il le voudrait.

Auger comprit cette manœuvre ; il comprit surtout que sa proie lui échapperait.

Réveillon, avec son instinct de négociant, déjouait les calculs du scélérat ; mais Auger, en vertu de cet axiome : « Qui ne risque rien n'a rien, » se hasarda à négocier une portion de ce papier, et à en faire quelques louis.

Ces louis, il les enferma dans sa caisse, prêt à répondre à Réveillon que les temps n'étaient pas sûrs, qu'un honorable électeur pouvait être menacé par la haine populaire, qu'il pouvait être obligé de fuir, et que l'on fuit, non pas avec des effets de commerce dans son portefeuille, mais avec de beaux et bons louis ayant cours en France et à l'étranger.

Et, comme cette explication avait son excuse dans le dévouement même d'Auger pour son maître ; comme rien dans le passé d'Auger, c'est-à-dire dans le passé connu de Réveillon, n'autorisait la moindre défiance, l'explication sauvait tout.

Mais Réveillon n'eut pas de défiance : Réveillon ne

visita pas sa caisse ; les louis y sommeillèrent paisiblement dans leurs rouleaux, réunis au fond d'un bon sac qu'Auger avait choisi solide, ainsi qu'il est du devoir d'un bon caissier.

Maintenant que le lecteur aura pris d'Auger une opinion conforme à nos desseins, nous allons sortir de cette ruche ignoble où bourdonnent tant de hideux insectes, et nous reviendrons à de plus riants tableaux.

Hélas! ces tableaux passeront vite! L'époque est arrivée des éphémères plaisirs.

XXVII

OU RÉTIF DE LA BRETONNE MARCHE DE SURPRISE EN SURPRISE

Le père Rétif, si peu clairvoyant qu'il fût, avait cependant fini par remarquer que le ménage de sa fille n'était pas précisément un bon ménage.

Auger, questionné, n'avait rien répondu ; pressé de parler, il s'était enfui de la maison, où il ne faisait plus que de rares apparitions, tout occupé qu'il était de ses clubs et de ses mystères.

Les repas, nous l'avons dit, avaient lieu chez Ingénue ; d'abord, ils avaient été d'une mélancolie qui allait jusqu'à la tristesse ; puis, peu à peu, ils s'étaient égayés ; puis, enfin, ils avaient, par les rires joyeux et enfantins de sa fille, rappelé à Rétif ses bons jours de l'année précédente, alors que sa fille était jeune fille, et faisait la cour à son père pour lui dissimuler son amant.

On se rappelle ce que les deux enfants s'étaient promis : s'écrire tous les jours, se descendre et se monter leurs lettres à l'aide d'un fil, se dire dans chacune de ces lettres qu'ils s'aimaient et qu'ils s'aimeraient toujours; c'était le programme arrêté, ce fut le programme suivi, et il suffit à leur bonheur pendant quinze jours.

Mais ce qui devait arriver arriva. Christian devint si suppliant, en demeurant plus respectueux que jamais, qu'Ingénue comprit qu'à un homme qui tenait si fidèlement sa parole, il y aurait de la cruauté à refuser une heure de cette douce causerie qu'elle lui avait déjà accordée au jardin du Roi.

Seulement, le rendez-vous, cette fois, fut au Luxembourg.

Christian avait demandé que ce rendez-vous eût lieu de deux à trois heures. Il savait bien ce qu'il faisait en choisissant cette heure-là : la nuit ne tarderait pas à venir, et, si respectueux qu'il soit, un amant gagne toujours quelque chose à l'obscurité.

Huit jours s'écoulèrent le nouveau en correspondance ; mais, au bout de ces huit jours, Christian obtint un nouveau rendez-vous, et, cette fois-là, ce fut au Cours-la-Reine.

Mais, dans aucun de ces rendez-vous, Ingénue ne consentit à suivre Christian, soit dans l'une, soit dans l'autre de ces petites maisons que M. le comte d'Artois avait mises à sa disposition.

Enfin, ces rendez-vous devinrent si fréquents, tout en gardant leur innocence, que Rétif commença de s'apercevoir des absences de sa fille. Il interrogea Ingénue, mais Ingénue éluda ses questions.

Rétif se douta qu'on lui faisait quelque mystère.

Père, il employa cette ruse qui réussit toujours aux maris : il fit semblant de sortir, un jour, à midi, en annonçant à sa fille qu'il avait affaire chez son libraire, et qu'il ne reviendrait que dans la soirée ; puis il s'embusqua dans un fiacre, à l'entrée du faubourg Saint-Antoine.

Un instant après, il vit sortir Ingénue.

Ingénue elle-même monta dans un fiacre; Rétif la suivit et la vit descendre derrière les Invalides.

Là, un jeune homme l'attendait.

Dans ce jeune homme, Rétif de la Bretonne reconnut Christian.

Rétif revint à la maison, se promettant une belle séance de morale, et caressant d'avance dans sa pensée toutes les périodes du discours qu'il comptait adresser à sa fille.

En effet, quand la jeune femme rentra chez elle, elle y trouva son père drapé dans sa robe de chambre, et cherchant à prendre, vis-à-vis d'elle, ce que l'on appelle au théâtre une pose à effet.

Alors, il commença le discours préparé.

Pendant une demi-heure, Rétif de la Bretonne énuméra les torts de sa fille, exalta Auger, le plaignit, lui pardonna, comprit et excusa ses absences, puisque, sans doute, l'inconduite de sa femme lui était connue, et qu'avec le doux caractère qu'on lui savait, il avait été forcé de subir la tyrannie d'un gentilhomme.

Ingénue écouta avec sa tranquillité ordinaire ; mais, enfin, arrivée au bout de sa patience, elle prit la parole à son tour, et, sans haine, presque sans animation, comme une créature supérieure que n'avaient pu toucher de pareilles infamies, elle raconta tout, remettant Auger à sa véritable place, et le barbouillant de ses véritables couleurs.

Nous disons barbouiller, attendu que nous reconnaissons le mot peindre comme trop faible pour l'image que nous avons à produire.

Qui fut surpris, qui fut indigné, qui se prononça, qui promit d'aller porter plainte, qui jura de se tailler une plume et d'en assassiner Auger ? Ce fut Rétif.

Ingénue l'arrêta. Elle connaissait une meilleure philosophie, la douce et charmante créature.

Mais autant le récit d'Ingénue avait exaspéré Rétif contre Auger, autant il l'avait attaché à Christian ; homme d'imagination, Rétif avait fait à l'instant même, du page, un héros de roman.

— Quant à lui, s'écria Rétif après avoir déblatéré contre Auger, quant à M. Christian, c'est autre chose : c'est un jeune homme charmant ; il faut qu'il vienne vivre avec nous. A force de trahir les lois de la société, les méchants nous repoussent et nous rejettent peu à peu aux lois de la nature. Il faut que Christian soit ton véritable mari, ma chère enfant ! il faut que, la loi se montrant infâme, et te condamnant à un veuvage éternel, à un supplice atroce, il faut que tu te réfugies dans le sein de ton père, et que tu demandes au vieux protecteur de ta jeunesse un appui nouveau, quelque chose d'étrange et d'inouï pour te sauver.

Ingénue ouvrit des yeux étonnés.

— Écoute, dit Rétif, aux grands maux les grands remèdes, ma fille ! Je ne veux pas que tu souffres plus longtemps les infâmes caresses de cet homme. C'est bien assez que la fleur délicate de ton premier amour lui ait été sacrifiée ; tu te prostituerais par une complaisance que la loi ordonne, et que, selon moi, la morale réprouve. En conséquence, je t'ordonne, moi, ton père, de chasser ton mari lorsqu'il voudra désormais se prévaloir près de toi de son titre d'époux. Entends-tu, ma fille ? tu le chasseras !

— Mais c'est fait, mon père, répondit tranquillement Ingénue.

— Ah ! c'est fait ?
— Oui.
— Et tu lui as refusé... ?
— Assurément.
— Bon débarras ! Seulement, ajouta Rétif en levant au plafond ses yeux paternels, seulement, je verse des larmes de sang lorsque je pense à cette jeune vierge livrée en proie à ce misérable, et, pareille à une autre Andromède, enchaînée sur le rocher de la vertu et de la conjugalité !

— Mais je crois que vous vous trompez encore, mon

père, dit Ingénue en baissant les yeux ; — car, depuis sa réconciliation avec Christian, la pauvre enfant avait appris qu'il est des secrets dont une femme innocente peut rougir sans donner de mauvaises pensées.

— Comment, je me trompe ? fit Rétif. Ai-je déjà perdu la mémoire ? suis-je tombé en enfance ? n'ai-je pas, malheureux aveugle que je suis ! insisté pour que tu donnasses ta main à ce misérable ? ne la lui as-tu pas donnée en face des autels, et ce coquin fieffé n'est-il point ton époux ?

— Mais oui, sans doute.

— N'avons-nous pas fait le dîner de noces ?

— Hélas !

— Un dîner à la suite duquel, moi, le père de famille représentant la mère qui n'est plus, j'ai, selon le rit ancien, conduit ma fille dans la chambre nuptiale...

— Mon père...

— D'où je suis sorti...

— Mon père !

— Et où l'époux est entré ?

— Ne vous rappelez-vous donc plus ce que je vous ai dit, mon père ?

— Que m'as-tu dit ? Voyons ! car, en vérité, je m'embrouille, moi !

— Je vous ai dit qu'à la place de l'époux, c'était M. le comte d'Artois qui avait été introduit dans ma chambre.

— Ah ! mon Dieu, oui !... Ainsi c'est le prince ! Et, en effet, ma belle, ma chaste Ingénue était bien digne d'un prince, digne d'un roi, digne d'un empereur !

— Mon père, je crois que vous vous trompez encore.

— Comment, je me trompe encore ?

— Mon père, je vous ai dit et je vous répète qu'à la lueur de la veilleuse que j'avais eu soin de laisser allumée, j'avais reconnu le prince...

— Eh bien ?

— Eh bien, que, le reconnaissant, je l'avais prié de respecter ma faiblesse et mon honneur, et que le prince, noble comme un chevalier loyal, comme un gentilhomme, avait fait sa retraite en galant homme.

— Ah ! ah ! il a fait sa retraite ?

— Oui, mon père, et, je dois le dire, M. le comte d'Artois a été bien bon envers moi.

— Achève donc, ma pauvre enfant !

— Mais, mon père, je ne puis que vous répéter ce que je vous ai déjà dit.

— Répète alors.

— Eh bien, je vous ai conté qu'à la suite du départ de M. le comte d'Artois, qui me laissait pure et respectée, c'était M. Christian, celui que vous admiriez tout à l'heure, mon père, qui était entré dans ma chambre.

Et Ingénue, cette fois encore, baissa les yeux en rougissant.

— Ah ! s'écria Rétif, voilà ! je comprends très-bien : ce que ni l'époux qui avait vendu ses droits sacrés, ni le prince qui avait été loyal, n'ont pu obtenir, c'est l'amant, c'est cet amant conduit par l'éternel amour, par ce petit dieu qui y voit si clair, malgré le bandeau qu'il porte sur les yeux ; c'est ce coquin de page échappé à la mort ; c'est M. Christian qui l'a emporté, grâce à ses prières, à sa pâleur et à l'opportunité de sa visite ! Eh bien, ma fille, s'il faut que je te le dise, eh bien, cela ne me fâche pas : au contraire... Ah ! ah ! ainsi, c'est M. Christian ? Ô nature ! ô nature !

Ingénue répondit par une petite grimace charmante, et par une série de gestes qui aboutirent à abaisser de force les deux bras que Rétif s'obstinait à tenir levés vers le ciel.

— Mais ce n'est pas plus M. Christian que les autres, dit-elle lorsqu'il fut permis de placer une parole, M. Christian, celui que j'aimais, celui qui m'aimait...

— Eh bien ? fit Rétif.

— Eh bien, c'est celui de tous qui m'a le plus respectée !

— Bah ! fit Rétif avec une stupéfaction qui décelait chez le vieillard un scepticisme bien établi sur les innocences de l'amour. Alors, c'est depuis... oui, je comprends, c'est depuis que le sacrifice a été consommé ?

— Vous vous trompez toujours, mon père ! ni alors, ni depuis.

— Ainsi, s'écria Rétif avec une admiration qui n'était pas exempte de doute, ainsi tu es toujours ma fille ? tu es toujours Ingénue ? ainsi vous avez persévéré tous deux dans votre courageuse chasteté, jeunes tous deux, florissants tous deux, amoureux tous deux ?

Puis, avec un retour de doute, et regardant sa fille dans le blanc des yeux ?

— Et c'est bien vrai, tout ce que tu me racontes là dit-il.

— Mon père, répondit Ingénue, je vous déclare, sur la mémoire de ma mère, que je n'ai point cessé d'être votre fille, et la plus honnête femme que vous connaissiez.

Rétif lut la vérité dans ses yeux d'un azur profond, limpide comme l'eau des lacs helvétiques.

— Ah ! ah ! fit enfin le vieillard revenant visiblement à sa première idée, eh bien, il faut faire ta noce.

— Comment, ma noce ?

— Oui, je ne veux pas que l'indiscret Cupidon vole à la sourdine ce trésor d'innocence et de vertu si longtemps ménagé. Je serai le pontife qui bénira ton union nouvelle ; j'appellerai ton mari ce jeune Christian, qui, du reste, est un brave garçon, un charmant gentilhomme !

Ingénue fit un mouvement de surprise.

— Écoute, écoute mes idées, chère Ingénue, dit Rétif, et tu vas voir tout ce qui reste encore de jeunesse et de générosité dans le cœur de ton vieux père.

— J'écoute, dit Ingénue, moitié joyeuse, moitié inquiète.

— Eh bien, reprit le vieillard, nous irons te choisir une demeure discrète et riante à la fois. Tu y installeras un petit ménage plein d'élégance ; je te conduirai, moi, et prononcerai les paroles sacramentelles qui t'uniront à ce nouvel époux ; après quoi, bien mariée par ma volonté, par mon choix, tu n'auras plus qu'à prendre tes précautions aux yeux de la loi, qui est barbare et aveugle; mais, au moins, tu n'auras pas à rougir devant ton père ! et, moi, au lieu du vide et de l'abandon qui me menacent, j'aurai deux enfants qui me béniront pour la douce vie que ma ferme intervention leur aura faite! Allons, allons, mon Ingénue, c'est là une affaire réglée. Tu vas me présenter le jeune gentilhomme ; je lui demanderai si ses intentions sont pures, et s'il veut te prendre pour légitime épouse, en attendant l'occasion de s'unir à toi par des liens indissolubles, et, comme je ne doute pas qu'il n'accepte, le mariage alors sera bientôt conclu... Eh bien, voyons, es-tu heureuse ? ai-je bien rempli mon rôle de bon père, et n'ai-je pas là une fière et triomphante idée, une idée digne de Rousseau, une idée qui fera sourire la vraie et sainte philosophie, de marier ma fille selon son cœur et selon Dieu, malgré les hommes, et en dépit de la loi ?

Ingénue, rêveuse, — car les paroles l'étouffaient, et les idées aussi, — laissa retomber ses deux mains, que le bonhomme avait prises, et caressait dans les siennes. Un voile se répandit sur ses traits si doux, et quelque chose de résolu et de rigide comme l'acier éclata dans ses yeux bleus.

— Mon père, dit-elle, je vous remercie sincèrement et du plus profond de mon cœur; mais M. Christian et moi, nous nous sommes entendus à cet égard.

— Comment, tu refuses? s'écria Rétif.

— Je rends toute justice à votre inépuisable bonté,

mon père; mais, si bon que vous soyez, je n'accepterai pas votre proposition: Je sais tout ce qu'elle a de courageux et de séduisant; mais je me suis juré, voyant le malheur de tant de femmes, je me suis juré de ne jamais affronter ces malheurs par quelque imprudence. Non, je ne veux pas être la maîtresse d'un homme, et surtout de l'homme que j'aimerais. J'aime, et je sens que c'est pour toujours : mon âme n'est point faite pour changer de sentiment; cet amour à présent fait ma vie! Le jour où je briserais la chaîne que je laisse souder à l'âme de M. Christian, je mourrais! Peut-être, un jour, ne m'aimera-t-il plus, cela est possible; mais je me plais à l'idée que, dans ce cas-là, je mourrais de douleur... J'aime mieux cela que de mourir de honte.

Rétif ouvrit de grands yeux effarés; il n'avait jamais entendu, même dans ses livres, les femmes parler avec cette assurance et cette sûreté de théorie.

— Oui, continua Ingénue, et vous serez de mon avis, mon père, j'en suis certaine. La condition d'une maîtresse est fausse dans la vie. J'aurais des enfants, M. Christian me l'a dit. Eh bien, qu'en ferais-je, de ces enfants? Ils seraient méprisés; moi-même, je tremblerais en les embrassant! Non, mon père, non, j'ai un orgueil qui passe encore mon amour. Jamais personne ne me méprisera en ce monde, et, pour que j'en arrive à ce résultat, il ne faut pas que, la première, je cesse de m'estimer.

Rétif écoutait tout cela les bras croisés; quand Ingénue eut cessé de parler, il écoutait encore.

— Ah çà! mais, dit-il tout abattu, la raison, lorsqu'elle est trop forte, devient de la déraison! Te figures-tu, par hasard, que M. Christian s'accommodera longtemps de ces paradoxes?

— Il me l'a promis, mon père; il a fait plus : il me l'a juré!

— Mais, reprit Rétif, ce que l'on promet en amour,

ce que l'on jure, au moment où l'on promet, au moment où l'on jure, est une chose difficile à tenir; donc, si c'est difficile, c'est douloureux, et, si c'est douloureux, ce ne peut être durable.

Ingénue secoua la tête.

— Il me l'a promis, il me l'a juré, répéta-t-elle; il accomplira sa promesse, il tiendra son serment.

— Hélas! ma pauvre enfant, reprit Rétif, tu comptes sans l'expérience! Un jour viendra que ton amant sera plus exigeant, et que tu seras plus faible.

— Non, mon père.

— Alors, c'est que tu ne l'aimes pas.

— Oh! s'écria Ingénue, je ne l'aime pas!

Rétif, étonné de l'expression qu'Ingénue avait mise dans ses paroles, regarda profondément cette belle statue de la pureté virginale.

— Remarque bien, mon enfant, qu'en le supposant fidèle comme tu le supposes, il lui faudra peut-être attendre la mort de ton mari. Auger a trente ans : il peut vivre encore cinquante ans; vous en aurez soixante et dix chacun, et même Christian en aura soixante et quatorze : c'est l'âge de la sagesse.

— Une occasion se présentera, mon père, de faire rompre mon mariage.

— Ah! tu crois?

— J'en suis sûre.

— Et alors?

— M. Christian m'épousera.

— Il te l'a promis aussi?

— Oui, mon père.

— Sublimes! sublimes tous deux! s'écria le vieillard en présence de cette étrange puissance. Que la jeunesse d'aujourd'hui est forte! Ah! nous vieillissons, nous autres... Va, ma fille! va! fais comme tu voudras.

Et il l'embrassa tendrement.

— N'importe, ajouta-t-il d'une voix émue et enjouée,

accélère toujours l'occasion ; crois-moi, c'est plus sûr que tout.

— Je l'accélère, dit Ingénue.
— Comment cela? Est-ce un secret?
— Non, mon père. Je prie !

Le philosophe Rétif secoua la tête.

— Oh ! dit Ingénue, Dieu ne m'a jamais rien refusé.
— Tu as de la chance ! A quoi attribues-tu cela?
— A ceci : c'est que mon seul et unique amant est l'ange gardien qu'il m'a envoyé pour lui transmettre mes prières.

XXVIII

OU L'ORAGE GROSSIT

Nous avons vu, dans un des chapitres précédents, de quelle façon Auger avait conduit les affaires de Réveillon, et comment ses précautions avaient été prises pour trouver, le cas échéant, une certaine quantité d'or disponible. Revenons à ces affaires.

Nous avons dit aussi que le fabricant de papiers peints avait été nommé électeur. Ajoutons que cette dignité nouvelle lui avait fait beaucoup d'ennemis.

Depuis quelques semaines, Paris changeait à vue d'œil : on sortait de l'horrible hiver de 1788, au milieu duquel s'était allumée la fournaise des élections ; Paris, affamé, gelé, et que l'on eût cru à l'agonie, s'était, cependant, mis tout à coup à jeter des flammes, à gronder et à éclater comme un volcan. Fatigués des jours d'agitation que l'on venait de traverser, les gens d'ordre et de bon sens se reposaient; mais, justement parce qu'ils se reposaient, ceux-là qui avaient intérêt au désordre commençaient leurs bouleversements souterrains.

Il faut des siècles pour amener un peuple à l'état d'ébullition ; mais, lorsqu'une fois il est arrivé à cet état, il monte sans cesse jusqu'à ce qu'il ait éteint lui-même le foyer révolutionnaire qui le fait bouillir, avec ses flots débordés.

Cette élection de Réveillon, c'est-à-dire d'un électeur modéré entre les modérés, avait exaspéré le parti contraire ; on n'entendait que vociférations contre le malheureux commerçant, ce *traître* qui avait eu l'impudence de déclarer qu'une journée d'ouvrier était largement rétribuée avec quinze sous.

Dès cette époque, comme on le voit la question renouvelée en 1848 était là ; les bourgeois, les commerçants, ceux enfin qui occupent le prolétaire, quels qu'ils soient, prétendaient que ce prolétaire récalcitrant, plein de desseins mauvais, ne voulait pas vivre avec quinze sous, tandis que le prolétaire répondait tout simplement : « Ce n'est pas que je ne veux pas, c'est que je ne peux pas. »

Peu à peu, les prolétaires se comptèrent : ils virent qu'ils étaient très-nombreux, et, quand ils se furent bien assurés de leur nombre, ils passèrent de l'abnégation à la menace.

Et, comme, au bout du compte, Réveillon était la cause première de tout cela, ce fut lui qu'en grossissant, ce bruit menaça particulièrement.

Au moment dont nous parlons, il était de sûreté, presque de nécessité, que l'on publiât ses opinions, ou qu'on les affichât d'une façon quelconque.

Nous sommes loin d'affirmer que cette rage de manifestation ait jamais amené en France de bien heureux résultats ; mais, puisqu'il est convenu, puisqu'il est démontré même, que le caractère français est le plus franc, le plus ouvert et le plus démonstratif des caractères, il faut bien, alors, prendre son parti des démonstrations quand elles ont lieu.

Les gens du faubourg... Ici, nous ouvrons une parenthèse, car il nous convient, à nous romancier, de protester au nom de l'histoire : l'histoire a dit : « Les gens du faubourg : » nous répétons après elle : « Les gens du faubourg ; » mais nous ajoutons : ce n'étaient pas les gens du faubourg. Beaucoup de gens, dirons-nous donc afin d'être plus vrai, s'étaient réunis de tous les coins de Paris, pour trouver mauvais unanimement que Réveillon eût taxé à un prix si modique la journée des ouvriers ; et ce qui rendait à leurs yeux Réveillon encore plus coupable, c'est qu'ayant commencé par être ouvrier lui-même, il avait vécu, et s'était enrichi du travail des ouvriers.

Or, il y avait, à cette époque, un supplice que l'on appliquait d'autant plus facilement, que, jusque-là, il n'avait pas fait grand mal aux coupables : on brûlait en effigie.

Les brûleurs, qui paraissaient former une classe particulière dans la société, avaient déjà brûlé, soit particulièrement, soit ensemble, M. de Calonne, M. de Brienne, M. de Maupeou, M. de Lamoignon et même notre ami Dubois, le chevalier du guet. Ils s'occupèrent donc, l'occasion leur en étant offerte, de brûler un peu, et d'une façon réjouissante, Réveillon l'aristocrate, Réveillon le mauvais cœur, Réveillon le mauvais citoyen. Qu'il eût été étonné, le naïf commerçant, s'il se fût entendu donner tous ces titres qu'on lui prodiguait tout bas !

Du reste, ce n'était pas difficile de brûler M. Réveillon de la façon la plus réjouissante possible, et l'on aurait toute facilité pour cela.

Réveillon n'était point un ministre ; il n'avait pas de gardes, pas de suisses, pas de grilles avec des régiments alignés derrière.

Il habitait dans une maison, dans sa fabrique, derrière un vitrage, au fond d'une cour toujours ouverte et à peine défendue par un chien.

Il fallait voir un peu ce que ferait cet ogre de Réveillon, tandis qu'on le brûlerait en effigie.

Assurément, le chevalier du guet, qui s'était si ardemment mêlé de l'affaire de MM. de Lamoignon et de Brienne, ne se mêlerait pas de celle de M. Réveillon.

Qu'était-ce que M. Réveillon? saurait-on seulement à la cour ce qui se faisait chez M. Réveillon?

Donc, le 27 avril, les barrières de Paris commencèrent, vers neuf heures du matin, à laisser passer cette fange écumante que tout ruisseau de la capitale vomit comme une écluse, et recrée comme une matière vitale, alors que le jour des exécutions révolutionnaires est arrivé.

A cette foule se joignaient tous les affamés de l'hiver, montrant leurs joues pâlies, et, sous leurs lèvres presque aussi pâles que leurs joues, une double rangée de dents menaçantes.

Au premier abord, toute cette masse ne parut pas avoir de plan bien arrêté, et, comme personne ne s'opposait à sa marche, sa marche fut lente et pleine d'hésitation; ces malheureux s'arrêtaient par groupes, et, au milieu de ces groupes, ainsi qu'il arrive presque toujours, un orateur prenait la parole pour résoudre cette question de savoir s'ils étaient libres ou non, et si, du moment où ils avaient des électeurs, ils n'étaient pas en république.

Sur ce dernier point, on resta dans le doute; mais le premier, celui de la liberté, fut résolu affirmativement.

Et, de cette liberté, ils conclurent naturellement au droit de brûler Réveillon en effigie, comme ayant eu l'audace de se rendre coupable du crime de lèse-peuple.

On fabriqua un mannequin immense, de quatre ou cinq pieds plus grand encore que ceux de MM. Lamoignon et Brienne; ce qui était un grand honneur, on le voit, pour un simple marchand de papier. On décora ce mannequin du grand cordon noir, que la cour, disait-on, devait envoyer à Réveillon; puis, sur la poitrine du mannequin, on écrivit la sentence avec le crime; après quoi, du fond du faubourg Saint-Antoine, on vit s'avancer vers la Bastille, dont la maison du fabricant était voisine, le cortége à la fois grotesque et menaçant.

Arrivée devant la maison de Réveillon, la foule s'arrêta ; on enleva deux ou trois pavés ; on planta en terre la perche qui soutenait le mannequin ; on réclama, de l'obligeance des gens du quartier, de la paille et des fagots, matières combustibles que ceux-ci s'empressèrent de livrer, moitié par crainte, moitié par l'envie que les voisins riches inspirent toujours à leurs voisins pauvres ; puis l'on approcha du bûcher une torche, la flamme mordit à une botte de paille, et la foule commença de rugir comme un lion qui, avant de faire son déjeuner d'un bœuf ou d'un cheval, s'essaye sur des lièvres ou des gazelles.

Mais, on le sait, une idée en amène naturellement une autre : après cette idée de brûler Réveillon en effigie, vint à la foule cette idée bien autrement ingénieuse et bien autrement morale, au point de vue du crime qu'il avait commis, de le brûler en réalité.

D'ailleurs, cette peine du talion, qui est presque toujours celle à laquelle s'arrête l'esprit des peuples, sinon comme étant la plus juste, du moins comme étant la plus logique, se présenta naturellement à l'esprit de la foule. « Un homme peut vivre avec quinze sous par jour ! » avait dit Réveillon. « Eh bien, avait dit la foule, il faut que Réveillon sache un peu ce que c'est que quinze sous par jour. »

Ce fut alors qu'apparurent bien réellement les figures étranges qui ne se montrent que ces jours-là ; ce fut alors que les spectateurs placés aux premiers étages des maisons du faubourg aperçurent de loin ces mendiants hideux, munis de gros bâtons qui leur servaient d'appui, en attendant qu'ils pussent leur servir de massues.

En outre, on avait vu, disait-on tout bas, certaines personnes distribuer furtivement de l'argent aux groupes ; on avait vu cela la veille au soir, on l'avait vu le matin, et, en regardant bien attentivement, on le voyait encore au moment même.

Enfin, plusieurs lettres anonymes avaient été envoyées à l'adresse de Réveillon ; mais, chose étrange ! aucune ne lui était parvenue.

Au moment de l'attaque, le fabricant était dans son jardin avec ses filles ; le printemps essayait un de ces premiers sourires qui rendent la nature si joyeuse ; les neiges qui avaient encombré et fécondé la terre, pendant le rigoureux hiver de 1788, fondaient peu à peu sous les premières haleines du zéphyr, comme l'a dit Horace, et comme l'ont depuis répété tant de gens, que, d'une chose charmante et pittoresque, ils ont fait une chose vulgaire et triviale.

Les bourgeons, enveloppés encore de bourre printanière, commençaient à jaillir avec énergie des rameaux rougissants, sous lesquels on sentait déjà la sève circuler.

Les giroflées, pressées d'étaler leurs couleurs et d'étendre leurs parfums, gonflaient leurs larges têtes, et balançaient leurs panaches dorés au-dessus des primevères et des violettes.

Les murs, qu'on apercevait entre les branches des arbres, chauves encore, semblaient plus blancs et plus lavés, essuyés par le premier soleil qui aspirait leurs vapeurs.

Il y avait, en un mot, dans tout ce qui représentait aux yeux des hommes cette bienheureuse époque de l'année, dans les fleurs, dans les plantes, et même dans les pierres, quelque chose qui promettait à la nature longue vie et longue prospérité.

En ce moment, disons-nous, et tout occupé qu'il était de ses travaux et de ses idées champêtres, Réveillon crut entendre comme un murmure lointain.

Il prêta l'oreille ; ses filles écoutèrent avec lui.

Au reste, on commençait à s'accoutumer aux agitations ; depuis les élections, passaient et repassaient fréquemment dans toutes ces grandes artères de Paris qu'on appelle les quais, les boulevards, la rue Saint-Jacques, et le faubourg Saint-Antoine, — et cela tantôt avec des chants, tantôt avec des menaces, — les patriotes contents ou mécontents de leurs élections.

Un instant Réveillon put se figurer que c'était une de ces bourrasques pareilles à celles qu'il avait vues passer les jours précédents ; qu'elle avait pris son chemin bruyant et tumultueux par le faubourg ; mais que, marchant toujours à la façon des nuages, elle allait passer sans ravager autre chose que les vitres et les lanternes.

Réveillon se trompait : — la bourrasque ne cessa point ; elle grossit en bruit et en sourdes menaces, et se concentra devant la maison même du malheureux électeur ; du moins, à défaut de la vue, on jugea-t-il ainsi aux échos que les cris de la foule éveillaient autour de lui.

Il quitta le jardin, s'élança du côté des cours, et vit que les portes étaient déjà fermées ; on avait devancé l'ordre qu'il venait donner.

Cependant, quelques coups sinistres et lents retentissaient dans la porte massive ; ils étaient alors le seul bruit qui se fît entendre.

En effet, toute cette foule ne proférait pas un mot : c'était bien la minute de lourd et menaçant silence qui précède les grandes crises de la nature, alors que se tait l'oiseau sous la feuillée, la bête fauve dans son repaire, et l'homme, cet éternel Œdipe interrogeant ou la terre ou les cieux.

Aux coups frappés dans la porte, Réveillon, inquiet, s'approcha, ouvrit un guichet pratiqué dans l'épaisseur du chêne, et solidement grillé à petites mailles.

Un visage jaune, terreux, hérissé de poils roux ; deux

yeux, ou plutôt deux trous au fond desquels brillaient comme deux charbons allumés : voilà les objets rassurants que Réveillon trouva collés de l'autre côté du grillage, à un pouce de son visage, à lui.

Il fit un pas en arrière.

— Que voulez-vous de moi? demanda-t-il.

— Nous voulons parler à Réveillon, répondit la laide figure.

— Me voici, dit Réveillon, un peu rassuré par la porte de chêne et le grillage de fer.

— Ah ! c'est vous qui êtes Réveillon ?

— Oui.

— Bien ! ouvrez-nous, alors.

— Pourquoi faire?

— Nous avons quelque chose à vous dire.

— Qui, vous ?

— Regarde ! dit la voix.

Et l'homme, ayant un peu obliqué à gauche, découvrit aux yeux de l'électeur l'imposant spectacle de la multitude agglomérée en face de lui.

Un seul regard, une seconde d'examen suffit au malheureux Réveillon pour tout embrasser.

Hideuses figures entassées les unes sur les autres, habits déchirés, bâtons épineux, fusils rouillés, piques vacillantes, et, pour fond à tout cela, un fouillis de regards venimeux, pareils à ceux d'une nichée de vipères que trouve, dans la campagne de Rome, l'imprudent qui, ayant mal regardé devant lui, effondre un terrier de renard abandonné.

A cette vue, Réveillon frissonna, pâlit et recula.

— Allons ! allons ! allons ! continua l'homme, qui semblait être le chef de la bande.

Et il frappa la porte de son pied ferré.

— Mais, enfin, que me voulez-vous? demanda Réveillon.

— Ah ! tu veux savoir ce que l'on te veut ?

— Sans doute.

— Eh bien, l'on veut brûler dans ta cour l'effigie d'un scélérat, d'un ennemi du pauvre peuple, d'un accapareur, d'un aristocrate qui a dit qu'un ouvrier pouvait vivre comme un prince avec quinze sous par jour!

— Je n'ai jamais dit cela! Dieu m'en préserve! s'écria Réveillon effrayé.

Et ces paroles, répétées à la bande par l'homme du guichet, soulevèrent des huées qui montèrent jusqu'aux toits des maisons voisines, pareilles à la vapeur d'une chaudière de bitume dont on soulève le couvercle.

Comme en réponse à ces huées, Réveillon entendit alors une voix à son oreille, du côté de la cour.

— Fermez, monsieur Réveillon! fermez! disait la voix.

Il se retourna et vit Auger.

A quelques pas derrière lui, et sur le perron de la maison, les filles du fabricant appelaient leur père avec des larmes et des supplications.

— Fermez, monsieur! fermez! répéta Auger une seconde fois.

Réveillon ferma le guichet.

Alors retentit une formidable explosion de hurlements et d'imprécations; la porte fut battue par mille coups à la fois, comme si l'on n'eût attendu que la clôture de ce guichet pour commencer les hostilités.

Auger poussa Réveillon dans les mains de ses filles et de quelques ouvriers demeurés fidèles.

— Fuyez! fuyez!

— Fuir! et pourquoi? demanda Réveillon. Je n'ai fait aucun mal à tous ces gens-là!

— Écoutez-les, dit Auger.

Et sa main étendue désignait à Réveillon, à travers la porte, les assassins, qui criaient:

— A mort! à la lanterne!

Car on pensait déjà à la double utilité qu'on pouvait

tirer de ce long bras de fer qui n'avait servi, jusque-là, qu'à supporter des lanternes.

Comme le gouvernement ne voulait plus pendre pour son compte, le peuple, afin de ne pas laisser perdre cette belle institution, voulait pendre pour le sien.

Réveillon, terrifié, abasourdi, se laissa persuader, et, s'enfuyant avec ses filles par le jardin, qui n'était pas encore envahi, put, après avoir fait un long détour, se réfugier à la Bastille.

— Et, maintenant, dit Auger, voyons ce qui va se passer ici !

XXIX

OU LA FOUDRE TOMBE

La porte résistait, cependant.

D'ailleurs, les assaillants ne pouvaient s'empêcher de regarder un peu autour d'eux, et, en voyant, à deux cents pas à peine, se dresser la Bastille, géant de granit qui n'avait, pour les foudroyer, qu'à allumer l'éclair d'un ou deux de ses canons, ils avaient peur encore du bruit qu'ils faisaient.

Puis, des créneaux de la Bastille, leurs yeux s'abaissaient à tous les angles de rue par lesquels ils s'attendaient à voir déboucher le guet, — ce terrible guet de la place Dauphine !

D'autres interrogeaient les fenêtres de Réveillon, inquiets et défiants du silence de ces fenêtres ; car, à travers les jalousies, un tromblon pouvait passer sa gueule évasée, et envoyer au milieu de cette foule compacte sa charge terrible dont pas une balle n'eût été perdue.

Au surplus, il fallait remplir les conditions du programme, et brûler ce fameux mannequin de Réveillon.

Ce fut alors qu'un zélé approcha une torche d'une botte de paille, et que le feu éclata.

Le soir venait : beau moment pour le jeu des flammes !

Nous l'avons dit, la porte avait d'abord été fermée, et heureusement bien fermée : le feu vint gercer et grésiller le bois de cette porte, et bientôt la fumée aveugla la maison tout entière.

L'auto-da-fé dura plus d'une heure ; l'émeute durait déjà depuis une demi-journée, et, cependant, pas un baudrier, pas un chapeau galonné, pas une baïonnette ne s'étaient montrés dans le faubourg.

D'où venait cette inertie ? Il y a une chose triste à dire : — de la cour, selon toute probabilité.

Cette date du 27 avril, à laquelle nous sommes arrivés, avait été fixée pour l'ouverture des états généraux. La cour, qui connaissait leur composition, ne craignait rien tant que cette ouverture, déjà remise au 4 mai ; il s'agissait d'ariver à ce que, le 4 mai, ils n'ouvrissent pas plus qu'ils n'avaient ouvert le 27 avril.

Or, voici ce qu'espérait la cour : elle espérait qu'à cette bande de cinq ou six cents misérables, qu'à ces cent mille curieux qui regardaient, se joindraient trente ou quarante mille ouvriers sans pain et sans travail ; que le pillage, dont on allait donner un spécimen chez Réveillon, éveillerait chez ces pauvres gens le fatal désir de suivre l'exemple offert ; que l'on pillerait dix ou douze maisons riches, — ce qui serait un prétexte parfaitement suffisant pour ajourner les états, et concentrer une armée sur Paris et sur Versailles.

Rien ne venait donc troubler, dans leurs opérations, les émeutiers du faubourg Saint-Antoine.

Il en résulta que, sur les trois heures de l'après-midi, les poitrines tenues en haleine commencèrent à se dégonfler : ni défense de la maison Réveillon, ni intervention des voisins, ni répression de la part de l'autorité : on pouvait donc agir sans crainte.

Vers quatre heures du soir, on attaqua hardiment les portes, et l'on se mit sérieusement à escalader les murs.

Ce fut alors seulement que l'on vit paraître une escouade d'archers, qui se mit à parlementer avec les agresseurs.

Cette escouade était trop faible, d'ailleurs, pour faire autre chose que parlementer.

Ce que voyant les assaillants, encouragés par cette paterne opposition, ils se remirent au siége de la maison.

Alors, les coups de feu commencèrent à pleuvoir; mais ils arrivaient trop tard : les esprits étaient montés. Les pierres répondirent aux coups de feu, et les archers furent battus et mis en fuite.

Les archers battus et mis en fuite, il ne s'agissait plus que de faire irruption dans la maison.

On ne se donna point la peine d'enfoncer la porte : on appliqua des échelles aux murs, on entra par les fenêtres, et les premiers entrés ouvrirent portes et fenêtres, à ceux qui étaient restés dehors. Comment cela se fit-il? On n'en sut jamais rien; mais, en même temps que les hommes escaladaient les fenêtres, le feu prenait au magasin de papiers peints.

Il y eut alors un pêle-mêle effroyable; chacun se dirigea selon son goût et son ambition : les uns se répandirent dans les chambres, et jetèrent les meubles par les fenêtres; les autres coururent à la cave; quelques-uns des plus avisés cherchèrent la caisse.

C'est là que nous conduirons le lecteur, s'il veut bien nous le permettre.

La caisse de Réveillon était située dans un petit bâtiment donnant sur une cour particulière qui servait à l'essai des couleurs.

Cette caisse était au premier étage; elle se composait d'une pièce assez vaste servant de bureau, placée entre une petite antichambre par laquelle on y entrait, et un cabinet dans lequel elle donnait elle-même.

C'est dans ce petit cabinet que se trouvait la caisse.

Ce meuble important était un grand coffre de bois que trois hommes eussent eu de la peine à porter, même quand il était vide. Des serrures de fer où la matière n'avait pas été épargnée, des clous à tête énorme, des poignées, des angles, des cadenas préservaient à la fois ce coffre de la main du temps et de la main des voleurs.

Il n'était point facile de trouver l'accès de cette chambre. Un petit escalier tournant y conduisait ; les ouvriers seuls le pouvaient connaître.

Aussi vit-on les pillards se répandre de préférence dans les appartements de Réveillon, forcer les secrétaires, briser les glaces, et faire main basse sur tout ce qui pouvait avoir une valeur.

Auger, au moment de l'invasion, s'était retiré dans la caisse. Il considérait de là les progrès de la tempête : des tourbillons rougeâtres et une fumée âcre commençaient à remplir les cours, et à chercher lentement l'air et le ciel.

Accroupi sur son coffre, Auger regardait ces énergumènes courant comme une horde de démons au milieu de l'enfer.

Ainsi placé derrière les grilles du petit cabinet, il semblait attendre que l'on envahît aussi son sanctuaire.

Mais, chose étrange, presque providentielle, rien ne venait du côté d'Auger ; toute l'ardeur des assaillants se portait d'un autre côté.

Les coups de feu commençaient, d'ailleurs, à se multiplier : un détachement de gardes françaises commandé par M. du Châtelet venait d'arriver au faubourg ; seulement, ce détachement était composé de vingt-cinq ou trente hommes au plus.

Au bruit de la fusillade, Auger gagna une fenêtre de la rue ; il vit tomber quelques hommes. Il ignorait le nombre des gardes françaises ; il devait présumer que ce nombre était assez considérable pour réprimer l'émeute.

— Je suis perdu ! murmura-t-il ; la caisse n'a pas été attaquée : ces soldats seront maîtres du terrain avant une demi-heure.

Et il s'arrachait les cheveux de désespoir.

— Bon ! dit-il tout à coup, si, ce que ces imbéciles n'ont pas su faire, je le faisais, moi ?...

Il descendit dans la petite cour, jeta un papier allumé dans un baquet plein de térébenthine, qui s'alluma aussitôt en sifflant, et monta contre la muraille comme un serpent vert et rouge.

Auger vit que les couleurs voisines, toutes fabriquées à l'essence, prenaient feu ; il entendit craquer la boiserie, et, ouvrant la caisse, il en tira le sac d'or que nous lui avons vu recueillir si soigneusement.

Puis il referma le coffre, s'approcha de la fenêtre de la cour, que léchaient déjà les langues de l'incendie, et, pour que la flamme gagnât plus vite, il enduisit le bois d'essence et d'huile grasse ; après quoi, il y mit le feu avec son flambeau.

C'était un spectacle hideux que le visage de ce scélérat illuminé par les lueurs de la flamme : l'expression sinistre de son regard, la joie de son sourire, eussent fait croire à la présence de quelque génie infernal acharné à la ruine du pauvre Réveillon !

Le feu gagnait et déjà enveloppait le coffre tout entier, dans lequel ne restaient plus que des valeurs commerciales pour une somme considérable, mais qui ne pouvaient plus être d'aucune utilité pour Auger, et pouvaient même servir à le dénoncer s'il avait eu l'imprudence de les prendre, lorsqu'une voix retentit derrière Auger.

— Oh ! misérable ! dit cette voix, vous êtes donc aussi un voleur ?

Auger se retourna.

Celle qui avait parlé, c'était Ingénue, pâle, haletante, debout et immobile sur le seuil.

Auger lâcha le flambeau, qui roula à terre, et, contraint de s'adosser au mur, tant pour se soutenir que pour cacher le sac, il enfonça ses doigts dans l'or, frémissant sous l'étreinte.

— Vous! murmura-t-il, vous, ici?

— Oui, moi! dit Ingénue; moi qui vous connais enfin sous toutes vos faces!

Auger passa sur son front une main couverte de sueur; puis, instinctivement, il ramena cette main dans la poche de côté de sa veste, où elle rencontra le manche d'un couteau, assez fort et assez tranchant pour servir au besoin de poignard.

Au reste, il n'avait encore aucune idée bien arrêtée. Il ne pouvait comprendre, il ne pouvait en croire ses yeux.

Ingénue, qu'il savait sortie, qu'il croyait ne devoir rentrer qu'à la nuit, le prenant en flagrant délit d'incendie et de vol!

Cette femme douce et pure, image de la vertu inoffensive, lui apparut comme Némésis aux yeux vengeurs, aux gestes pleins de menace.

Comment se trouvait-elle là? C'est ce qu'il est bien facile d'expliquer.

Vers une heure, Ingénue était sortie comme d'habitude; ce jour-là était celui des doux rêves; elle avait, du côté de Clignancourt, rendez-vous avec Christian.

Le rendez-vous avait passé avec la rapidité ordinaire : une fois réunis, le jeune homme et la jeune femme n'avaient plus idée de la mesure du temps; quand la nuit descendait, ils comprenaient seulement que l'heure était venue de rentrer.

Alors, Christian reconduisait Ingénue le plus près possible de chez elle; on prenait jour et heure pour un nouveau rendez-vous, et l'on se séparait.

Ce jour-là, ils avaient bien entendu un certain bruit dans le faubourg; mais, comme il était impossible de deviner la cause de ce bruit, et, par conséquent, d'en prendre de l'ombrage, Christian, par les rues de derrière, avait reconduit Ingénue à une centaine de pas de la petite porte du jardin, et, là, il l'avait quittée.

Ingénue trouva la porte du jardin ouverte ; puis elle vit les tourbillons de fumée qui s'élevaient de la maison ; puis elle entendit les cris qui retentissaient dans les cours et dans les appartements.

En s'approchant davantage, elle vit des hommes courir, hurlant ; et elle comprit alors que tout ce bruit, toutes ces rumeurs, venaient de la maison même de Réveillon.

Courageuse comme toute créature chaste et pure, elle songea que Réveillon courait sans doute quelque danger, et elle s'élança dans les appartements.

Les appartements étaient pleins d'hommes furieux, cherchant Réveillon.

Mais, comme il était facile de voir qu'ils ne l'avaient pas trouvé, Ingénue pensa que, selon toute probabilité, soit pour se dérober aux coups de ces hommes, soit pour défendre sa fortune contre eux, Réveillon s'était réfugié dans sa caisse, et elle y courut.

Nous avons vu comment elle y était arrivée juste au moment où Auger était occupé à brûler la caisse et la maison, pour voler l'or.

Ce fut alors qu'oubliant tout à cet affreux spectacle, Ingénue s'écria : « Oh ! misérable ! vous êtes donc aussi un voleur ? »

Quand Auger fut revenu de son premier saisissement, il comprit tout le danger de la situation.

Cette femme devait devenir ou sa complice ou sa victime.

Il connaissait trop bien Ingénue et ses principes pour espérer un instant qu'elle consentirait à se taire.

Cependant, il ne tenta pas moins un effort auprès d'elle, et, d'une voix altérée :

— Laissez-moi passer! dit-il; nos destinées n'ont plus rien qui soit commun : vous m'avez désespéré, humilié sans cesse. Je ne suis plus votre mari, vous n'êtes plus ma femme; laissez-moi passer!

Ingénue comprit que cette heure qui devait la séparer à tout jamais de son mari, cette heure qu'elle avait instamment demandée au ciel, était arrivée.

— Vous laisser passer? fit-elle.

— Il le faut! dit Auger.

— Vous laisser passer avec l'or de M. Réveillon?

— Qui vous dit que cet or soit à M. Réveillon?

— Ne venez-vous pas de le tirer de sa caisse?

— Ne puis-je avoir de l'or à moi dans la caisse de M. Réveillon?

— Où est M. Réveillon?

— Me l'avez-vous donné en garde?

— Faites attention, malheureux! vous me faites la même réponse que Caïn à Dieu, après la mort d'Abel.

Auger ne répondit pas, et tenta de passer.

Mais Ingénue, barrant la porte :

— Voleur! dit-elle, voleur!

Il s'arrêta, ne sachant que faire, et terriblement tenté par le mauvais esprit.

— Voleur! reprit Ingénue; vous avez peut-être assassiné M. Réveillon! C'est vous qui avez incendié sa maison, c'est vous qui avez perdu tout ce qui vous a servi. Voleur et assassin! rendez au moins cet or, qui, demain, sera peut-être la seule ressource de vos bienfaiteurs.

— Ah! vous m'appelez assassin? dit-il avec un funèbre sourire.

— Oui, assassin! assassin!

— De sorte que vous voulez que je rende cet or?

Et il montra impudemment le sac à Ingénue.

— Sans doute que je veux que vous le rendiez.

— Et, si je ne le rends pas, vous me dénoncerez?

— Oui ; car je veux qu'on sache quel monstre de perversité vous êtes !

— Ah! fit le misérable d'une voix qui n'avait plus rien d'humain, vous ne direz rien, allez, madame Auger !

Et il porta de nouveau la main à sa poche.

Ingénue vit le mouvement, et le comprit.

— Au voleur ! cria Ingénue en essayant d'ouvrir la fenêtre, dont les flammes commençaient à faire voler les vitres en éclats.

Et la fumée assez épaisse qui emplissait la chambre, en se précipitant par ces carreaux brisés, l'empêcha de pousser un second cri.

Auger s'élança sur elle, la saisit à la gorge, lui renversa la tête en arrière, et, au-dessus du sein gauche, lui enfonça dans la poitrine le couteau qu'il tenait tout ouvert dans sa poche.

Le sang jaillit avec violence, et Ingénue tomba en laissant échapper un râle étouffé.

Auger, d'un mouvement convulsif, serra contre sa poitrine le sac d'or qu'il venait de payer d'un meurtre, s'élança par la porte ouverte avec la rapidité d'une ombre, et trébucha aux deux marches qui séparaient la chambre de l'antichambre.

Pendant ce temps si court, il put entendre s'écrouler le mur et le plafond de la chambre qu'il quittait, et voir la flamme jaillissant par le courant d'air qu'elle venait de s'ouvrir.

Mais ce qu'il ne put voir et ce qu'il ne vit pas, c'est qu'au moment même, une échelle montra ses deux bras blancs à la fenêtre calcinée, et qu'à l'aide de cette échelle, par cette fenêtre, un homme s'élança, les cheveux et le visage noircis.

— Ingénue ! criait-il, Ingénue !

Cet homme était Christian ; Christian, qui n'avait fait attention à rien, qui n'avait écouté aucun bruit, remarqué aucune rumeur, tant qu'il avait eu près de lui Ingénue, mais qui, dès qu'Ingénue l'eut quitté, dès qu'il se trouva seul, comprit qu'il se passait dans le faubourg quelque chose d'inaccoutumé.

Il descendit de son fiacre, courut au premier groupe, et s'informa.

On lui dit que les ouvriers de Réveillon pillaient et incendiaient la maison de leur maître, et tuaient tous ceux qui l'habitaient.

Or, Ingénue et son père habitaient cette maison.

C'était en le quittant, lui, Christian, qu'Ingénue venait de rentrer dans cette maison.

Qu'allait-elle devenir au milieu de cette horrible bagarre?

Peut-être aurait-il encore le temps de la rejoindre et de la sauver!

Il s'élança sur ses traces.

Il connaissait très-bien la porte de ce jardin par laquelle, deux fois sur trois, Ingénue sortait pour le rejoindre; il courut à cette porte.

Puis, fendant les groupes, heurté ici, blessé là-bas, brûlé aux jambes, déchiré en cent endroits, il était arrivé dans la petite cour.

Là, il avait vu, à travers les vitres, le jeu de deux ombres. Il avait reconnu Auger, il avait deviné Ingénue.

D'ailleurs, la flamme éclairait assez pour que, d'en bas, il pût voir son visage.

Un cri s'était fait entendre.

Ce cri lui avait semblé un cri d'appel; celle qui l'avait poussé demandait du secours.

Alors, dévoré d'angoisses, il avait regardé autour de lui, et, apercevant sous le hangar une échelle encore intacte, il s'en était emparé, l'avait dressée contre la muraille, avait fait voler la fenêtre d'un coup de poing, et, l'épée aux dents, il pénétrait dans la caisse au moment même où gisait sous les décombres fumants la pauvre femme, victime de sa loyauté et de sa bravoure.

Christian, en sautant dans le cabinet, cria par deux fois d'une voix terrible :

— Ingénue ! Ingénue !

A ce cri, à ce nom, quelque chose de blanc se souleva au milieu des ruines, et arrêta les pas du jeune homme.

Un murmure qui pouvait être un cri de joie et de reconnaissance s'échappa des lèvres de la jeune femme.

Ce cri inarticulé dénonçait à quelle douloureuse agonie était en proie celle qui le proférait.

Christian reconnut tout à la fois et la voix d'Ingénue, et Ingénue ensanglantée et mourante.

Avant qu'elle fût retombée, il avait passé son bras autour de sa taille, et l'avait enlevée de terre.

Il n'y avait pas moyen de rester un instant de plus dans cette fournaise : il emporta la jeune femme, tandis que le sang, coulant à flots de la blessure faite par le poignard d'Auger, inondait son épaule et laissait une longue trace sur les débris fumants ; il l'emporta, triste et cher fardeau ! au milieu des blessés, des morts, sous une grêle de balles, au sifflement des pierres ; il l'emporta, suffoqué par la fumée, dévoré par les flammes, meurtri par la chute des plafonds ; il l'emporta à travers les précipices ouverts sur les escaliers, traversa les cours, et ne s'arrêta que dans le jardin.

Il n'avait pas fait plus de dix pas dans la cour, que le petit bâtiment s'écroula derrière lui, et qu'un tourbillon de feu, de poussière et de hurlements monta jusqu'au ciel en répercutant au loin ses bruits et ses lueurs !

XXX

LE PORTRAIT

Personne n'avait vu passer le jeune homme, tant chacun était occupé de soi, tant chacun était acharné à piller ou à détruire pour son propre compte.

En effet, les uns se battaient, les autres brisaient, les autres volaient.

L'émulation du vol, de la destruction ou du combat régnait sans rivale dans toute cette malheureuse maison, devenue la proie d'une incroyable orgie de cupidité, de vengeance et de rage.

Tandis que les gardes françaises, bataillant au dehors, prenaient peu à peu possession de la rue et des maisons, des fenêtres desquelles on pouvait avantageusement faire feu sur la maison de Réveillon, les brigands, refoulés, encombraient les caves, défonçaient les tonneaux, et se gorgeaient indifféremment d'eau-de-vie, de vin, d'esprit-de-vin, de liqueur et de térébenthine.

Aussi la plupart de ces misérables mouraient-ils empoisonnés, en cherchant à mourir ivres.

Pendant ce temps, Christian déchirait son mouchoir en lambeaux, le trempait dans le bassin du jardin, et, l'appuyant glacé sur la poitrine d'Ingénue, reprenait sa course, ne pensant pas qu'elle pût jamais être emportée trop loin de la fatale maison.

Et, tout en courant, il pressait mille fois sur son cœur ce corps palpitant, il dévorait de baisers ces lèvres déjà marquées du sceau de la mort, et, dans un furieux accès de désespoir, il allait sans savoir où, ne demandant à Dieu autre chose, sinon, puisqu'il reprenait Ingénue à la terre, de mourir avec Ingénue.

Christian, insensé, hagard, courait donc chargé de son précieux fardeau, une main sur le cœur de la jeune fille, et en interrogeant les derniers battements, parfois égaré, gémissant, s'arrêtant pour reprendre haleine, et étancher le sang avec son mouchoir rougi.

Les idées l'avaient abandonné : en voyant Ingénue devenir de plus en plus pâle, de plus en plus froide, s'acheminer enfin de plus en plus vers la mort, il ne demandait que la mort.

Soudain son bon ange l'arrêta.

« Pourquoi ne sauverait-on pas Ingénue ? » murmura-t-il à son oreille.

Christian poussa un cri de joie ; il rouvrit les yeux à un ordre tout nouveau d'idées.

— Oui, la sauver ! murmura-t-il. Je la sauverai ! je la sauverai, et elle me devra la vie !

Un fiacre passait, Christian l'appela.

Par bonheur, la voiture était vide : elle vint droit au jeune homme.

— Bon Dieu ! demanda le cocher, qu'y a-t-il donc, mon jeune seigneur ?

— Il y a, mon ami, que je me suis trouvé avec ma sœur au milieu de l'émeute du faubourg Saint-Antoine, dit Christian, et qu'elle y a été blessée.

— Hélas ! oui ! dit le cocher sautant à bas de son fiacre, et bien dangereusement même, car vos habits sont tout rouges de sang.

Et le brave homme ouvrit son fiacre, dans lequel Christian se plaça, tenant Ingénue en travers sur ses genoux.

— Vous voulez un chirurgien, n'est-ce pas, mon jeune seigneur ? demanda le cocher.

— Oui, certainement ! En connais-tu un, toi ?

— Oh ! oui, monsieur, oui, et un fameux, allez !

— Comment l'appelles-tu ?

— Je ne sais pas son nom.

— Tu ne sais pas son nom ?

— Il s'appelle le chirurgien des pauvres gens, voilà tout.

— Va ! va !

Le cocher fouetta ses chevaux d'une si vigoureuse façon, qu'il leur fit comprendre qu'il y avait urgence ; aussi coururent-ils comme ils n'avaient jamais couru.

Un quart d'heure après, le fiacre s'arrêtait devant une petite porte, dans une rue étroite et sombre, et complétement inconnue à Christian.

Le cocher descendit, sonna, ou plutôt arracha une sonnette placée à la petite porte, qui s'ouvrit; puis il aida Christian à sortir Ingénue de la voiture.

— Là! dit le cocher; maintenant, elle est en bonnes mains, allez!

— Et où veux-tu que j'aille?

— Au second étage... Eh! tenez, j'entends déjà que l'on ouvre la porte.

En effet, à peine l'allée fut-elle ouverte, qu'une chandelle apparut à travers les barreaux de la rampe de fer.

Et une voix retentit d'en haut, voix perçante et grêle.

— Qu'y a-t-il donc, demanda la voix, et qui sonne si fort?

— Une pratique, fit le cocher.

Puis, à Christian:

— Montez! montez, mon jeune seigneur! dit-il; c'est la gouvernante du chirurgien en question. Voyons, voulez-vous que je vous aide?

— Merci, dit Christian en mettant le pied sur la première marche.

— Oh! ma foi, oui, vous me paraissez assez fort, et puis la jeune demoiselle est légère comme une plume... Mais que de sang, que de sang, mon Dieu! Moi, je vais vous attendre en bas, pour le cas où vous auriez encore besoin de moi.

Christian monta lentement les degrés, non pas que la jeune fille pesât à ses bras, mais, à chaque pas qu'il faisait, le sang revenait frais et vermeil aux lèvres de la blessure.

Au moment où il passait sur le palier du premier étage, une porte s'ouvrit, et des têtes de femmes vieilles et curieuses se montrèrent un instant; puis, voyant ce jeune homme plein de sang et cette jeune fille mourante, jetèrent un cri en rentrant précipitamment.

Derrière elles, la porte se referma.

La fameuse chandelle éclairait toujours du second

étage. Phare tremblotant, elle indiquait à Christian où il devait poser ses pieds sur ces marches crottées, étroites, humides et raboteuses tout à la fois.

L'odeur de cette maison était nauséabonde et malsaine.

L'air en était froid ; on voyait ruisseler sur les murailles des rigoles d'eau suintant à travers les parois mal recrépies.

Enfin, Christian arriva devant la femme qui éclairait ainsi, et dont la tête était enfoncée sous une coiffe crasseuse.

C'était un de ces types de femmes de ménage comme on en trouve seulement à Paris, ville de luxe misérable.

Se faire servir par de pareilles créatures, c'est évidemment avoir moins soin de soi que d'elles-mêmes.

Mais Christian n'était point là pour faire de la physiologie. A peine s'il jeta un coup d'œil sur la hideuse duègne ; il entra rapidement et chercha des yeux une place où déposer son fardeau.

Pas de tapis, pas de canapé ; dans la pièce du fond, un lit, voilà tout.

Christian courut vers ce lit ; mais la femme s'écria :

— Eh bien, que faites-vous donc?... Sur le lit de monsieur ! Bon ! il ne manquerait plus que cela.

Christian s'arrêta, blessé au cœur.

— Mais où donc voulez-vous que je dépose cette pauvre blessée ? demanda-t-il.

— Où vous voudrez ! mais pas sur le lit, dit la vieille femme.

— Et pourquoi? demanda Christian.

— Mais parce que tout ce sang gâterait le lit de monsieur.

Le dégoût prit à Christian.

En effet, le lit de monsieur ne lui paraissait pas digne, à lui, de recevoir ce sang virginal et précieux dont la hideuse chambrière craignait la souillure.

Il tira avec le pied un fauteuil de paille, en approcha

un autre de celui-là, et sur cette espèce de canapé déposa la jeune femme.

La vieille le laissa faire en maugréant. Ingénue couchée sur le lit improvisé, Christian releva la tête.

— Le chirurgien n'est donc pas ici? demanda-t-il.

La lumière de la chandelle que tenait la femme de ménage porta alors sur sa figure.

— Tiens, monsieur Christian ! s'écria-t-elle.

— Vous me connaissez? demanda le jeune homme.

— Je crois bien, dit la vieille femme, et j'ajouterai même que ce n'est pas bien à vous de ne pas me reconnaître, monsieur Christian, après vous avoir soigné comme je l'ai fait.

Christian la regarda à son tour.

— Albertine ! s'écria-t-il.

— Eh ! oui, Albertine.

— Mais je suis donc chez M. Marat?

— Sans doute.

— Comment ! a-t-il donc quitté les écuries d'Artois?

— Monsieur a donné sa démission ; il ne veut plus servir les tyrans.

— Une expression de dégoût envahit le visage de Christian.

Il eut un instant l'idée d'emporter Ingénue ailleurs.

Mais où l'emporter?

D'ailleurs, il se rappelait les soins que Marat avait eus de lui, et l'habileté qu'il avait déployée à son égard, quand on l'avait apporté blessé chez Marat, comme aujourd'hui il y apportait Ingénue.

— Ah ! dit-il, je suis chez M. Marat... Mais où est-il donc?

— Est-ce que je sais, moi ! répondit Albertine ; il a ses affaires à lui, et il ne me dit pas où il va.

— Ah ! ma chère madame Albertine ! s'écria Christian, courez vite, je vous en supplie ! Ne voyez-vous pas que la pauvre enfant se meurt !

— Vite, vite, c'est bien aisé à dire, répondit la femme en regardant de côté cet adorable visage, avec une haine profonde pour la beauté, pour la jeunesse et pour la grâce. — Vite! puisque je vous dis que je ne sais pas où est monsieur.

— Oh! cherchez-le où il a l'habitude d'aller.

Puis, se rappelant la cupidité d'Albertine :

— Tenez, ma chère madame Albertine, tenez! dit-il en tirant quelques louis de sa poche.

Albertine les prit avidement, et elle se préparait, en effet, à sortir, ne fût-ce que pour faire semblant de chercher Marat, lorsqu'un soupir retentit dans la chambre.

Christian répondit à ce soupir par un cri de joie : Ingénue venait de se reprendre à la vie.

Il se précipita à genoux près de son fauteuil; Albertine se pencha vers elle, non point par compassion, mais par curiosité.

Ingénue ouvrit les yeux avec effort, et son premier regard fut pour Christian.

Lorsqu'elle eut reconnu le jeune homme, la pâleur de ses joues sembla devenir moins intense.

Une sorte de flamme joyeuse illuminait le visage de la pauvre blessée.

Christian, à genoux près d'elle, attendait sa première parole; on eût dit que sa vie, à lui, en dépendait.

Mais elle dit seulement, d'une voix à peine intelligible :

— Où suis-je?

— Chez un chirurgien très-habile, mon amie, dit Christian : chez celui qui m'a déjà sauvé, et qui va vous sauver à votre tour.

Quelque chose comme un sourire éclaira le front pur de la jeune fille.

— Oui, murmura-t-elle, oui, me sauver !

Et, comme pour reconnaître le lieu où elle se trouvait, ses yeux s'étendirent circulairement autour d'elle.

Tout à coup ils s'ouvrirent, se dilatèrent et se fixèrent sur un angle de l'appartement, avec autant de terreur que si elle y eût vu la Mort elle-même accroupie dans l'obscurité.

Christian suivit la direction de ce regard effaré, et il aperçut un cadre de bois mal doré dans lequel vivait, c'est le mot, un portrait d'une expression à la fois sinistre et railleuse.

Ce portrait, d'une vigoureuse touche et d'une couleur plus sourde que brillante, meublait le pan coupé de cette chambre.

Nous l'avons dit, il vivait là, et, en l'absence du maître, il semblait veiller sur chaque détail de la maison.

Ingénue poussa un cri. Puis elle étendit le doigt vers cette peinture, et demanda d'une voix étouffée :

— Quel est cet homme ?

— Eh bien, mais c'est mon maître, M. Marat, dit la vieille, et le portrait est bien beau : il est de M. David, un peintre de ses amis.

— Cet homme !... s'écria Ingénue en se dressant sur la couche improvisée que son ami lui avait faite.

Elle ne pouvait en dire davantage ; Christian attendit avec anxiété.

— Le chirurgien ? c'est le chirurgien ? acheva-t-elle en balbutiant.

— Eh bien, demanda Christian, en proie comme elle à un sentiment inexprimable d'angoisse, quand ce serait le chirurgien ?

— Cet homme me panserait ? cet homme me toucherait ? s'écria Ingénue. Oh ! jamais ! jamais !

— Calmez-vous, Ingénue, dit Christian ; je réponds de son habileté.

— Ce monstre porterait une seconde fois la main sur moi ?

Puis, avec une expression de dégoût plus prononcée encore que la première fois :

— Oh ! jamais ! jamais ! répéta-t-elle.

— Que veut-elle dire ? se demanda tout bas Christian.

— Monsieur n'est pas beau, dit Albertine en grimaçant un sourire ; mais monsieur n'est pas un monstre, et ce jeune homme peut attester qu'il a la main légère.

Et elle désignait Christian.

— Oh ! s'écria Ingénue se roidissant de terreur et de dégoût, emmenez-moi sans perdre un instant ! Christian, emmenez-moi !

— Bon ! dit la vieille, elle est en délire. Nous connaissons cela ; il ne faut pas prendre garde à ce qu'elle dit.

— Chère, bien chère Ingénue, glissa le jeune homme à l'oreille de la blessée, contenez-vous ! c'est la fièvre qui vous agite.

— Oh ! non, non ! dit Ingénue.

— Mais vous ne connaissez pas, vous ne pouvez pas connaître M. Marat !

— Si fait, si fait, je le connais ! et ma bonne amie Charlotte Corday le connaît aussi.

— Charlotte Corday ? répétèrent Christian et Albertine.

— Et je ne veux pas qu'il me touche ; non, non, non, je ne le veux pas !

— Ingénue...

— Emmenez-moi, Christian ! je vous dis de m'emmener.

— Mais vous mourrez, Ingénue !

— Plutôt la mort que les soins de cet homme !

— Ingénue, mon amie, insista Christian, reprenez votre raison...

— Je l'ai si peu perdue, je l'ai si bien tout entière, s'écria la jeune femme en se dressant avec un mouvement terrible, que, si cet homme m'approche...

— Mon amie...

— Ah! l'on monte... C'est monsieur, dit Albertine.

Ingénue, avec une force dont on l'eût crue incapable après tant de sang perdu, s'élança vers la fenêtre.

— Christian, dit-elle, si cet homme me touche, je vous jure sur l'honneur que je me jette par cette fenêtre.

— Oh! mon Dieu!

— Emmenez-moi donc, vous dis-je! ne voyez-vous pas que vous me tuez?

Elle n'avait pas achevé ces mots, que la porte s'ouvrit, et que Marat apparut sur le seuil.

Il tenait un bougeoir d'une main, une liasse de papiers de l'autre; il avait sa coiffure sale, son visage sale, son regard lumineux et oblique; il remuait sa taille déjetée et torse à la façon d'une araignée blessée.

Ingénue, le voyant arrêté là, fascinateur et souriant; reconnaissant, non plus dans la copie, mais dans l'original, l'homme de la rue Serpente, poussa un soupir, et s'évanouit de nouveau.

Christian, croyant qu'elle allait mourir, la saisit dans ses bras, et s'élança vers l'escalier.

En vain Marat lui demanda-t-il la raison de cette fuite; en vain, l'ayant reconnu, épuisa-t-il, du haut de l'escalier, toutes les tendresses et toutes les effrayantes prédictions, Christian descendait toujours plus vite, aiguillonné par cette voix qui cherchait à l'arrêter.

Il ne fit halte que devant le fiacre, dans lequel il se rejeta.

— Où allons-nous, mon jeune seigneur? demanda le cocher.

— Où tu voudras, répondit Christian.

— Comment, où je voudrai?

— Oui, va! cours, cours.

— Mais, cependant...

— Va au bout du monde, si tu veux; mais va!

Le cocher, stupéfait, fouetta ses chevaux, et partit; Marat, de sa fenêtre, appelait toujours:

— Christian ! Christian !

Et le jeune homme l'entendait, et il se demandait d'où venait cette familiarité, et pourquoi Marat l'appelait Christian tout court.

Mais, sans qu'il sût pourquoi, cette voix lui inspirait un sentiment de vague terreur.

— Va donc ! cria-t-il au cocher, hésitant sur le chemin qu'il devait suivre ; mais va donc !

Tout à coup, illuminé par une idée :

— Au Louvre ! criait-il au cocher ; au Louvre !

Pendant ce temps, Marat refermait sa fenêtre avec colère.

— Qu'est-ce donc que cette péronnelle que m'avait apportée Christian ? demanda-t-il.

— Je ne la connais pas, répondit la chambrière ; seulement, je sais que, lorsqu'elle a vu votre portrait, elle s'est écriée que vous étiez un monstre.

— Ah ! ah ! dit Marat avec un rire amer, si mon ami David était là, il serait bien heureux : cela prouve que son portrait est ressemblant.

Puis, en fronçant le sourcil :

— Ainsi, demanda le chirurgien des pauvres, tu ne sais pas le nom de cette jeune fille ?

— Mon Dieu, non ; mais elle a nommé une de ses amies.

— Ah ! une de ses amies. Et cette amie, comment s'appelle-t-elle ?

— Charlotte Corday.

— Charlotte Corday, répéta Marat, je ne connais point cela.

Et il rentra dans son cabinet en répétant :

— Ah ! je suis un monstre !

XXXI

LA CLEF DU BONHEUR

Nul ne dormait dans cette vaste demeure que les rois, à cette époque, habitaient comme un pied-à-terre, et dont les immenses appartements étaient abandonnés aux gens de service, et à des officiers de la garnison.

Christian avait là une retraite ; il avait là des amis. Il se glissa par un escalier bien connu, déposa Ingénue dans une chambre splendidement meublée, sur un lit qui n'avait ni draps, ni couvertures, et trônait majestueusement au milieu de la pièce, sous ses baldaquins de tapisserie brochés de soie et d'or.

Il fit boire la malade, que dévorait la soif ; il étancha lui-même le sang de la blessure ; puis il baisa au front cette chère victime, et s'assit près d'elle, le cœur palpitant, se demandant si ce n'était pas un effroyable rêve, et si, malgré tant de malheurs, le réveil n'allait pas arriver plus effroyable encore, qui le séparerait à jamais, comme la veille, de la femme uniquement aimée.

L'incendie, le pillage, les cris confus, la cohue de cette maison de Réveillon, ou plutôt de cet enfer, tout cela, délire bouillant, rendait presque semblable à celui d'Ingénue l'état où le malheureux Christian se trouva, lorsque, dans le silence et l'ombre, il se vit seul auprès de la jeune femme.

Mais la réalité se montra bientôt : voleur de cette femme, poursuivi par la justice, peut-être blâmé, repoussé par la comtesse sa mère, recherché par Rétif, assassiné aussi par Auger, qui n'avait de ressource que celle-là ! — que faire ?

C'était en quelques heures qu'il fallait prendre une

détermination ; — en quelques heures, le salut ou la ruine de toute sa vie !

Le sommeil, baume réparateur, était descendu sur les yeux d'Ingénue. Sa poitrine palpitait plus doucement : le tremblement de ses mains avait fait place au frémissement imperceptible des muscles.

Christian n'y tenait plus : il étouffait ! Il sortit pour respirer un moment, et chercher au grand air la présence de Dieu, qui semblait se cacher à ses regards.

Il n'avait pas fait deux pas dans la vaste cour, qu'il entendit du bruit à l'une des portes d'entrée : des flambeaux, des piqueurs, un hennissement de chevaux échauffés qui appellent leur litière et d'anciens compagnons ; puis les portes s'ouvrant, les armes retentissant, et, enfin, un carrosse roulant avec le bruit et la rapidité du tonnerre sur le pavé de la grande cour.

Hébété, vacillant, il voyait, sans comprendre, la voiture arriver sur lui au galop de ses six chevaux noirs.

Et, sans le piqueur, dont la botte l'effleura au passage, Christian, stupéfait et immobile, se fût laissé broyer.

Cependant, la glace du carrosse était baissée : une tête jeune, fine et animée apparut au milieu des flambeaux, et, à la lueur des fanaux du carrosse, Christian reconnut son auguste ami le comte d'Artois.

Révélation soudaine ! le chaos s'évanouit dans sa tête, les idées s'alignèrent, le brouillard se dissipa, la volonté de Dieu mit en ordre chaque chose, et ramena la raison avec l'espérance.

— Le prince ! s'écria Christian, le prince à Paris ! Oh ! Dieu tout-puissant, merci !

Et il se mit à suivre le carrosse avec autant d'ardeur qu'il mettait d'inerte stupidité naguère à le voir passer devant lui.

Le prince était, en effet, venu à Paris de Versailles, où les ordres de M. Bezenval lui étaient arrivés au retour de la chasse.

La reine affectait de traiter ce pillage de plaisanterie; mais le comte d'Artois, moins rassuré, avait demandé ses chevaux et était venu voir, fidèle à son système, jusqu'où les Parisiens allaient pousser cette plaisanterie amère.

Christian arriva au grand escalier en même temps que le carrosse; de sorte qu'il salua l'un des premiers Son Altesse royale, et entendit ses premières questions.

— Monseigneur, dit-il fort agité et fort pâle, personne mieux que moi ne peut donner des nouvelles à Votre Altesse royale. J'arrive du faubourg Saint-Antoine, et c'est facile à voir à mes habits brûlés, souillés de boue et de sang.

— Et de sang! dit le prince avec un léger mouvement d'effroi; on se bat donc?

— Monseigneur, on pille et on tue au faubourg Saint-Antoine.

— Vite! vite! racontez-moi cela! dit le prince après avoir donné précipitamment quelques ordres, tout en se dirigeant vers ses appartements.

Christian suivit Son Altesse, et lui raconta ce qu'il avait vu.

Histoire douloureuse!

— Voilà bien des ennemis encore pour nous, dit le prince, et sans profit! Mais est-ce une émeute? est-ce un coup de main isolé?

A ce moment, M. de Bezenval entra chez Son Altesse. Il revenait du faubourg et descendait de cheval.

— Votre Altesse, dit-il, va entendre le canon dans un moment; la foule est considérable : pour mille combattants, il y a vingt à trente mille curieux.

— Mais, enfin, se bat-on sérieusement?

— On tue les voleurs, oui, monseigneur, et cela très-sérieusement; on les jette par les fenêtres, on les grille dans le feu qu'ils ont allumé, on les pend aux portes, on les mitraille à grandes volées : ce sera fini bientôt.

— Quand, au moins ?

— Quand il n'y aura plus personne, dit flegmatiquement Bezenval.

Le prince détourna la tête.

— Merci, monsieur le baron ! dit-il, merci ! allez vous reposer.

L'officier partit.

— Quand je songe, murmura le jeune prince, qu'il y a vingt millions de Français à tuer comme ceux-là, avant d'arriver à ne plus rencontrer d'ennemis en France !

Et il s'absorba quelques moments dans un profond silence.

Puis, apercevant Christian, dont tous les mouvements décelaient une fiévreuse impatience :

— Comme vous êtes pâle, dit-il, comte Obinsky ! comme vous êtes agité !

— Oh ! monseigneur, je devrais être mort !

— Toi, mon pauvre Christian ?

— Avez-vous, monseigneur, une minute à m'accorder ?

— Parle ! parle !

— Eh bien, monseigneur, Ingénue est peut-être morte à l'heure qu'il est !

Et il raconta vivement, passionnément, tout le drame terrible.

Le prince donna plus d'une fois des signes éclatants d'intérêt et d'inquiétude.

— Eh bien, fit Christian quand il eut fini, suis-je assez malheureux ? Si elle meurt, je n'y survivrai pas ; si elle survit, je dois la rendre à son père, à un infâme mari qui, l'ayant égorgée une fois, dira qu'elle est sa propriété !... Oh ! le misérable ! ne m'aiderez-vous pas, monseigneur, à le traîner devant un tribunal, et à faire rompre ce mariage ?

Le prince réfléchissait ; il se mit à sourire, et, se levant par une inspiration affectueuse et enjouée, il ouvrit un petit coffre de Boule que son valet de chambre venait de déposer à côté de lui.

Il en tira une petite clef ciselée qu'il donna, toujours souriant, à Christian.

— Qu'est cela? demanda le jeune homme.

— Écoute-moi bien, répliqua le prince, et ne perds pas une parole ni une seconde... Cette clef, c'est celle de ton bonheur!

XXXII

VRAIES ET FAUSSES LARMES

Peut-être notre lecteur, qui embrasse tout un horizon, tandis que nous avons été obligé de suivre nos personnages principaux dans les tours et les détours de leur odyssée, s'est-il déjà demandé ce qu'est devenu, pendant cette horrible journée, le pauvre Rétif de la Bretonne.

Nous y revenons, lecteur; et, tandis que Christian, possesseur de cette clef que le comte d'Artois appelle la *clef du bonheur*, va porter la mourante Ingénue dans une de ces petites maisons que le prince avait offertes à son page, nous retournerons sur nos pas, et rencontrerons naturellement le digne romancier sur notre route.

Pendant cet épouvantable ravage qui mettait le faubourg Saint-Antoine sens dessus dessous, Paris en émoi, et Versailles en épouvante, Rétif de la Bretonne avait fait comme font les naufragés au moment où le capitaine annonce à l'équipage et aux passagers que, dans dix minutes, le navire va couler bas : il avait essayé de recueillir ses idées, et de sauver ce qu'il avait de plus précieux.

D'abord, sa vie! Rétif y tenait beaucoup : c'était pour lui, philosophe, le principe de tous les bonheurs, et, comme il était tant soit peu sceptique à l'endroit d'un autre monde, il désirait rester le plus longtemps possible en possession de celui-ci.

Rétif avait donc d'abord sauvé sa vie.

Puis, sa vie sauvée, il avait jeté un coup d'œil autour de lui, et s'était demandé quelles choses il devait sauver avec sa vie.

La première chose qui s'était présentée à son esprit, à son cœur, c'était sa fille, sa bien-aimée Ingénue.

Mais Ingénue était absente; par conséquent, elle ne risquait rien.

Puis il avait pensé à ses manuscrits, c'est-à-dire à ses autres enfants, à ses enfants les plus chers après Ingénue : l'exemple de Camoëns et de plusieurs autres grands poëtes n'était pas à négliger.

Rétif, qui était descendu précipitamment pour mesurer le danger d'en bas, s'assura que l'escalier était encore solide, remonta à son troisième étage, et se hâta de faire main basse sur une certaine quantité de paperasses d'un aspect peu agréable, mais que la flamme n'eût certes pas plus respectées que l'eau de la mer des Indes *la Lusiade*.

Il roula ces papiers, qu'il mit sous son bras, et vida dans ses vastes poches, qui s'arrondirent et soulevèrent sa redingote, une boîte de caractères d'imprimerie assortis.

Puis, voyant que ce qu'il laissait ne valait pas la peine d'être sauvé, qu'à l'instar de Bias, il emportait tout avec lui, il redescendit l'escalier, prit la porte du jardin, et s'enfuit comme un voleur redoutant d'être arrêté, parce que, beaucoup de gens commençant à piller la maison de Réveillon, il pouvait à la rigueur passer pour un pillard; et l'esprit de l'honnête romancier se révoltait à la seule idée que l'on pût commettre à son endroit une pareille erreur.

Une fois loin de la fournaise, éperdu, essoufflé, le cœur tranquille toutefois, — car il sauvait non-seulement ses épreuves, mais encore une quantité de caractères suffisante pour en faire d'autres, — il s'assit sur une borne, et donna un coup d'œil de peintre à l'effet de l'incendie, et au tableau de la rage populaire ; après quoi, il gagna lestement les rues voisines, afin de se mettre complétement à couvert.

Il venait d'entendre les premiers coups de feu tirés par les gardes françaises, et il se souvenait avec une certaine terreur de la fusillade du pont Neuf.

Que lui restait-il à faire, à ce bon Rétif ?

Il lui restait à attendre.

Quelle idée aurait sa fille, quand elle rentrerait, ou plutôt quand elle ne pourrait pas rentrer ?

De chercher son père partout où il serait.

Où serait-il ?

Le lièvre revient au gîte. Rétif, sous certains rapports, était de la nature des lièvres : c'est donc à son ancien gîte que le chercherait sa fille.

Quel était cet ancien gîte ?

Le petit logement de la rue des Bernardins.

Aussi ce petit logement se présenta-t-il tout naturellement à la mémoire de Rétif.

Si bien habitué qu'il fût, depuis un mois, au luxe et au confort de la maison Réveillon, le romancier n'avait pas oublié ses plaisirs et ses peines d'homme indépendant ; les uns et les autres étaient inséparables du souvenir de ce pauvre petit logement ; aussi Rétif s'en souvint-il aussitôt qu'il interrogea sa mémoire.

Il prit donc presque machinalement, et comme s'il ne l'eût jamais quitté, le chemin de son ancien logis.

La nuit n'était point encore tout à fait venue lorsqu'il y arriva. A défaut de concierge, — les concierges, à cette époque, étaient encore inconnus dans la plupart des maisons de Paris — un des locataires de la maison descendit à ses coups de marteau et lui ouvrit la porte ; le propriétaire, qui habitait le premier étage, et chez lequel s'arrêta Rétif, écouta non-seulement avec curiosité, mais encore avec intérêt le récit des événements de la journée, et, comme Rétif avait toujours, aussi régulièrement que possible, payé ses termes, qu'il avait quitté la maison sans devoir un denier à qui que ce fût, le propriétaire alla au-devant des désirs de Rétif, et lui offrit de reprendre son ancien logement, qui était resté vacant ; ce que Rétif accepta.

Il y eut même plus : comme le logement était parfaitement veuf de tout meuble, le propriétaire poussa la confiance jusqu'à offrir deux chaises à Rétif, une pour lui, une pour sa fille, jusqu'à ce que Rétif, avec l'aide de son libraire, se refît un autre ameublement.

Rétif regagna donc son quatrième étage, portant une chandelle d'une main, une chaise de l'autre, et suivi du propriétaire lui-même, qui portait la seconde chaise.

Une fois entré dans l'appartement, le propriétaire fit remarquer à son ancien locataire qu'il avait profité de son absence pour faire remettre un papier neuf ; ce qu'il n'avait pas fait, au reste, du temps de Rétif, quoique Rétif l'en eût souvent prié, l'ancien papier tombant en lambeaux.

C'était un de ces affreux papiers gris, comme les propriétaires en mettent d'habitude dans les appartements des troisièmes et des quatrièmes étages.

Rétif loua fort ce papier, car il désirait que le propriétaire, outre ses deux chaises, lui prêtât encore une table.

Rendons cette justice au propriétaire, qu'à la première demande qui lui en fut faite, il invita Rétif à descendre et à choisir lui-même la table qui lui conviendrait.

Rétif descendit et prit une table fort simple, mais ornée de deux tiroirs : puis, avec l'aide du propriétaire toujours, il monta la table au quatrième.

Après quoi, le propriétaire se retira en offrant ses autres services à Rétif.

Rétif conduisit le propriétaire jusqu'à la porte, le salua, attendit qu'il eût descendu un étage, rentra, poussa la porte derrière lui, tira les deux tiroirs de la table et y vida les caractères qui bourraient ses deux poches.

Puis, rasséréné par l'idée que rien ne s'opposerait plus à ce qu'il pût travailler, il se promena pendant quelque temps de long en large, attendant sa fille, et ne doutant point, tant il connaissait son Ingénue, qu'elle n'arrivât d'un moment à l'autre.

Et cependant le temps s'écoulait.

Mais Rétif, homme d'imagination, supposait tout pour excuser un retard : la douleur des demoiselles Réveillon, auxquelles le tendre cœur d'Ingénue porterait secours ; la solitude où se trouveraient les pauvres filles ; les embarras des rues, la distance des deux quartiers ; enfin, Rétif allait jusqu'à supposer des dangers même.

Mais ce qui le rassurait surtout, c'était la présence d'Auger dans la maison : le mari veillait sur la femme, et, grâce à cette protection, sans doute, Ingénue, d'un moment à l'autre, allait arriver saine et sauve.

Neuf et dix heures du soir sonnèrent donc sans que Rétif eût conçu de grandes alarmes.

D'ailleurs, Rétif, pour ne point perdre de temps, s'était mis à composer quelques pages sur l'incendie et le pillage ; mais, ne pouvant pas faire de récits historiques, car la liberté de la presse était encore loin d'être complète ; craignant, d'ailleurs, de réchauffer, avec les brûlantes passions du moment, le douloureux et trop réel incendie de l'émeute, Rétif chercha et trouva un moyen ingénieux de raconter ce qui s'était passé en décrivant l'incendie d'un château dans la campagne. Il remplaça les émeutiers par des villageois en savates, et la caisse par un grenier à fourrage ; il appela granges les ateliers, et fit un très-touchant récit de l'écroulement des bergeries en flamme, et des lamentables bêlements des troupeaux ; enfin, il transforma Réveillon en un mauvais seigneur, ce qui donna un peu de corps à sa nouvelle.

Rétif, on le sait, n'écrivait pas, mais composait tout de suite ; il était déjà tout échauffé par son travail, il commençait à oublier l'incendie véritable pour le faux incendie, à oublier Réveillon, à oublier même Ingénue, lorsque la porte de la chambre s'ouvrit et donna passage à un homme tout haletant, tout essoufflé, qui se précipita comme une avalanche.

Rétif, au bruit que fit cet homme en entrant, leva la tête et reconnut Auger.

Auger était pâle, il avait les yeux creux et cernés, l'haleine courte et les jambes tremblantes ; il avait les cheveux en désordre ; on voyait qu'il avait dû courir beaucoup, et il semblait vouloir courir encore, comme si cette chambre, au lieu de lui offrir l'obstacle de ses quatre murailles, eût été une plaine sans limites.

— Vous ! vous ! s'écria Auger se jetant sur Rétif pour l'embrasser.

— Sans doute, moi, dit le bonhomme ; ne me cherchiez-vous donc pas ?

— Si fait...

— Et vous avez deviné que j'étais revenu prendre mon ancien logement ?

— J'ai deviné cela... oui, balbutia Auger.

— Mais vous n'êtes pas seul ? demanda Rétif inquiet.

— Comment, pas seul ?

— Non... Ingénue ?

— Hélas !

— Où est-elle ?

— Ah ! s'écria Auger en jouant l'abattement.

Et il s'assit ou plutôt tomba assis sur la seconde chaise.

— Ingénue! Ingénue! où est Ingénue? répéta le pauvre père avec une insistance croissante.

A cette interrogation, Auger poussa, non pas un soupir, mais un hurlement.

Rétif dressa l'oreille.

— Hein? demanda-t-il.

— Ah! pauvre père! soupira Auger.

— Eh bien?

— Ingénue...

— Quoi?

— Si vous saviez...!

Rétif abandonna son composteur, et quitta son siége.

Il sentait autour de lui le vent d'un malheur, l'aile de l'oiseau de mauvais augure.

Auger continuait à soupirer et à se lamenter.

— Parlez! fit Rétif avec cette fermeté toute spartiate qu'ont trouvée, que trouvent et que trouveront toujours dans leur âme, à l'approche des grands malheurs, ceux qui ont exercé les facultés de leur esprit, c'est-à-dire de leur âme.

— Que voulez-vous que je vous dise?

— Mais, enfin, où est-elle? insista Rétif.

— Je n'en sais rien.

— Comment! vous ne savez pas ce qu'est devenue ma fille? s'écria le père épouvanté.

— Non.

Rétif regarda fixement son gendre.

— Vous le savez! dit après un silence le vieillard, qui avait lu l'hésitation dans les traits du misérable.

— Mais...

— Vous le savez! répéta-t-il avec plus de force; et il faut me le dire à l'instant même, quelle que soit la nouvelle que vous ayez à m'apprendre.

Auger se souleva comme un homme qui appelle à lui toutes ses forces.

— Vous le voulez donc? demanda-t-il.

— Je le veux ! fit Rétif.

— Eh bien, continua Auger, vous savez que j'avais particulièrement chez M. Réveillon — outre les autres fonctions dont sa confiance en moi m'avait investi — la garde de sa caisse ?

— Oui.

— Vous savez qu'Ingénue était sortie vers midi ou une heure ?

— Oui, avec les demoiselles Réveillon, probablement.

— Je ne sais pas avec qui.

— N'importe, continuez.

— Eh bien, il paraît qu'elle est revenue, et qu'elle a voulu pénétrer dans cette partie du bâtiment.

— Pourquoi dites-vous *il paraît ?* demanda Rétif.

— Je dis *il paraît,* parce qu'on n'est pas bien sûr...

— On n'est pas bien sûr...?

— On ne sait.

— Ah ! dites donc vite ce qu'on sait ou ce qu'on ne sait pas ! s'écria Rétif avec une énergie qui fit pâlir Auger.

— Enfin, continua Auger, la caisse a brûlé ; j'ai voulu y pénétrer, pour sauver quelques valeurs, soit de l'incendie, soit du pillage ; mais, en y arrivant, j'ai vu les plafonds qui croulaient, et je n'ai rien trouvé que...

— Que...? fit Rétif haletant.

— Eh bien, que le corps ! balbutia Auger d'une voix étranglée.

— Le corps de qui ? s'écria le vieillard avec une intonation impossible à décrire, et qui dut être pour le scélérat, si infâme qu'il fût, l'avant-goût des supplices que lui réservait l'éternité ; le corps de ma fille ?

Auger baissa la tête, et se tut.

Rétif poussa une sourde imprécation, et retomba sur son siége.

Peu à peu, il comprit toute l'étendue de son infortune, il suivit pas à pas, avec cette fatale perspicacité de l'homme d'imagination, le drame épouvantable dont son gendre lui avait seulement déroulé une partie.

Et, comme il arriva vite au douloureux dénoûment, se retournant vers Auger :

— Elle était morte? dit-il.

— Défigurée, méconnaissable, anéantie! mais, hélas! je ne l'ai que trop bien reconnue, moi ! ajouta l'assassin se hâtant de couper court au récit, comme pour couper court en même temps à ses remords.

Rétif, alors, avec l'insistance et le désespoir des cœurs brisés, se fit décrire l'écroulement, les flammes, la ruine de la maison ; et, quand il eut bien tout vu avec les yeux de son imagination, il regarda Auger, comme pour prendre dans ses yeux, à lui, un dernier reflet de l'image terrible qu'ils avaient contemplée. Puis, à son tour, se laissant aller, brisé, anéanti, il pleura.

Auger courut à son beau-père, lui serra les mains, le prit dans ses bras, mêla ses larmes à celles du vieillard, et, quand il crut avoir assez longtemps joué cette pantomime :

— Cher monsieur Rétif! dit-il, nous avons, en réalité, souffert tous deux de ce malheur : il faut que nous essayions de le supporter ensemble. Ainsi, ayant perdu votre fille, regardez-vous comme ayant encore un fils auquel vous accorderez, non pas l'amitié que vous aviez pour Ingénue, mais un peu d'attachement.

— Oh! fit Rétif en secouant la tête, une seconde fille ne remplacerait même point celle-là, Auger!

— Je vous soignerai si bien! je serai pour vous si bon et si dévoué, fit le misérable, que vous reprendrez du courage!

— Jamais !

— Vous verrez.

Rétif secoua une seconde fois la tête, mais plus douloureusement que la première.

— Comment, dit Auger visiblement inquiet, est-ce que vous me chasseriez?... Est-ce que, moi aussi, je n'ai pas tout perdu, et ma douleur ne vous paraîtra-t-elle point digne d'un peu de pitié?

— Hélas! dit Rétif comparant, malgré lui, ce qu'était sa douleur à ce que devait être celle d'Auger.

— Eh bien, dit Auger, ne me privez pas de la consolation que doit m'apporter votre présence, et, puisque je suis plus faible que vous, soutenez-moi de votre bon exemple et de toute votre fermeté.

Il faut qu'il y ait une grande puissance dans la flatterie pour qu'elle l'emporte souvent sur la sensibilité. Rétif puisa dans cette supériorité réelle ou factice une force dont il ne se croyait pas capable : il tendit la main à son gendre, et, pauvre cœur trompé par les apparences, toucha cette main qui avait assassiné sa fille.

— Voyez-vous! reprit Auger, moi qui ne travaille qu'avec mes bras ou avec mon instinct, je ne souffrirai pas, dans les relations de la vie, comme vous qui travaillez avec votre tête ; je tournerai toujours bien une clef dans une serrure, et je ferai toujours bien une addition ou une revue d'ouvriers ; je roulerai toujours bien une feuille de papier peint ; donc, je vivrai, moi, tandis que, vous, vous pouvez être interrompu dans vos travaux...

— Bon Auger!

— Ainsi, s'écria celui-ci, avec un tel accent de joie, que Rétif ne put s'empêcher de lever la tête pour le regarder, ainsi, cher monsieur Rétif, nous allons demeurer ensemble?

— Oui, dit Rétif.

On comprend tout l'intérêt qu'avait Auger à demeurer près de Rétif, et à être au mieux avec lui. Comment supposer que l'assassin de la fille fût resté l'ami du père?

Et, cependant, sous le regard de Rétif, cet éclair de joie s'effaça aussitôt de la figure d'Auger, pour faire place à une morne affectation de tristesse lugubre.

Et, ne pouvant pleurer, comme si Dieu eût voulu que les larmes, ce don sacré de la Divinité, ne pussent couler que pour une véritable douleur, il se réfugia dans les gémissements et les contorsions.

Rétif se vit obligé de consoler le lâche scélérat qui avait assassiné sa fille.

Cette douleur exagérée produisit, au reste, un effet heureux sur la sienne : elle la calma pour un moment.

Et, alors, après quelques arrangements qui consistaient à faire monter deux lits de sangle de chez le fripier voisin, que l'on réveilla à cet effet, Auger installa son beau-père dans une chambre, et se coucha dans l'autre.

De là, l'œil sec et le visage hideusement souriant, Auger put entendre les véritables larmes qui s'échappaient, libres et tumultueuses, du cœur déchiré de l'honnête Rétif.

Ces larmes le contrarièrent sans doute, parce qu'elles durèrent trop longtemps, et l'empêchèrent de dormir.

XXXIII

LA PREMIÈRE ÉPREUVE D'UN ROMAN NOUVEAU DE RÉTIF DE LA BRETONNE

Ce bon ménage du père et du gendre fit grand bruit dans le quartier, et y causa, il faut le dire, une admiration universelle.

L'aventure déplorable d'Ingénue s'y répandit bien vite; chacun l'avait connue, et cette mort si fatale et si inattendue doubla l'intérêt qu'inspirait déjà la catastrophe dont venait d'être victime la maison Réveillon.

C'était pour Rétif de la Bretonne une sorte de triomphe de larmes, quand il passait dans la rue.

Ce fut pour le gendre un triomphe de vertu, quand on le vit, dans leurs rares promenades, donner le bras à son beau-père, et affecter vis-à-vis de celui-ci tous les soins du fils le plus tendre.

Huit jours s'écoulèrent ainsi.

Pendant ces huit jours, comme on le pense bien, le cœur et l'esprit du pauvre père furent en proie aux plus douloureuses préoccupations.

Il s'était fait d'aimer Ingénue, une si douce habitude, et chez lui l'habitude était tellement puissante, qu'il lui sembla, pendant quelques jours, que son véritable corps était déposé au tombeau avec celui de sa fille, et que son âme seule errait encore sur la terre.

La douleur finit par s'établir en lui, et laissa sur son visage creusé cette empreinte indélébile que la mer grave sur les falaises qu'elle visite tous les jours à son flux, et dans lesquelles elle finit par s'incruster.

Quant à Auger, — et c'était chose concevable : Auger n'était pas père, et, comme on sait, il était très-peu époux ; — quant à Auger, il avait repris ses travaux ordinaires, allait, venait, mangeait et dormait comme de coutume.

Cependant, de temps en temps, tout à coup, et comme par réminiscence, il prenait, au lieu de l'air sinistre qui lui était habituel, un air langoureusement affligé.

Et, cet air-là, il le prenait surtout quand il passait dans la rue en compagnie de son beau-père. Alors, les bonnes âmes se mettaient sur les portes et aux fenêtres, pour voir passer ce couple édifiant.

Chacun se disait :

— Quel malheureux père ! mais qu'il est heureux d'avoir rencontré un pareil fils !

Et les compliments muets, traduits seulement par les regards, pénétraient comme un baume jusqu'au fond de l'âme de Rétif.

Auger avait achevé de meubler sa chambre, celle qu'occupait autrefois Ingénue.

L'ameublement était des plus simples.

Il se composait du lit que nous avons vu monter, et de deux chaises près de la table.

Cette table, aux heures des repas, était commune à lui et à son beau-père.

Du reste, Auger était la plupart du temps dehors, et rentrait parfois fort tard, soit que la besogne eût été plus grande, soit pour tout autre motif inconnu.

Car, si l'on eût bien réfléchi, maintenant que Réveillon n'avait plus de caisse, quelle besogne avait donc à faire le caissier Auger?

La voici : Auger était un homme d'imagination, Auger s'était créé un emploi, Auger s'était mis inspecteur des matériaux de la démolition, et on le voyait surveiller les intérêts de Réveillon ruiné, avec autant de zèle qu'il en mettait à soigner son beau-père.

Lorsque, au bout de la journée, les ouvriers sous ses ordres avaient ramassé quelques planches en état d'être employées à nouveau, Auger était heureux comme Titus : Auger n'avait pas perdu sa journée.

Et il revenait enchanté chez le père Rétif, entrant dans tous les détails de ce travail quotidien, sans comprendre combien il affligeait le vieillard en retournant, chaque jour, dans ce lieu maudit où il avait perdu sa fille, et en le poignardant, chaque soir, par un nouveau récit.

Mais Auger s'inquiétait fort peu d'affliger Rétif, on le comprend.

La seule chose dont il s'inquiétât, c'était de bien établir dans le quartier sa réputation d'honnête homme, de veuf affligé, et de fils respectueux.

Il y était parvenu en huit jours.

On sait que, quand Auger voulait une chose, il la voulait bien, et ne manquait ni d'adresse ni de persistance pour la conduire à bout.

Huit jours s'étaient donc écoulés ; on en était au neuvième depuis la mort d'Ingénue ; il était deux heures, et le dîner, préparé des mains d'Auger, et nourri d'un plat de renfort, cuit dans le four du boulanger voisin, venait de paraître sur la table.

Auger appela son beau-père.

Celui-ci quitta son composteur, poussa un soupir, se leva et vint s'asseoir machinalement à la table.

Auger, resté derrière lui, lui rangeait sa chaise, et avait soin de beaucoup admirer quelques pages composées par le vieillard, sur des regrets — stances en vers, stances en prose, — adressées à la mémoire de *Sicadèle* et de *Zéphyre*.

Le misérable usait de tous les moyens que lui suggérait son imagination pour endormir cette profonde douleur paternelle.

Il faisait le bien à force de volonté de faire le mal.

Auger avait appétit : le dîner était bon, et le tentait.

Rétif, au contraire, était assis à la table ; mais ses bras inertes retombaient des deux côtés de son fauteuil, sa tête s'inclinait sur sa poitrine, et il ne paraissait nullement disposé à manger.

Il vit son gendre s'asseoir à table ; mais il ne fit pas plus attention à lui que s'il n'existait pas.

Auger le servit ; mais Rétif toucha du bout des lèvres le potage, et aussitôt repoussa son assiette avec un gros soupir.

Auger mangea le sien, sans paraître s'apercevoir de la douleur du vieillard, et songea à soupirer seulement lorsqu'il eut avalé sa dernière cuillerée.

Le premier plat s'entamait, et Rétif commençait à manger un peu, malgré sa répugnance, lorsque quatre coups frappés à la porte appelèrent l'attention des deux hommes.

Rétif, nous l'avons dit, logeait au quatrième ; c'était

donc pour lui, les quatre coups qui se frappaient en ce moment.

Il se leva afin d'aller à la fenêtre.

Auger, plus inquiet que lui, se leva en même temps que lui, et l'eut ouverte en un instant.

Ils aperçurent alors un Auvergnat qui levait le nez en l'air, et qui attendait une réponse.

— Monte! lui dit Rétif en tirant un cordon qui ouvrit la porte.

Chaque locataire avait un cordon semblable à l'aide duquel, sans se donner la peine de descendre, il pouvait introduire dans la maison toute personne qui frappait pour lui.

L'Auvergnat, voyant qu'il était attendu, monta et remit à Rétif un paquet semblable aux rouleaux d'épreuves qui abondent chez les écrivains souvent imprimés.

Ce n'était donc pas chose nouvelle chez Rétif, et, cependant, Auger lorgna le paquet du coin de l'œil.

Hâtons-nous d'ajouter qu'il ne conçut pas le moindre soupçon.

En conséquence, Rétif put se retourner du côté du jour, et même s'approcher de la fenêtre, sans provoquer la moindre curiosité chez son gendre. Ce dernier, au contraire, continua de dîner avec le même appétit.

Il y a plus, l'absence momentanée de Rétif et son occupation lui permettaient de dîner plus amplement.

Cependant, Rétif se tourna tout à fait du côté de la fenêtre.

Une pâleur mortelle, suivie d'une rougeur de pourpre, venait d'envahir son visage.

Voici ce qu'il lisait :

« Ne vous troublez pas, ne manifestez aucune émotion, ne sortez en rien de la limite qui distingue l'homme fort de l'homme ordinaire, brûlez la lettre que vous recevez, et venez, aussitôt que vous le pourrez, rue Faubourg-du-Roule, près de la barrière, dans une maison entourée d'un jardin, à la grille duquel sont deux lions de pierre.

» Vous direz votre nom, et vous entrerez dans un salon où vous trouverez votre fille Ingénue, vivante encore, après avoir été assassinée dans la caisse de M. Réveillon par M. Auger, son mari, qu'elle venait de surprendre volant son malheureux patron.

» Ne laissez rien paraître : on connaît la force de votre âme ; continuez de sourire au misérable qui est près de vous, ne lui donnez aucun soupçon ; sans quoi, il serait capable de vous assassiner aussi.

» Venez vite ! on vous attend ! »

Lorsque son sang, fouetté par cette terrible lettre, eut fait assez de fois l'ascension et la descente qui donnent l'apoplexie et la paralysie, Rétif se remit droit sur ses jambes chancelantes, et, d'une voix assurée :

— Que voilà des épreuves mauvaises, et que ces ouvriers sont maladroits ! dit-il.

Puis, froissant le papier dans sa main, il l'enferma dans sa poche sans qu'Auger pût s'en apercevoir et y fît la moindre attention. Ensuite, il reprit sa place à table, et sa conversation avec le misérable.

Celui-ci avait mangé, il était content ; la digestion lui éclaircissait les idées : il fut bavard et presque gai.

Dans son expansion, il passa du gai au triste, et Rétif se donna l'horrible plaisir de se faire raconter la mort d'Ingénue avec toutes les circonstances, c'est-à-dire avec tous les mensonges que le misérable puisa dans son infernale astuce, et dans le mauvais vin qu'il avait bu.

Rétif s'affligea beaucoup, et se laissa consoler un peu.

— Mon cher beau-père, dit Auger, voyez comme

tout change en ce monde, puisque, après avoir essuyé un si cruel malheur, nous voilà sur le point d'être très-heureux ensemble!

— C'est vrai, répondit flegmatiquement Rétif; car vous m'aimez bien, Auger.

— Comme j'aimais Ingénue!

— Merci, fit Rétif en saluant.

Cependant, Auger, plus gai qu'il n'avait jamais été, ne tarissait plus; il faisait ses plans de richesse et de félicité, auxquels il associait le père Rétif avec de si pitoyables exagérations, que, pour le vieillard de sang-froid, c'étaient autant de railleries.

Enfin, lassé de toutes ces platitudes, Rétif se leva doucement de table en souriant au lâche assassin.

— Avez-vous assez mangé, mon ami? lui dit-il.

— Mais oui, beau-père; c'est la première fois que nous avons si bien dîné.

— Vous avez raison... et un bon repas satisfait toujours, n'est-ce pas?... même la douleur!

— Hélas!

— Même la vertu!

Auger, qui avait l'habitude d'entendre le beau-père prononcer des sentences, ne fit pas attention à la portée de celles-là.

Il se leva de table également, et passa dans sa chambre pour reprendre ses souliers et son habit, qu'il quittait par économie en rentrant au logis.

Cependant, Rétif se hâta de brûler la lettre qu'il venait de recevoir, et la fumée emplissait encore la chambre quand Auger y rentra.

— Tiens! qu'avez-vous donc brûlé là? dit Auger en regardant avec plus de curiosité que d'inquiétude.

— Un feuillet de ma dernière composition, dit Rétif.

— Pourquoi perdre de la copie?

— Parce que le passage était un peu jovial, et que je

n'ai plus le cœur à la joie, même dans mes livres, depuis la mort de ma pauvre fille !

Auger tira son mouchoir, et larmoya un peu pour le dessert.

Quant au père Rétif, il n'insista pas ; bientôt, Auger prit sa canne, et sortit pour aller à l'ouvrage.

Rétif le regarda partir, caché derrière la fenêtre ; puis, quand son gendre eut disparu, alors il descendit à son tour ; mais, pour ne pas donner de soupçons, il s'arrêta chez quelques marchands du voisinage qui, chaque jour, lui demandaient de ses nouvelles, ou lui faisaient raconter pour la vingtième fois l'histoire de son malheur.

On n'a pas l'idée combien le peuple de Paris aime les histoires répétées.

Lorsque Rétif put supposer que son scélérat avait pris suffisamment les devants, il se risqua à son tour.

Mais, pareil au héros du *Spectateur nocturne*, il ne passa point l'extrémité d'une rue sans s'être assuré qu'Auger ne l'avait pas suivi.

XXXIV

CE QU'ON VOIT PAR LE TROU D'UNE VRILLE

Chemin faisant, Rétif laissait déborder dans son monologue et dans ses gestes la joie et l'espérance que venait de lui donner cette lettre.

Mais parfois aussi il s'arrêtait, se demandant si ce n'était point un piège dans lequel cherchait à le prendre l'astucieux coquin.

En effet, écriture inconnue, nul signe qui pût le rassurer ; la main qui avait tracé le billet était complétement étrangère à Rétif.

L'espérance seulement lui faisait signe à l'horizon.

Ce signe lui rendait la foi ; si on lui eût dit : « Ta fille est de l'autre côté du rivage ! » comme l'apôtre il eût marché sur les vagues de la mer.

Et, cependant, quand il y réfléchissait, ce que contenait cette lettre était si peu probable !

Il ne continuait pas moins à s'avancer vers la rue Saint-Honoré ; seulement, il s'avançait entre la douleur de la déception et la crainte d'un guet-apens.

Mais, pourtant, en voyant qu'il n'était pas suivi, Rétif prit un peu d'assurance ; il gagna l'endroit qui lui était indiqué.

Il n'eut point à chercher la maison : d'après la description, il l'avait reconnue, et savait où elle était située.

Rétif connaissait toutes les maisons de Paris.

Enfin, il s'arrêta devant la porte, frappa, fut introduit, et se nomma.

Cinq minutes après, étouffant de joie, ne pouvant croire à un pareil bonheur, il était entre les bras d'Ingénue, sauvée comme nous l'avons dit, et confiée aux soins d'un des plus habiles chirurgiens de Paris.

La douleur est, assure-t-on, plus facile à dissimuler que la joie.

Il faudrait alors juger de la force d'âme de Rétif sur l'impassibilité qu'il témoigna en revenant du faubourg Saint-Honoré à la rue des Bernardins.

Rien dans son maintien, rien dans sa physionomie ne trahit le secret qui lui avait été révélé.

Les yeux du bonhomme étaient, il est vrai, un peu gonflés et un peu rouges ; mais il pleurait tant de douleur depuis huit jours, qu'il était impossible de deviner que les larmes qu'il venait de répandre fussent des larmes de joie.

D'ailleurs, Rétif était de retour avant Auger ; il s'installa dans sa chambre, et attendit. — Il avait acheté, chemin faisant, une bonne vrille avec laquelle il fit un trou dans son alcôve.

Ce trou avait été mesuré de façon à ce qu'il donnât précisément dans une fleur du papier d'Auger.

Le trou, obliquement creusé, enfilait visuellement toute la chambre du misérable.

Par ce petit orifice, le regard de Rétif ne perdait rien, du plafond au plancher.

Rétif en fit l'expérience le jour même : il s'était couché, faisant le malade, pour ne pas perdre la primeur de son invention.

Il vit rentrer Auger avec sa chandelle. Le jeu de cette physionomie, aux reflets rougeâtres de la mèche embrasée, avait quelque chose d'effrayant qui fit pâlir le bonhomme dans son lit.

En effet, Auger, qui ne pouvait se douter d'être aperçu, rentrait chez lui avec sa figure naturelle, c'est-à-dire avec l'indifférence dégoûtante de la bête féroce; il était hideux ainsi.

Sa figure n'avait pas d'intelligence; ses yeux voyaient sans regarder; certaine contraction habituelle de sa bouche, dans les moments où il s'observait, avait fait place à une inertie absolue. L'hébétement, la molle platitude des lèvres, la férocité du regard faisaient de cette physionomie un type odieux.

La brute chercha bientôt autour d'elle, et eut l'air de se rappeler.

L'objet de cet élan de mémoire, c'était Rétif; le visage s'illumina, les mains s'agitèrent, les jambes portèrent le corps vers la porte.

Alors, Rétif éprouva la désagréable sensation de cette visite prochaine : il voulut feindre de dormir.

La porte s'ouvrit. Auger entra à pas de loup, et vint au lit.

Rétif entendit souffler, pour ainsi dire, la respiration de cet homme.

Il eut peur que, le croyant endormi, le scélérat ne l'étranglât.

Ce fut certainement une minute cruelle que celle pendant laquelle Rétif sentit la lumière, et vit cet homme sans autre intuition que l'intuition de l'esprit.

Cependant, à travers les paupières, pénètre la clarté qu'on ne peut pas voir.

Auger s'en alla sur la pointe du pied, comme il était venu.

Auger rentré chez lui, Rétif se remit à son observatoire.

Et, alors, il vit changer complétement la figure de son gendre.

Celui-ci posa contre la porte d'entrée une grosse malle et une table qu'il s'était procurées depuis quelques jours.

Il examina si la serrure était bien bouchée, si nul regard ne pouvait pénétrer dans sa chambre, et il ferma hermétiquement les rideaux de la fenêtre.

Il eut même la précaution d'appliquer, comme doublure à leur gaze trop diaphane, la couverture de coton de son lit, qu'il inséra dans les tringles.

— Que signifie tout cela? se dit Rétif. Nous allons donc assister à quelque nouvelle infamie de ce misérable?

Auger tira un couteau de sa poche, et, il faut le dire, cette lame brillante épouvanta beaucoup Rétif.

Elle n'était, cependant, pas destinée à jouer un bien terrible rôle.

Elle s'enfonça dans le carreau entre deux octaèdres de brique qu'elle déjoignit.

Auger souleva alors cette brique, et la plaça sur champ; puis, inquiet et dans l'attitude du rémouleur antique, il releva la tête, et écouta.

Mais, n'entendant et ne voyant rien, il introduisit ses deux doigts dans le plancher, et, entre ses doigts, il pêcha une pièce d'or.

Ce fut pour Rétif un spectacle bien extraordinaire, que cette extraction féerique.

— Bon ! le scélérat, se dit-il, a sa cachette en cet endroit.

Après avoir mis la pièce d'or dans sa poche, Auger laissa retomber la brique, qu'il aplatit au niveau des autres ; frotta le parquet avec son soulier; ôta sa couverture, qu'il replaça sur son lit, et retira table et malle de devant la porte.

Enfin, il déboucha la serrure, éteignit sa chandelle, et se coucha.

Une demi-heure après, il ronflait de manière à réveiller Rétif, si, après tout ce qu'il avait vu, Rétif eût pu dormir.

Mais, comme dit M. Delille, Morphée avait envoyé ses pavots bien loin de cette alcôve de la rue des Bernardins.

La lettre du matin, la visite au faubourg, et cette vision nocturne étaient plus que faites pour empêcher ce brave Rétif de dormir.

Il prit ses plans et dimensions avec la tranquillité d'un homme ferme. Si Auger l'eût vu veiller comme lui avait vu Auger veiller, c'eût été pour le coquin une telle épouvante, qu'il eût immédiatement pensé à la fuite ou au crime.

Cependant, le lendemain matin, le vieillard reçut très-affectueusement la visite de son gendre. Il se laissa bercer par ses flagorneries, but tout brûlant le café à la crème qu'on lui versa ; il mangea même de fort bon appétit, ce qui enchanta l'excellent fils.

Auger était désormais sûr de sa victoire ; quand il fut parti, Rétif prit sa redingote bleue, et s'en alla rendre visite à Réveillon.

Il est temps, en effet, que nous rendions aussi une visite à cette victime de la révolution que la cour avait d'abord voulu faire, et que, plus tard, elle ne put arrêter.

Réveillon, parfaitement ruiné, était tombé en philosophe.

Il trouvait des consolations jusque chez ses anciens adversaires.

Son malheur le rendait intéressant : les républicains, — nous demandons pardon à nos lecteurs de prononcer ce mot, encore inconnu en avril 1789, — les républicains, disons-nous, s'étaient émus de voir un quasi-patriote frappé par la cour.

Et Santerre avait offert son hospitalité au malheureux et à sa famille.

L'hospitalité de Santerre était quelque chose dans le faubourg Saint-Antoine.

Le brasseur vivait largement ; fier d'une fortune gagnée par le travail, il en faisait un usage aussi noble que s'il eût été un des plus aristocrates dépensiers de l'époque.

Chevaux, chiens, gens, tout était fort, gras et vaillant chez lui.

Maison neuve, table abondante, mine ronde, air pour les poumons, voilà ce qu'on trouvait chez Santerre.

On y trouvait aussi, par malheur, un peu trop de discussions politiques ; mais elles étaient à la mode en ce temps-là.

Il était fort élégant de parler politique et réforme.

MM. de la Fayette et Lameth en parlaient bien, la reine et le comte d'Artois en parlaient bien aussi.

Tout le monde en parla tant, que quelques gens voulurent en faire, et, une fois que le branle fut donné, tout le monde en fit et n'en parla plus.

Nous disons donc que Réveillon, avec ses filles, avait trouvé l'hospitalité chez Santerre.

Le brasseur avait d'abord été au plus pressé : il avait examiné le dégât.

Pour le réparer, c'était non-seulement de l'argent, mais encore du temps qu'il fallait ; non-seulement du temps, mais encore du courage.

En exploitant un peu son malheur par la politique et la sympathie des coreligionnaires, possible était de refaire la fortune du malheureux fabricant de papiers peints.

Santerre offrit de l'argent; c'était tout ce qu'il pouvait offrir.

Mais Réveillon, qui avait bien voulu, pour que ses filles fussent en sûreté, à l'abri, accepter chambre et table chez Santerre, — c'était encore le temps des échanges d'hospitalité — Réveillon se cabra dès qu'on eut éveillé en lui le négociant.

Lui offrir vingt mille livres, c'était beau, et, pourtant, il se trouva humilié.

Il commença par refuser.

Ensuite, il déclara que vingt mille livres ne lui pouvaient être d'aucune utilité; il se lamentait beaucoup sur la perte de son portefeuille, qui contenait tant de valeurs, et surtout la réalisation faite de ses bénéfices de l'année.

Mais tout cela n'était-il par brûlé, pillé, par conséquent perdu?

Cela pouvait s'élever à une somme si considérable, qu'auprès d'elle, vingt mille livres ne signifieraient absolument rien.

Santerre comprit, et, blessé lui-même, il n'insista pas.

Néanmoins, sa figure fut ce qu'elle devait être, c'est-à-dire parfaite de douceur et de condescendance pour son hôte malheureux.

Ce fut au milieu de cet intérieur que Rétif tomba, étant forcé de rendre visite au brasseur pour visiter Réveillon.

Rétif, d'ailleurs, n'avait eu avec Santerre que des relations excellentes; le brasseur n'était point homme à ne pas se gagner tout ce qui tenait habilement une plume à Paris.

Et Rétif tenait la sienne assez originalement pour que l'attention du novateur en eût été excitée.

Rétif était donc assuré d'être bien reçu chez Santerre à un double titre.

Comme père malheureux, car son malheur était arrivé aux plus sourdes oreilles de tout Paris ; comme patriote persécuté, puisque la persécution de Réveillon se partageait en deux lots dont Rétif était le plus terrible.

Le fabricant de papiers peints était bien changé : la perte de sa fortune l'avait considérablement vieilli. Il regarda Rétif, et n'aperçut pas sur ses traits la douleur qui éclatait sur les siens.

Il en put conclure sans illogisme que la perte de cinq cent mille livres surpasse de beaucoup celle d'une fille unique.

Santerre, ayant causé quelque temps avec eux, les laissa ; les filles de Réveillon, ayant donné une larme du cœur au souvenir de leur amie, se retirèrent également.

Alors commença entre Rétif et Réveillon la conversation véritable.

— Eh bien, dit Rétif, comment pensez-vous supporter l'état où vous allez vous trouver réduit?

— Mon Dieu, dit le fabricant, je recommencerai.

— Mais, fit Rétif, vos ennemis ?

— J'en ai moins que d'amis, à présent.

— C'est vrai.

— Et, quand je rouvrirai mon magasin, tous mes ennemis viendront acheter chez moi pour voir la mine que je fais.

— Vous avez raison.

— Quant à mes amis, aucun n'osant m'apporter une aumône, tous ne manqueront pas de m'apporter l'argent d'un rouleau de papier, ou d'un devant de cheminée ; en sorte que, si j'ai à Paris, comme je l'admets...

— Deux cent mille amis, fit Rétif.

— A peu près... Eh bien, j'aurai cent mille livres au bout d'une année.

— Voilà une fortune! dit Rétif.

— Oh! répondit dédaigneusement le fabricant, ce sera un commencement.

— Je sais bien, monsieur Réveillon, que vous aviez plus de cent mille livres; mais la seconde fortune qu'on fait ne vaut jamais la première qu'on a perdue.

— Hélas! non. Il ne s'agit donc plus que de trouver les matériaux de la seconde.

— Ne vous reste-t-il donc rien?

— Rien!

— Mais le crédit?

— Oh! ce n'est pas par là qu'il faut commencer; si j'use du crédit n'ayant rien, ce crédit sera si peu de chose, que j'aime autant n'en pas parler; parlons du crédit pour des sommes qui en vaillent la peine.

— Enfin, dit Rétif, M. Santerre ne vous offre-t-il pas quelque chose?

— Je n'accepte rien de personne, dit sévèrement Réveillon.

— Et vous faites bien, repartit Rétif; si vous vous relevez, au moins que ce soit par vous-même.

— Vous me comprenez, vous! fit Réveillon à Rétif en lui serrant la main.

— Oui, dit le poëte; mais comment tirerez-vous de votre fonds ce que vous n'y avez peut-être pas?

Ici, le front de Réveillon s'abîma dans la douleur; son orgueil faisait place au regret d'un riche passé.

Rétif l'observa d'un regard à la fois bon et scrutateur.

Réveillon continua de s'assombrir; il en vint à soupirer: il était vaincu.

— Espérez, mon Dieu! s'écria Rétif, espérez!

— Monsieur Rétif, dit alors Réveillon en repassant tous les arguments de son interlocuteur, il faudrait d'abord, pour espérer, avoir une première base d'espérance.

— Combien donc vous faudrait-il, à peu près? fit Rétif.

— Oh! beaucoup!

— Mais encore?...

— Beaucoup plus que, vous et moi, nous n'avons, dit le fabricant avec une sorte d'amertume dédaigneuse.

Rétif eut un léger sourire fort significatif en ce moment, s'il eût pu être compris.

Mais il ne le fut pas, très-heureusement pour les chapitres qui vont suivre !

Alors rentrèrent les filles du fabricant, puis Santerre, et la conversation redevint générale. Rétif n'avait plus rien à faire ; il se laissa raconter avec préparation toute l'histoire inventée par Auger, il y mêla ses commentaires, et sortit de la maison regardé comme un homme bien malheureux, mais qui, après tout, n'avait perdu qu'une petite fille !

— Laquelle, ajouta Réveillon quand l'écrivain fut parti, avait d'excellentes qualités, mais pas un sou de dot, ce qui l'aurait rendue très-malheureuse, puisque son mari Auger aurait végété toute sa vie.

Il conclut en assurant qu'elle était infiniment plus heureuse d'être morte, qu'il ne la plaignait pas, et que, la première douleur passée, Rétif y verrait clair, et ne la regretterait plus ; tandis que lui, Réveillon, avait deux grandes filles sur les bras, une fortune anéantie, et l'habitude du bien-être.

Cette dernière partie de l'argumentation n'était pas la moins forte.

Elle lui tira de nombreux soupirs, quand il examina l'heureux luxe de son compère le brasseur.

Et mesdemoiselles Réveillon soupirèrent aussi, tout en se trouvant moins malheureuses de leur jeunesse, de leur beauté, de leur innocence, que leur père ne voulait bien le dire.

Malheureuses sans doute, mais vivantes encore, au lieu d'avoir été brûlées vives comme cette pauvre Ingénue Rétif!

XXXV

OU L'ON DÉRANGE AUGER PENDANT SON REPAS

Il nous faut maintenant revenir à cet excellent M. Auger, auquel, de nos jours, l'Académie n'eût certes pas manqué d'accorder le prix de vertu.

Lui aussi avait fait tous ses plans, et même une partie de ses préparatifs.

Bien vu par tout le monde, nullement inquiété à l'endroit du vol de Réveillon et de la mort de sa femme, plaint et admiré par le faubourg Saint-Antoine et la rue des Bernardins, il songeait cependant, l'ingrat! à quitter ce beau pays de France, ou tout au moins la capitale, qui le traitait en enfant adoré.

C'est qu'Auger lorgnait tout simplement certaine province de Gascogne dans laquelle, en trafiquant un peu pour donner prétexte à une fortune, il se remarierait avec une femme moins sylphide qu'Ingénue, avec une femme apparentée de gros marchands de suifs ou de laines, mais nullement fille, sœur ou nièce d'hommes de lettres.

Car, au fond, par instinct sans doute, Auger exécrait ce pauvre Rétif.

Et dans les rêves que nous venons de dire, au lieu d'être dans une misérable chambre de la rue des Bernardins, presque démeublée, isolée, maussade, il se voyait dans un bon petit intérieur donnant sur la plaine et sur les bois, confortable, chaud, respectable.

Là, il était bon époux, bon père de famille, riche! il avait toutes les vertus!

Cet homme-là était si ambitieux de bonne renommée, qu'il eût égorgé une moitié du monde pour avoir la considération de l'autre.

Les gens qui n'ont point de vertu au cœur sont extrèmement jaloux d'en afficher sur l'habit ou sur le visage.

Auger avait, dans son esprit, fixé son départ à un jour très-rapproché : peut-être commit-il une imprudence en s'en occupant dans sa chambre ; toujours est-il que, pour ne pas trop faire languir le lecteur, nous allons raconter ce qui arriva.

On était au lundi 16 mai, c'est-à-dire à la plus belle époque du printemps.

Paris alors est tout parfums ; les giroflées et les muguets jonchent les rues, les violettes et les narcisses embaument l'air.

De petites marchandes de fleurs courent la ville avec leurs éventaires, comme des cassolettes vivantes.

Aux fenêtres, les rosiers prennent leurs feuilles, et les lilas fleurissent.

Puis, çà et là, apparaissent les cerises hâtives, montrant leurs têtes rouges le long des bâtons de verdure dont on récompense les petits enfants qui ont été sages.

C'était donc un de ces jours-là.

Les fenêtres étaient ouvertes, et laissaient pénétrer dans les pauvres chambres un de ces chauds rayons de soleil qui sont la richesse du pauvre, parce que le pauvre seul sait complétement en jouir.

Auger se mit à table à deux heures, comme d'habitude, en face de son beau-père ; deux ou trois fois il avait levé les yeux sur le bonhomme Rétif ; car jamais, depuis la mort de sa fille, le bonhomme Rétif n'avait été si sombre et si soucieux.

Une préoccupation étrange se trahissait dans ses gestes et dans sa voix.

Redoublant d'amabilité avec Auger, il avait cependant quelque chose d'inquiet et de heurté dans tous les mouvements.

Il avait laissé tomber une assiette, lui, l'homme adroit par excellence !

Puis il avait cassé un verre.

A quoi Auger, riant, lui avait dit :

— Mais, beau-père, faites donc attention ! vous détruisez notre ménage... Vous savez que, les verres cassés, cela porte malheur.

Et à ces mots, un singulier sourire avait effleuré la lèvre moqueuse du vieillard.

Puis, sans doute pour cacher sa préoccupation, il avait pour la troisième fois repris du même plat.

Tandis qu'Auger causait, Rétif remplissait son verre, le servait, cherchant à s'étourdir, soit par une volubilité singulière de paroles, soit par un bruit inaccoutumé sur la table, et par le choc des ustensiles.

L'aveuglement de certaines natures défiantes est, en certaines rencontres, un bien curieux sujet d'observation.

Auger ne devina, ne sentit rien ; il vit seulement son beau-père très-enflammé, et s'enflamma plus que lui.

On entamait le rôti, quand Auger, levant un peu la tête, écouta.

Rétif écouta aussi ; seulement, il pâlit en écoutant.

— Qu'avez-vous donc, beau-père ? demanda Auger.

— Rien ! fit l'écrivain en versant à boire à son gendre si vivement et d'une main si tremblante, qu'il versa plus d'un demi-verre de vin sur la nappe.

— Vraiment ! s'écria celui-ci avec un gros rire, je ne vous reconnais plus du tout aujourd'hui, père Rétif ! Est-ce que vous avez quelque roman nouveau dans la cervelle ?

— Eh ! mon gendre, précisément ! fit Rétif.

— Ah !... Eh bien, voyons, contez-moi un peu cela.

— Volontiers, mon cher Auger.

— Y a-t-il de l'amour là dedans ?

— Certes !... Vous aimez l'amour ?

— Oui, fit Auger, mais vertueux... Eh ! eh ! vos livres sont quelquefois un peu libres, cher monsieur Rétif.

— Ah ! vous trouvez ?

— Mais oui.

— Vous aimez la vertu, alors ?

— Tiens, parbleu !

— Eh bien, je vais vous raconter mon roman nouveau, dit Rétif.

— J'écoute.

— Et il vous plaira, car le crime y est puni, et la vertu récompensée.

— Bon !

Et Auger, qui commençait à avoir bien bu et bien mangé, s'accouda le plus confortablement possible, pour écouter le récit de son beau-père.

Mais, par malheur, au même instant, quelque chose de lourd et de remuant gronda près de la porte, sur le palier.

— Hein ? dit Auger.

— Hein ? fit Rétif.

— Qu'y a-t-il donc ?

La porte s'ouvrit, et quatre soldats du guet entrèrent vivement dans la chambre, tandis que deux commissaires se glissaient entre eux comme des couleuvres, et prenaient place aux deux portes.

Auger, pâle et défait, regarda son beau-père, qui était resté à table.

— Que signifie cela ? dit-il.

— Lequel de vous s'appelle Auger ? fit l'un des commissaires, — par pure politesse, car c'était un homme au nez pointu, surmonté d'une paire de lunettes, qui connaissait évidemment son monde.

— Ce n'est pas moi, heureusement ! dit Rétif se levant pour se mettre sous la protection des sentinelles.

— C'est moi, dit Auger avec un certain aplomb.

Alors, fit le commissaire en s'avançant vers lui, c'est vous qui êtes coupable d'avoir assassiné la demoiselle Ingénue Rétif, femme Auger, dit le commissaire.

— Moi ? s'écria l'assassin en reculant malgré lui.

— Oui, parbleu, vous !

— Oh ! qui a pu dire cela ? s'écria Auger en levant les mains au ciel.

— Mais votre femme elle-même.

— Ma femme ?

— Ou, du moins, si elle ne l'a pas dit, elle l'a écrit.

— Ma femme a écrit ?

— Regardez ceci, dit le commissaire en tendant une lettre au misérable.

— L'écriture d'Ingénue ! s'écria celui-ci stupéfait ; qu'est-ce à dire ?

— Monsieur, dit le commissaire de police avec une effrayante politesse, je vais vous donner lecture de cette lettre ; mais, comme vos genoux tremblent, prenez la peine de vous asseoir.

Auger voulut braver la situation, et demeurer debout.

Alors, le commissaire lut à haute voix la pièce suivante :

« Moi, Ingénue Rétif de la Bretonne, je certifie que mon mari, Auger, m'a frappée et renversée d'un coup de couteau, le jour de l'incendie et du pillage de la maison Réveillon, dans la partie de la maison dite la caisse ; pour preuve, j'en ai donné la blessure et le témoin qui m'a sauvée... »

— Fausseté ! mensonge ! calomnie ! s'écria Auger. Où est Ingénue ? Puisqu'elle m'accuse, on doit nous confronter ! Où est-elle ? où est-elle ?

— Je continue, poursuivit l'impitoyable commissaire ; écoutez, monsieur : vous n'irez après, si vous en avez le courage.

« Et j'atteste, en outre, que mon mari voulait, en m'assassinant, se venger de ce que je le surprenais en flagrant délit de vol.

» Ingénue RÉTIF DE LA BRETONNE,
» femme AUGER. »

— Oh ! fit Auger pâlissant.

Et il chercha l'œil de Rétif, qu'il rencontra, flamboyant et acéré à la fois.

Le misérable resta comme foudroyé devant ce regard.

Mais bientôt, se ranimant :

— Et c'est tout ? dit-il.

— Non, ce n'est pas tout, dit le commissaire : regardez ce qui est écrit au-dessous de la signature de votre femme.

« *Certifié véritable.*
» Charles-Louis de BOURBON, comte d'Artois. »

— Perdu ! perdu ! murmura Auger, qui vit, de ce moment seulement, dans quel abîme il était tombé.

Et les quatre archers l'emmenèrent, tandis que Rétif, tout tremblant d'émotion, se tenait au dossier d'une chaise pour ne pas tomber.

Cinq secondes après, Auger sortait avec une imprécation épouvantable, jetant, du seuil de la porte un regard de désespoir sur l'endroit du plancher où était enfoui son argent.

Ce regard, Rétif l'interpréta au passage, et sourit en se frottant les mains.

Il n'eut point, il faut le dire, la générosité de ne pas se mettre à la fenêtre pour voir le misérable monter en fiacre avec les quatre archers, au grand ébahissement des voisins, encore si bien édifiés, la veille, à l'endroit du dévouement de M. Auger.

XXXVI

OU RÉTIF TROUVE MOYEN DE DISTRAIRE RÉVEILLON

La nouvelle de cette arrestation se répandit bientôt dans Paris ; tout le monde ne connaissait pas Auger ; mais, vu les événements qui venaient de se passer, tout le monde connaissait Réveillon.

On était heureux de raconter un véritable crime, et de rencontrer un véritable coupable, au milieu des circonstances de cette opération ténébreuse de l'incendie et du pillage de la fabrique ; heureux aussi de faire tomber sur quelques misérables isolés la plus lourde partie du poids des événements.

Aussi entendait-on dire que le procès de M. Auger marchait merveilleusement vite ; et Rétif de la Bretonne, qui avait été appelé trois fois comme témoin, ne fut pas celui qui y mit des entraves.

Douze jours après cette arrestation, Rétif sortit de chez lui, endimanché de ses meilleurs habits, quoique ce fût un jour de la semaine, et s'achemina vers le faubourg Saint-Antoine avec l'intention de se rendre chez Réveillon, ou plutôt chez Santerre.

Le fabricant de papiers était fort abattu ; il avait eu le temps de calculer toutes ses pertes, et il se voyait, de jour en jour, beaucoup plus ruiné qu'il ne le croyait d'abord.

Toute sa confiance avait disparu ; il ne relevait plus la tête qu'à de rares intervalles : l'orgueil et toutes ses fumées avaient délogé de sa cervelle.

Morne, silencieux, éteint, il regardait ses filles, vouées désormais à une misère qu'il ne voulait plus, et qu'il s'avouait à lui-même ne pouvoir plus combattre.

Rétif entra dans la chambre qu'il occupait, et lui souhaita le bonjour d'un air pénétré.

Puis, comme il n'avait vu ni Santerre, ni Réveillon, ni les filles de ce dernier, depuis l'arrestation d'Auger, il donna quelques détails sur cette horrible catastrophe de l'assassinat d'Ingénue, disparue, au reste, après avoir eu la force d'écrire ce qui s'était passé entre Auger et elle.

Silencieux, réservé, il mit cette réserve et ce silence sur le compte de sa douleur.

Et, cependant, quand Rétif de la Bretonne se fut assis près de Réveillon, et lui eut pris la main, ce dernier sentit comme une influence doucement consolante.

Il y céda sans savoir pourquoi, instinctivement.

Le bonhomme Rétif lui serrait si tendrement la main, et le regardait d'un air si doux !

Enfin Réveillon le regarda lui-même avec étonnement.

— On dirait que vous avez quelque bonne nouvelle à m'apprendre, Rétif? demanda-t-il.

— Moi? Non, répondit Rétif.

— Ah ! fit Réveillon avec un soupir.

Et il laissa retomber sa tête.

— Je voulais seulement un peu vous distraire, reprit Rétif.

— Me distraire?...

Et Réveillon secoua tristement la tête.

— Et pourquoi pas ?

— Quelle distraction voulez-vous que j'aie, après l'horrible chagrin qui m'a frappé? Vous-même, dites-moi, quelle distraction chercheriez-vous ?

— Moi? dit Rétif.

— Oui.

— Eh bien, je vous avoue une chose.

— Laquelle ?

— C'est que je suis naturellement vindicatif et rancunier.

— Vous?

— Comme un tigre ! je n'oublie jamais le mal ni le bien. On m'a fait du mal : je veux le rendre, si je puis.

— Soit, vous ; mais, moi, quel mal puis-je rendre à ces mille pillards qui m'ont incendié, volé, pillé, ravagé? dit Réveillon suivant avec égoïsme son idée ; est-ce que je puis m'en prendre à quelqu'un d'eux individuellement, ou les traîner en corps devant la justice?

— Aussi, aujourd'hui, cher monsieur Réveillon, reprit Rétif, je vous parle, non pas de vous, mais de moi.

— Oh! vous, c'est différent! Eh bien, on a tué votre fille ; c'est Auger qui vous l'a tuée ; peut-être la justice tuera-t-elle Auger ; mais elle ne vous rendra pas votre fille.

— C'est du moins une satisfaction, mon cher ami, dit Rétif, de savoir que la Providence tue les méchants.

— Bien petite, bien petite, Rétif!

— Comment cela?

— Dame! supposons que la Providence punisse mes voleurs ; pas la Providence, mais la justice. Eh bien, mon argent ne me rentrera point pour cela.

— Je ne vous parle pas de votre argent, mon ami ; mais, enfin, si vous aviez été volé par un seul, vous seriez bien aise de tenir cet homme pour le faire punir?

— Oh! et pour le faire souffrir, et beaucoup même! dit Réveillon avec naïveté.

— Vous voyez donc bien!

— Ce serait, en effet, continua Réveillon en s'animant, une distraction assez agréable pour moi, que de voir mes pillards rôtis par milliers dans un grand feu ; il en est déjà mort pas mal dans la térébenthine de mes caves, lorsque le feu s'y est mis ; beaucoup aussi ont été empoisonnés ou plutôt brûlés en buvant mes vitriols pour de l'eau-de-vie ou du kirsch.

— Eh bien, vous ne les avez pas regrettés? dit Rétif.

— Non, certes! au contraire, plus on me disait qu'ils étaient nombreux, plus j'étais heureux et satisfait, et, du haut de la tour du coin, où je m'étais réfugié, et d'où je regardais ma maison avec douleur, ce n'était pas sans intérêt que je voyais, de temps en temps, un de ces coquins faire le plongeon, la tête la première, et tomber au milieu des flammes et de la fumée!

— Je ne vous offrirai peut-être pas quelque chose d'aussi agréable, dit Rétif, et surtout quelque chose d'aussi pittoresque; car le feu fait un superbe effet la nuit, et les flammes nées du vitriol et de la térébenthine ont surtout des feux rouges, violets et jaunes qui produisent d'admirables reflets.

— N'est-ce pas? dit Réveillon.

— Oui, dit Rétif, et, quand votre laboratoire surtout s'est écroulé, la colonne de flamme qui en a jailli ressemblait à un véritable spectre solaire; c'était vraiment délicieux à voir.

Réveillon s'inclina en signe de remerciment; il était flatté d'avoir donné un si charmant spectacle avec ses eaux-fortes.

— Ainsi, continua Rétif, nous allons un peu nous promener.

— Je ne vois pas trop, dit Réveillon, ce que vous trouverez d'agréable à cette promenade, et je ne vois pas surtout quel rapport il y a entre une promenade et le commencement de notre conversation.

— Eh! mon Dieu, vous le verrez tout à l'heure, fit le bonhomme Rétif; si je vous le disais, où serait la surprise?

Et il emmena Réveillon le long du faubourg, puis par les quais, qui se remplissaient d'une foule considérable.

Il était assez usité, dans ce temps-là, de voir courir tout Paris du même côté : il ne fallait pas autre chose pour cela que le passage d'un député ou d'un électeur.

Réveillon arriva donc, au bras de son guide, jusqu'à la place de Grève.

Au milieu de la Grève s'élevait une très-belle potence d'un bois neuf, tout à fait agréable à voir.

Une corde, neuve aussi, se balançait gracieusement au bras rigide de cette machine, et tortillait avec caprice un joli nœud coulant que le vent faisait osciller coquettement.

— Tiens ! dit Réveillon en s'arrêtant et en se renversant en arrière, il paraît que l'on va pendre quelqu'un.

— Cela me fait cet effet, dit Rétif ; il est une heure, et, comme d'habitude on pend à deux heures, nous pourrons encore trouver une bonne place.

— Vous aimez donc à voir ces choses-là, vous? dit Réveillon non sans un certain dégoût.

— Mais, répondit Rétif, je suis écrivain, forcé de faire des tableaux de tous genres ; mon ami Mercier a bien été obligé de voir tous les mauvais lieux de Paris, et d'étudier chaque cloaque et chaque bouge.

— Et vous voulez l'imiter?

— Dieu m'en garde : *Imitatores, servum pecus !* dit Rétif.

— Plaît-il? fit Réveillon.

— Je dis, cher Réveillon, que les imitateurs sont un troupeau de bêtes de somme.

— Alors, vous n'imitez pas Mercier?

— D'abord, il est inimitable ; et puis, moi, je n'imite pas : je crée, c'est mon genre.

— Bon ! et vous avez envie de créer une scène de pendaison ?

— Oui ; que voulez-vous ! je veux savoir comment un coquin peut mourir.

— Connaissez-vous donc le patient? demanda Réveillon.

— Beaucoup ! fit Rétif.

— Comment, beaucoup?

— Oui, et vous aussi.

— Vous piquez ma curiosité, cher monsieur Rétif.

— Regardez comme nous sommes bien placés ici, à l'angle du quai Pelletier ; le tombereau va passer, nous verrons le visage du scélérat, et j'espère qu'il nous verra un peu aussi.

— Ah! tenez, qu'est-ce que cela?

— Parbleu! ce sont les archers qui arrivent. Quand je vous disais...

Et, en effet, les archers, arrivant, interrompirent cette conversation.

Derrière les archers venait une charrette.

Dans cette charrette, on apercevait un prêtre penché vers un homme en chemise, vêtu d'une culotte grise, et dont la tête inerte ballottait de l'une à l'autre des ridelles de la charrette.

Cet homme, qui n'était autre que le patient, tournait, selon l'usage, le dos au chemin qu'il parcourait; ni Rétif ni Réveillon ne pouvaient encore voir son visage.

Rétif se haussa sur la pointe des pieds, et conseilla au fabricant de papiers peints d'en faire autant.

La charrette avançait toujours.

Enfin, elle arrive devant eux.

L'homme leur apparut alors avec sa tête basse, ses yeux stupidement ouverts, sa bouche baveuse et glacée d'avance.

— Auger! s'écria le premier Réveillon, quoique Rétif l'eût vu avant lui.

— Oui, Auger, répondit Rétif; Auger, mon gendre et l'assassin de ma fille!

— Mon commis! fit Réveillon.

— Votre commis, oui: celui qui vous volait, au moment où ma fille le surprit, et fut frappée par lui.

Réveillon, et Rétif regardaient avec tant de fixité et avec tant d'acharnement, qu'ils attirèrent magnétiquement le regard d'Auger, à moitié glacé par l'approche de la mort.

Le misérable distingua les deux figures de Rétif et de Réveillon, au milieu des dix mille têtes qui oscillaient devant ses yeux.

Ses prunelles s'injectèrent de sang, sa bouche s'ouvrit pour proférer un cri qui expira dans son gosier, son corps voulut faire un mouvement en arrière pour fuir la vision et le remords.

Mais la charrette l'avait déjà entraîné ; il était arrivé au lieu du supplice, et, déjà passé depuis longtemps, il cherchait encore à voir les deux figures qu'il ne voyait plus, et qui le voyaient toujours.

Le bourreau lui frappa sur l'épaule ; il faillit s'évanouir.

Le prêtre l'embrassa.

Il détourna la tête ; deux aides le prirent sous les bras, et lui firent monter la roide échelle.

Il n'était pas au troisième échelon, que la corde serrait déjà son cou.

Il monta encore cinq échelons.

Tout à coup, un choc violent le jeta hors de l'échelle.

Un trépignement violent des pieds du bourreau le jeta hors de la vie.

Réveillon, tout pâle et tout tremblant, frémissait au bras de Rétif.

Ce dernier n'avait pas cessé de regarder le patient avec une attention froide qui accusait en lui le plus terrible ressentiment.

Lorsque le brigand eut expiré, Rétif de la Bretonne emmena le fabricant de papiers peints, plus mort que vif.

— Cela vous a-t-il bien distrait ? lui demanda-t-il.

— Oh ! fit Réveillon, je ne puis plus me tenir sur mes jambes.

— Bah ! vous plaisantez ?

— Non, d'honneur ! et je verrai toute ma vie le spectacle auquel vous venez de me condamner.

— N'importe ! dit Rétif, vous vous êtes distrait.

— Terrible distraction !

— Voyons, pendant tout le temps qu'a duré l'exécution, avez-vous pensé à votre argent ?

— Non ; mais, maintenant, j'y pense... Et, tenez...

— Quoi ?

— Je crois que je vais me trouver mal.

— Gardez-vous-en bien !

— Pourquoi ?

— Mais parce que, au milieu de cette foule, on vous prendra pour un parent, pour un ami ou même pour un complice du scélérat que l'on vient d'exécuter.

— Vous avez raison ; mais mes jambes parlent pour moi... Oh ! la ! la ! elles fléchissent.

— Eh bien, sortons un peu du monde ; prenons le pont Rouge, il y a plus d'air.

— Menez-moi, mon ami.

Rétif ne se le fit pas dire à deux fois ; il conduisit Réveillon du côté de la rue des Bernardins, par la rive gauche de la Seine.

Réveillon ne tarissait pas sur son malaise.

— Entrons dans un café, dit-il ; j'y prendrai un petit verre d'eau-de-vie, cela me fera du bien.

— Non pas, dit Rétif ; nous voici à deux pas de chez moi : je veux vous montrer quelque chose qui vous ragaillardira.

— Chez vous ?

— Oui ; j'y tiens en réserve une certaine substance fort propre à remettre les cœurs les plus difficiles à contenter.

— Ah ! vous me donnerez la recette, n'est-ce pas ?

— Parbleu ! c'est pour cela que je vous emmène chez moi.

Rétif montra le chemin à Réveillon, et tous deux, passant devant le logement entr'ouvert du propriétaire, saluèrent celui-ci avec les mille politesses encore d'usage en ce temps pour les propriétaires.

Puis, quand ils furent dans l'appartement du bonhomme, Rétif fit passer Réveillon de sa chambre dans celle d'Auger, lui tira un fauteuil dans un certain endroit de la chambre, le fit asseoir, et lui mit une pincette entre les mains.

Réveillon ne comprenait absolument rien aux divers xercices auxquels on l'occupait.

Il fit des difficultés pour prendre la pincette.

— Prenez, prenez donc! dit Rétif.

— Pourquoi faire? pour me rafraîchir?

— Non.

— Mais cette composition propre à remettre les cœurs les plus malades...?

— Vous l'allez déboucher vous-même.

— Avec cette pincette?

— Eh! mon Dieu, oui.

— Où cela?

— Ici.

Et Rétif introduisit une des branches de la pincette entre deux carreaux.

— Pesez! dit-il.

— Mais vous êtes fou!

— Que vous importe? pesez toujours.

Réveillon, croyant avoir affaire à un fou, se décida à obéir pour le contenter.

Et, d'une pesée vigoureuse, il fit sauter le carreau et une moitié du carreau voisin.

Sept ou huit pièces d'or, refoulées extérieurement par cette secousse, jaillirent hors du trou, au grand ébahissement du fabricant de papier.

Il se baissa aussitôt pour mieux voir.

— Eh! eh! cela vous intéresse donc? dit Rétif. C'est bien heureux!

— Que d'or! s'écria Réveillon, que d'or!

Et il plongea ses deux mains dans le trou, et en tira l'or à poignée.

— Eh bien? eh bien? demanda Rétif.

— Que faites-vous donc de tout cela, vieil avare? dit Réveillon; vous thésaurisez?

— Monsieur, reprit simplement Rétif, veuillez compter cet or, je vous prie.

Réveillon compta près d'une heure.

La somme s'élevait à trois mille louis, moins un.

C'était celui qu'Auger avait tiré de la cachette, le jour que l'épiait Rétif.

— Eh bien, fit Réveillon avec stupeur, deux mille neuf cent quatre-vingt-dix-neuf louis !

— Eh bien, monsieur, reprit Rétif, cet or est à vous; car c'est l'or que mon scélérat de gendre avait volé chez vous, le jour où il assassina ma fille.

Réveillon poussa un cri de joie, et serra entre ses bras l'honnête et spirituel bonhomme qui lui rendait cette fortune.

— Nous partagerons ! dit-il.
— Non pas.
— Si fait !
— Jamais, monsieur.
— Mais vous prendrez au moins...
— Rien.
— Pourquoi ?
— Parce que je ne pourrais plus mettre à la fin du roman que je compte faire là-dessus cette phrase si bien tournée, que j'ai ruminée depuis quinze jours, et que voici :

« L'honnête Dulis se déclara trop payé d'un remercîment, et se trouva plus riche de sa pauvreté ! »

En disant ces mots, il salua Réveillon, qui, fou de bonheur, disparut, emportant le trésor dans son chapeau.

Et, aussitôt le fabricant parti, Rétif prit ses caractères et son composteur, et se mit à composer *matériellement parlant*, les premiers chapitres d'un roman intitulé Ingénue Saxancourt, ou la Femme séparée, — roman dans lequel quelques personnes prétendirent voir renaître Auger, sous le nom et dans le personnage de *l'Échiné-Moresquin*.

ÉPILOGUE [1]

Quatre ans s'étaient passés depuis les événements que nous venons de raconter.

En Pologne, dans un vieux et vaste manoir, trois personnes déjeunaient auprès d'un grand feu, tandis qu'un enfant, qui le premier avait quitté la table, courait à droite et à gauche dans l'immense salle.

Cette salle étincelait aux rayons d'un ardent soleil de juillet, et, cependant, la moitié de cette pièce si vaste semblait comme engourdie dans les ténèbres, et une ombre nacrée descendait de ses boiseries, renvoyée par les sapins énormes plantés autour de la maison.

Un luxe antique décorait cette demeure princière : gigantesques dressoirs, hautes tapisseries, tableaux aux larges cadres d'or.

Des serviteurs humbles et silencieux comme des esclaves passaient et repassaient souriants autour des maîtres.

Ces maîtres étaient une femme de quarante-deux ans; quelques cheveux blancs qu'elle ne se donnait pas la peine de faire disparaître brillaient comme des fils d'argent au milieu de ses cheveux noirs.

Les lignes de son visage accusaient l'habitude du commandement et de la domination.

Elle trônait à table bien plutôt qu'elle n'y était assise.

C'était la comtesse Obinska.

---

[1] Plusieurs versions existent sur ce que devint Ingénue après la mort d'Auger. On ne s'étonnera pas que nous ayons choisi celle qui serait le mieux le dénoûment de notre livre, et qui s'accordait avec le caractère immaculé que nous avons donné à la fille de Rétif de la Bretonne.

Christian, son fils, était assis à sa droite, tandis qu'à sa gauche, elle avait une jeune et belle femme dont la richesse, le bonheur et une heureuse maternité avaient développé la grâce en majesté.

C'était Ingénue, devenue comtesse Obinska.

L'enfant de trois ans qui jouait dans la salle avec un gros chien sarmate, son compagnon, était son fils.

Il s'appelait Christian, comme son père.

L'enfant allait et venait, recueillant çà et là un sourire, quelquefois un baiser.

Tout en courant dans la vaste salle, il s'arrêta un instant devant un portrait en pied représentant le grand-père de la comtesse Obinska en costume de magnat.

Avec son grand sabre, ses grandes moustaches, son air terrible, ce portrait avait le privilége de faire grand'peur au petit Christian ; aussi, après s'être arrêté un instant devant la toile, l'enfant s'éloigna-t-il en faisant une petite moue effarée, et se remit-il à jouer avec son chien.

— Eh bien, demanda la comtesse Obinska à Ingénue, comment êtes-vous aujourd'hui, mon enfant ?

— Mais un peu lasse, madame ; nous avons fait hier une longue course avec Christian.

— Et le cheval commence à être fatigant pour elle ! dit le jeune homme en souriant, et en indiquant du regard à la comtesse que les contours de cette taille, autrefois si fine, commençaient à se développer et à s'arrondir pour donner un compagnon de jeux au petit Christian.

— Ainsi intéressante, pâle et fatiguée, dit la comtesse, elle me rappelle cette pauvre reine de France Marie-Antoinette, infortunée victime des monstres auxquels nous avons su échapper, nous !

— En effet, dit Christian avec ce sourire de la possession heureuse et qui ne craint pas d'être troublée, en effet, elle avait cette langueur dans la démarche et cette flexibilité dans la taille; seulement, quand sa taille s'arrondissait comme celle de notre petite comtesse, toute une cour empressée éclatait en joie et en amour.

— Hélas! dit la comtesse, cet amour et cette joie aboutiront peut-être pour elle à cet échafaud hideux, rougi déjà du sang de son époux! et, pour les enfants que son sein a portés, à une captivité plus cruelle que la mort!... Mais, à propos, dit la comtesse se retournant vers la jeune femme, il me semblait que vous attendiez, hier ou aujourd'hui, des nouvelles de votre père, Ingénue?

— Madame, dit Ingénue, j'en ai reçu hier à mon retour de la chasse, et tandis que vous étiez à la ville. Ce n'est que le matin, à votre lever, que l'occasion se serait présentée de vous les communiquer; mais vous faisiez vous-même votre correspondance; et j'ai craint de vous gêner.

— Nullement... Comment va-t-il?

— Fort bien; merci, madame.

— Et refusant toujours de venir vivre avec nous, qui, cependant, nous efforcerions de lui rendre la vie agréable en nos déserts?

— Excellent homme! dit Christian.

— Madame, mon vieux père est habitué à sa vie de Paris; il aime les rues, la lumière, le mouvement; il suit avec un intérêt tout-puissant les événements de France, et s'en sert comme d'une étude pour écrire l'histoire des passions humaines.

— Il écrit donc toujours?

— Que voulez-vous, madame! c'est sa passion, à lui.

— Passion durable, à ce que je vois.

— Éternelle!

— Ainsi, pas d'espoir que nous le voyions un jour?

— Je ne crois pas, madame; d'abord, vous en jugerez vous-même, si vous me permettez de lire un passage de sa lettre.

— Faites, mon enfant.

Ingénue tira un papier de sa poitrine, le déplia, et lut :

« Chère Ingénue!

» J'ai fait faire ton portrait par mon ami M. Greuse, et ce portrait est devenu ma meilleure société. Au milieu des tigres et des loups, cette douce image me paraît une faveur de la Providence.

» Paris est magnifique à voir en ce moment : rien n'est comparable à l'horreur qu'il inspire, et à la sublimité des spectacles qu'il présente.

» Autrefois, une jeune fille pleurait dans la rue : on songeait à la gravure de *la Cruche cassée*, on souriait à la belle pleureuse, et l'on passait.

» Aujourd'hui, quand on voit le deuil et la pâleur sur un visage, on a l'explication de cette pâleur et de ce deuil vers quatre heures, en suivant le faubourg Saint-Antoine, ou mieux la rue Saint-Honoré.

» Car, aujourd'hui, on exécute en deux endroits, comme autrefois, sous la monarchie, on tirait en deux endroits les feux d'artifice.

» Du reste, j'ai pris mon parti comme tout le monde, et je passe au milieu de ces martyrs et de ces bourreaux, étonné de ne pas être des uns, et heureux de n'être pas des autres.

» Cette révolution, ma chère Ingénue, je croyais qu'elle amènerait le règne de la philosophie et de la liberté; mais, jusqu'à présent, elle n'a amené que la liberté sans aucune philosophie ni littérature.

» Dis bien à madame la comtesse et à M. le comte que je leur suis reconnaissant de leurs bons souhaits à mon égard, mais que je vis assez paisiblement ici dans le commerce de mes amis.

» Réveillon est sous la protection du général Santerre.

» Quitter Paris, c'est-à-dire quitter toutes mes habitudes, ce serait pour moi la mort. Je ne désespère pas de mourir bientôt, et c'est aujourd'hui l'occasion des trépas illustres; et cependant je trouve la vie très-bonne toutes les fois que je regarde ton portrait. »

Ingénue s'arrêta là.

— Triste pays que la France! fit la comtesse en soupirant; est-ce que nous ne sommes pas plus heureux ici, mes enfants. Dites?

— Oh! s'écria Christian, heureux comme les élus avec les anges!

Ingénue passa au cou de son mari deux beaux bras blancs, et s'en alla ensuite embrasser la comtesse avec des yeux humides de larmes.

En ce moment, un serviteur entra.

Il portait sur un plat d'argent deux ou trois journaux et des lettres.

La comtesse prit les journaux, qu'elle tendit à son fils, tandis qu'elle décachetait les lettres.

Le petit Christian était revenu au portrait de son aïeul, et le regardait avec des yeux courroucés.

— Donne maman, dit-il, pourquoi donc grand-père me fait-il peur? Je veux qu'on me défende contre lui, moi!

Personne ne l'écoutait.

Il chercha parmi les portraits.

— Le père à grand'maman me fait peur, dit-il; où est donc le père à papa pour défendre son petit-fils?

Comme l'enfant prononçait ces paroles, Christian poussa un cri de surprise qui fit tourner la tête aux deux femmes.

— Qu'y a-t-il? demandèrent-elles.

— Oh ! une nouvelle qui ne devrait pas m'étonner, dit-il, car elle prouve qu'il y a encore quelques cœurs loyaux, et quelques mains fermes dans cette pauvre France.

— Et quelle est cette nouvelle ?

— Écoutez, reprit Christian.

Et il lut :

« Le député Marat vient d'être assassiné dans son bain, aujourd'hui 13 juillet 1793 ; il est mort sans avoir pu proférer une parole.

» A demain pour les détails. »

La comtesse Obinska pâlit à ce nom de Marat ; mais bientôt ses lèvres minces se détendirent pour dessiner un sinistre sourire.

— Marat ? dit Ingénue. Oh ! tant mieux ! c'était un monstre à face humaine !

— Et encore ! murmura la comtesse. Mais le journal promet des détails pour le lendemain. Christian, n'avez-vous pas le journal du lendemain ?

—. Si fait.

Et il ouvrit un des deux journaux qui restaient, et lut :

« L'assassin du député Marat est une jeune fille de Caen, nommée Charlotte de Corday. Elle a été exécutée aujourd'hui, et est morte héroïquement... »

— Charlotte de Corday ! s'écria Ingénue ; vous dites Charlotte de Corday ?

— Tenez, ma chère, répondit Christian en passant le journal à sa femme.

— Charlotte de Corday !... répéta-t-elle. C'est mon amie... mon sauveur... tu sais, Christian ?

— Oh ! Providence ! murmura le jeune homme en levant les yeux au ciel.

— Oh ! Providence ! murmura la comtesse Obinska en serrant son petit-fils contre sa poitrine.

FIN.

NOTES DES ÉDITEURS

Au moment où nous mettons sous presse les dernières feuilles de ce volume, nous lisons dans le *Mousquetaire*, journal de M. Alexandre Dumas, la correspondance suivante, qui nous paraît de nature à intéresser nos lecteurs, et qu'un sentiment de convenance qu'on appréciera nous fait, d'ailleurs, un devoir de reproduire ici :

A M. le Directeur du Journal le Mousquetaire.

Monsieur le Directeur,

D'après la transaction intervenue entre MM. Alexandre Dumas, Tillot et Cadot, et nous, au sujet de notre action à eux intentée pour la publication du roman d'*Ingénue*, transaction qui a été suivie de notre désistement, il a été convenu qu'une lettre, signée par mon frère et par moi, et dont les termes ont été arrêtés d'avance entre M. Paul Lacroix et moi (lui se portant fort pour nos honorables adversaires, et moi agissant tant en mon nom qu'en celui de mon frère) serait insérée dans *le Siècle* et dans *le Mousquetaire*, puis reproduite à la fin du dernier volume d'*Ingénue*.

Le Siècle a déjà imprimé notre lettre dans son numéro d'aujourd'hui. Je ne doute nullement que *le Mousquetaire* ne s'empresse de le faire également ; et je viens vous prier, monsieur le Directeur, d'avoir la bonté de m'honorer d'un mot de réponse qui me fasse connaître le jour où notre susdite lettre paraîtra dans votre journal, afin que je puisse me procurer le numéro qui la contiendra.

Vous obligerez infiniment celui qui a l'honneur d'être avec la plus haute considération,

Monsieur le Directeur,

Votre très-humble et très-obéissant serviteur,

Vignon-Rétif de la Bretonne.

Paris, mardi 9 janvier 1855.

« A monsieur le rédacteur du *Siècle*.

» Monsieur le Rédacteur,

» *Le Siècle* a publié, dans les derniers mois de l'année 1854, un roman en quatre volumes, intitulé *Ingénue*, par M. Alexandre Dumas.

» Dans ce roman, l'auteur a cru pouvoir mettre en scène plusieurs personnes de notre famille, notamment Rétif de la Bretonne, notre grand-père, sa fille Agnès, notre mère, et Charles-Marie Auger, père de l'un de nous.

» Bien que tout le monde sache qu'un roman n'est pas de l'histoire, nous ne voulons pas laisser supposer que les faits créés par l'imagination du romancier puissent avoir une apparence d'authenticité qui porterait atteinte à la mémoire de nos parents.

» Sans doute des dissensions déplorables ont eu lieu dans le sein de notre famille ; sans doute Charles-Marie Auger a pu se trouver en lutte vis-à-vis de son beau-père et de sa femme ; mais ces circonstances, qui appartiennent essentiellement à la vie privée, n'ont jamais entaché M. Auger sous le rapport de son caractère d'honnête homme ni de sa considération sociale.

» Nous regrettons que l'auteur se soit cru autorisé, par l'éloignement des faits, à faire paraître dans un roman des personnes dont le souvenir nous est cher et sacré; mais nous savons qu'il n'a jamais eu l'intention, comme il s'est plu à le déclarer lui-même spontanément, d'être hostile à une famille honorable qu'il croyait éteinte, et dont nous sommes aujourd'hui les deux seuls représentants.

» Agréez, monsieur le Rédacteur, l'assurance de notre considération distinguée.

» Les petits-fils de Rétif de la Bretonne.

» AUGER-RÉTIF,

» VIGNON-RÉTIF DE LA BRETONNE.

» Paris, 4 janvier 1855. »

« Cette lettre peut suffire à M. Auger et à M. Vignon ; mais elle ne nous suffit pas, à nous. Nous exprimons publiquement nos regrets à ces messieurs, dans l'ignorance où nous étions de leur parenté avec les héros de notre roman, d'avoir fait une chose qui a pu et, disons mieux, qui a dû les blesser.

» C'est la première fois que nous avons eu pareille chose à nous reprocher, et, Dieu merci ! la blessure est involontaire.

» Avant même l'insertion de cette lettre, nous avions déjà écrit à M. Auger les quelques lignes qu'on lira ci-dessous.

» ALEX. DUMAS. »

Copie de la lettre de M. Alexandre Dumas, à M. Auger-Rétif.

Monsieur,

J'avais déjà exprimé à M. de Saint-Georges tous mes regrets d'avoir, — dans l'ignorance où j'étais qu'il restât encore une personne du nom d'Auger, — d'avoir, dis-je, blessé cette personne.

Laissez-moi vous répéter, à vous, monsieur, ce que je lui disais, à lui : c'est que je suis vraiment heureux que vous veuilliez bien agréer mes regrets et me donner l'absolution d'une faute qui, pour être involontaire, n'en était pas moins une faute.

Je ne connais plus qu'un nom d'Auger, monsieur : c'est le vôtre, honoré par soixante ans de probité.

Veuillez agréer, monsieur, l'assurance de mes sentiments les plus distingués.

5 janvier 1855.

Alex. Dumas.

TABLE

		Pages.
I.	La confession	1
II.	Rétif et Ingénue pardonnent	13
III.	Un aristocrate et un démocrate du faubourg Saint-Antoine.	21
IV.	Le dîner de Rétif	33
V.	Le blessé et son chirurgien	40
VI.	La consultation	48
VII.	Où Danton commence à croire que le roman du jeune Potocky est moins un roman qu'une histoire.	57
VIII.	Chez Marat	66
IX.	Comment la comtesse comprenait l'amour	73
X.	Ingénue sort seule, et rencontre un homme et une femme.	79
XI.	Ce que c'était que cette inconnue qui venait de donner un soufflet à Marat.	87
XII.	L'amour de la vertu et la vertu de l'amour	94
XIII.	Auger amoureux	103
XIV.	Convalescence de Christian	111
XV.	Ce qui se passait, pendant ce temps-là, à la rue des Bernardins.	117
XVI.	Le soir des noces	123
XVII.	La chambre de la mariée	132
XVIII.	Comment M. le comte d'Artois reçut Auger	141
XIX.	Prince et gentilhomme	149
XX.	Où le comte d'Artois et Christian parlent raison	159
XXI.	Sympathie	170
XXII.	Ce qui se passait dans la chambre d'Ingénue pendant que Christian guettait dans la rue.	180
XXIII.	Le Jardin du Roi	186
XXIV.	Où l'auteur est obligé de faire un peu de politique.	200
XXV.	Auger se remue	215
XXVI.	Réveillon est ingrat	225
XXVII.	Où Rétif de la Bretonne marche de surprise en surprise.	233
XXVIII.	Où l'orage grossit	243
XXIX.	Où la foudre tombe	252
XXX.	Le portrait	262
XXXI.	La clef du bonheur	273
XXXII.	Vraies et fausses larmes	277
XXXIII.	La première épreuve d'un roman nouveau de Rétif de la Bretonne	287
XXXIV.	Ce qu'on voit par le trou d'une vrille	294
XXXV.	Où l'on dérange Auger pendant son repas	304
XXXVI.	Où Rétif trouve moyen de distraire Réveillon	310
	ÉPILOGUE	320

Texte détérioré — reliure défectueuse
NF Z 43-120-11

www.ingramcontent.com/pod-product-compliance
Lightning Source LLC
Chambersburg PA
CBHW060458170426
43199CB00011B/1250